璋传

吴晗·著

听吴晗讲史
系列丛书

Biography
of Zhu
Yuanzhang

Listen to
Historian
Wu Han series

浙江人民出版社

图书在版编目（CIP）数据

朱元璋传 / 吴晗著. — 杭州 ：浙江人民出版社，2020.1(2021.4 重印)
(听吴晗讲史)
ISBN 978-7-213-09559-7

Ⅰ. ①朱… Ⅱ. ①吴… Ⅲ. ①朱元璋(1328—1398)-传记 Ⅳ. ①K827=48

中国版本图书馆 CIP 数据核字(2019)第 263984 号

朱元璋传

吴晗　著

出版发行：浙江人民出版社(杭州市体育场路 347 号　邮编　310006)
市场部电话：(0571)85061682　85176516
责任编辑：诸舒鹏
营销编辑：陈雯怡
责任校对：陈　春
责任印务：程　琳
封面设计：朱　珺　鲁晴雅
电脑制版：杭州大漠照排印刷有限公司
印　　刷：杭州丰源印刷有限公司
开　　本：880 毫米×1230 毫米　1/32　　印　　张：8
字　　数：176 千字　　插　　页：2
版　　次：2020 年 1 月第 1 版　　印　　次：2021 年 4 月第 2 次印刷
书　　号：ISBN 978-7-213-09559-7
定　　价：39.00 元

目　录

第一章

小流氓

一、 小沙弥

元至正四年（公元 1344 年，元顺帝妥懽帖睦尔在位的第十二年），淮河流域的人民遭受了苦难，旱灾，蝗灾，加上瘟疫。

好几个月没有见过雨了，栽下的苗晒得干瘪枯黄，大地裂出了一条条的龟缝。到处在求雨祈神，老年人恭恭敬敬向龙王爷磕头，孩子们戴着柳枝圈圈蹿出蹿进。正在焦急没收成时，又来了弥天漫地的蝗虫，把穗上稀稀的几颗粟粒吃得一干二净。地方上有年纪的人都在唉声叹气，哭丧着脸，说几十年来没有见过这样的年成，这日子着实过不得了。

不料祸不单行，疫疠大起，钟离太平乡的人，接二连三地病倒。已经吃了多少时候的草根树皮了，①病一起就挺不住，开头只觉得浑

①《明太祖实录》卷三十九："洪武二年三月丙申，上以旱灾相仍，因念微时艰苦，乃祭告仁祖、淳后曰：'因念微时皇考皇妣，凶年艰食，取草之可茹者，杂米以炊，艰难困苦，何敢忘也。'"

身无力气，接着是上吐下泻，不到一昼夜便断了气。起初大家还不理会，到了一个村子里一天死去了几十个人，家家死人、天天死人的时候，明白这是上天在降罚，散布瘟疫来收人，才着了慌。不管“在数的难逃”的老话，还是逃命要紧。各村庄的人携儿带女，只要有亲戚朋友家可投奔的，连家里的病人都顾不得了。不过几天工夫，太平乡数得出的十几个村子，便闹得人烟寥落，鸡犬声稀，显出一片凄凉黯淡的景象。

孤庄村①朱家，朱五四官名叫世珍的，一大家人，不过半个月，死了三口。五四六十四岁了，四月初故去，三天后，大儿子重四学名叫兴隆的也死了，到二十二那一天，五四的老伴陈二娘又死了。五四的二儿子重六（兴盛）和小儿子元璋（原名兴宗，小名重八），眼看着大人一个个倒下，请不得郎中，抓不到药，只急得相对痛哭。②尤其为难的是：家里没有一贯钞、一钱银子，买不了棺木，更谈不上坟地。田主呢？几年的主客，想来总该施舍佃户一块埋骨之地，谁知不但不理会，反而“呼叱昂昂”③。邻舍们都觉得难受，伤心。正没计较处，同村人刘继祖④不忍心，慨然舍了一块地。⑤两兄弟磕头谢了，真是一头有了着落。但是，衣衾呢？棺椁呢？还是没办法。只好将

---

①《明太祖实录》卷一、《一统肇基录》本《皇陵碑》，并作孤庄村。沈节甫《纪录汇编》本《天潢玉牒》作太平乡县庄村。《七修类稿》引《皇陵碑》作孤庄村。

②《明太祖实录》卷一八，潘柽章《国史考异》引承休端惠王《统宗绳蛰录》。

③《纪录汇编》本《御制皇陵碑》。晗按：《皇陵碑》有二本，一危素撰，《太祖实录》卷三十七：“洪武二年二月乙亥，诏立皇陵碑，先命翰林侍讲学士危素撰文，至是文成，命左丞相宣国公李善长诣陵立碑。”一太祖御制：“洪武十一年四月，以皇陵碑记皆儒臣粉饰之文，特述艰难，明昌运，俾世代见之。”一散文，一韵文。二文并见郎瑛《七修类稿》卷七，后文亦收入《纪录汇编》。

④《天潢玉牒》及高岱《鸿猷录》作刘继祖，徐祯卿《翦胜野闻》作刘大秀。沈德符《野获编补遗・义惠侯》条：刘继祖字大秀。明太祖《高皇帝御制文集》追赠刘继祖为义惠侯诰，略曰：“朕微时罹亲丧，难于宅兆，尔发仁惠之心，以己沃壤，慨然见惠，大惠云何可忘。”

⑤《皇陵碑》《御制皇陵碑》《天潢玉牒》《翦胜野闻》《鸿猷录・龙飞淮甸》。

就用几件破衣裳包裹了，抬到坟地草葬。两兄弟一面抬，一面哭，好不容易抬到了，还未动手挖坑，突然间风雨交加，雷轰电闪，整个天像塌下来似的。两兄弟躲在树下发抖，约够一顿饭时，天霁雨晴，到坟地一看，大吃一惊，尸首不见了。原来山脚下土松，一阵大水把坡上的土冲塌了，恰好埋了尸首，薄薄的一个土馒头，俗话叫作“天葬”。[①] 三十五年后，朱元璋写《皇陵碑》时，还觉得伤心：“殡无棺椁，被体恶裳，浮掩三尺，奠何肴浆！”[②]

父母的大事虽了，过日子呢？没留下一寸土、一颗米，元璋饿了些日子，到处找零活做。谁知大户人家都已逃荒逃瘟去了，贫民小户自己都在挨饿，怎么雇得起人？他到处碰壁，懒洋洋地不愿回家，径到村外给父母上坟，蹲在新长着青草的坟边，沉思如何来打发日子，对付肚子。

他长得躯干魁伟，黑黑的脸，下巴比上颚长出一寸多，高高的颧骨，却又大鼻子，大耳朵，就整个脸盘看，恰像一个横摆着的立体形的山字，脑盖上一块奇骨隆起，像一个小山丘。粗眉毛，大眼睛，样子虽看着叫人不喜欢，却怪匀称、怪威严而沉着。

小时候替人看牛放羊，最会出主意闹着玩，别的同年纪的甚至大几岁的孩子都习惯听他指挥。最常玩的一个游戏是做皇帝，你看，虽然光着脚，一身蓝布短衣裤全是窟窿补丁，他却会把棕树叶子撕成丝丝，扎在嘴上做胡须，找一块车辐板顶在头上当平天冠，弄一条黄布包袱披在身上，土堆上一坐，自己做起皇帝来了。捡一些破木板，让孩子们毕恭毕敬地双手拿着，当作朝笏，一行行，一排排，整整齐齐地三跪九叩头，同声喊“万岁”。

---

① 徐祯卿：《翦胜野闻》；王文禄：《龙兴慈记》；王鸿绪：《明史稿·太祖本纪》。

②《御制皇陵碑》。

又最会做坏事。有一天，他忽然饿了，时候早又不敢回家，怕田主骂。同看牛的周德兴、汤和、徐达等许多孩子也都嘴馋起来了。大家越说饿，真的肚子咕噜得越凶。这个说有一碗白米饭吃才好呢，那个又提真想吃一顿肉，一个又说肉是财主们吃的，不知道是什么味道。个个的嘴都说得流涎。猛然间元璋一喊：有了，大家齐声说：什么？元璋笑着说：现放着肉不吃，真是呆鸟！大家还不明白。元璋也不再说话，牵过一头花白小牛娃，放牛绳捆住前后腿。周德兴看了，赶紧抄着斫柴斧子，当头就是一斧。汤和、徐达也来帮忙剥皮割肉。别的孩子们捡烂柴树叶子，就地生起火来。一面烤，一面吃，个个眉飞色舞，兴高采烈。不一会儿，一头小牛娃只剩一张皮、一堆骨头和一根尾巴了。这时太阳已经落山，山脚下村子里，炊烟袅袅在半天空，是该回家的时候了。蓦地一个孩子省悟了，小牛吃了如何回主人的话？大家都面面相觑，想不出主意，担不起罪过。正在着急、互相埋怨、乱成一团的时候，小一点的孩子竟哇地哭了出来。元璋一想，主意是自己出的，责任也该担起来，一拍胸脯说，算我的事。也真亏他想得出，把皮骨都埋了，把小牛尾巴插在山上石头空缝里，说是小牛钻进山洞里去了，只留下尾巴，拉了半天不出来。孩子们齐声说好。当天晚上，元璋挨了一顿毒打，被赶回家。虽然吃了苦，丢了饭碗，但深深得到孩子们的信任，大家都甘心当他作头脑。①

他算是十七岁，是元天历元年（公元 1328 年）九月十八日未时生的，属龙，扣准了还不满十六足岁。父亲是老实本分人，辛苦了一辈子，头发胡子全白了，搬了一辈子家，从泗州盱眙县迁到灵璧县，又

---

① 王文禄：《龙兴慈记》。

迁到虹县，到五十岁时又迁到钟离东乡，住了十年，活不下去，再迁到西乡，四年前才搬到这孤庄村来。[①] 十个田主大户竟有十个是黑心的，说尽好话算是佃了几亩地，天不亮就起床，天黑了还在地里做活，出气力、流汗水，忙碌一年到头，算算收成，十成里竟有六成孝顺了田主。左施肥、右戽水，把田地服侍得肥了些，正好多收一点时，田主立刻就加租，划算一下，还是佃户吃亏。划不来，只好搬家另觅大户；忍下去吧，三两年后还是得被撵走。因之，虽然拖儿带女，在一个地方竟住不满十年，而且，老是替新大户开荒地，服侍熟了，就得走路。卖力气，受欺侮了一生，到死后，连葬处都没有，要不，怎么会求田主舍地？

儿女都大了。大哥二哥算是娶了媳妇，说也笑话，连花轿也坐不起，喜酒也没有一盅，还不一样是佃客人家的女儿。三哥重七（兴祖）给人家招了上门女婿，白得一房家小，可是得给人家挖一辈子地，也好，家里省一张嘴。大哥有两个小的，二哥也养了一个男孩，算是一家老小三代。大姊嫁给王七一，二姊远了，还是在盱眙时候订的，男人叫李贞。[②] 只有自己没成家，要是时和世泰、雨顺风调的太平年头，一家子勤勤恳恳，佃上几十亩田地，男耕女织，喂鸡养猪，上山斫柴，沿路捡粪，靠着有的是人力，缩衣节食，苦虽苦，像牛马一样总活得下去。偏又时运不济，二嫂三嫂先后病死，大侄儿和二房的孩子都夭折了，大姊嫁的王家满门死绝，嫁给李家的二姊也死了，姊夫带着外甥保儿逃荒，不知去向。偏偏今年又闹瘟，一家三口都被瘟神带走了，偌大一个人家，只剩大嫂王大娘和二侄文正、二哥重

---

① 危素：《皇陵碑》，《天潢玉牒》，《明太祖实录》卷一。

②《统宗绳蛰录》，《国史考异》引朱元璋《朱氏世德碑》，《七修类稿》卷七，《明太祖实录》卷五三。

六和元璋自己了。

剩下四口人，粮食一颗也没有。地里的呢？一旱一蝗，收到的不够交租，哪来吃的！平时一家子都靠力气血汗换饭吃，如今只好吃草根树皮，何况也不容易找。估计大嫂还有娘家，总可以央告到一升两升。二哥呢？这些天脸色也老是不对劲。自己食量又大，粗重活计虽干得，却苦于这荒年，空有气力没处卖。小时候虽跟蒙馆老师上过几月学，一来贪玩，二来农忙得下田，哪曾好好念过一天书，虽然靠着有点记性，认得几百个字，又苦不甚通解，做不得文墨勾当，当不得衙门里的书手，也写不得书信文契。父亲搬到本村来，本是贪图这一乡荒地多、人力少，只要死命使气力，三个壮丁加上女眷，孩子们替人放牛赶羊，也不会吃闲饭，天可怜见有两三年好庄稼，对付着混过日子。没想到天下乌鸦一般黑，刻薄狠心像是田主应有的德行，三节送礼，按时交租，赔着笑脸，还是掂斤播两，嫌麦子太潮，嫌秤不够，恨不得用两个秤锤，扳住秤尾起不来。那一些管事的更是百般刁难，饶是肥鸡大肉，大碗酒，还拍桌捶凳，脸上像绷过似的，剥不出一丝笑容。这年头能少交一点租就是天大的人情了，还敢开口向他们借口粮？官家的赈济呢？不敢指望。即使皇恩浩荡，居然会有一点，还不是落在县官的荷包、大户的仓库里去，哪儿会有穷人的份！而且，即使漏出一星星、几颗颗，要铺保啦，到保甲长家里去摁手印啦，又是调查啦、登记啦，还有什么什么的，发下来不够吃一顿。腿跑断了，头磕破了，气受够了，也许还挨不着、轮不到。索性断了这个梦，倒少些麻烦。再说本家呢？伯父这一房还在泗州盱眙县，是祖父手上打的根基。伯父名下有四房，听说近年已衰落得不像样，几个哥哥侄儿先后去世，只剩一个四嫂在守寡，看光景也投奔不得。①

再往上，祖籍是句容，朱家巷还有许多族人。祖父在元朝初年是淘金户，本地不出金子，官府不由分说按年照额定的数目要，只好拿谷子换钱钞，到远处买金子缴纳。后来实在赔纳不起，没奈何，丢了房屋田地，逃到泗州盱眙县垦荒。那边几代没来往，情况不明。再老的祖籍是沛县，如今已经隔了几百年，越发不用说了。②

舅家呢？外祖父陈公那一嘴大白胡子，惯常戴上细竹丝箬帽，仰着头，那叩齿念咒的神气，还依稀记得。想起来也真怪，只知道叫他外公，连什么名字也不知道。死的那年已经九十九岁，差一年便算人瑞，可以报官领赏，据说还有花红表里，县太爷还要请酒作揖呢。母亲曾翻来覆去地说外祖父的故事，这话已有五六十年了！那时外祖父在宋朝大将张世杰部下当亲兵，鞑子兵进来，宋朝的地方全被占了，连文丞相都打了败仗，被俘虏过去。张世杰忠心耿耿，和陆丞相保着小皇帝逃到崖山，那年是己卯年(公元 1279 年)。二月间，张世杰集合了一千多条大船，和鞑子兵决战，不料崖山海口失守，斫柴取水的后路给切断了，大家只好吃干粮，干得忍不住，连海水也顾不得，大口大口灌下，弄得全军都呕泻病困。鞑子兵乘机进攻，宋军船大，又都连在一起，无法转动，三军绝望死战，一霎时中军已被冲坏了。陆丞相眼见得不济事，不肯被俘，让鞑子作践，仗剑叫妻子女儿都跳下海去，自己背着六岁的小皇帝跟着殉了国。张世杰带了十几条船，冲出重围，打算重立赵家子孙，恢复国土，忠义之气实在感动人。谁知天不保佑，船刚到平章山洋面上，一阵飓风，把船都吹翻，张世杰也淹死了，宋朝也就真个亡了国！外祖父掉在海里，

---

①《朱氏世德碑》《统宗绳蛰录》。

②《朱氏世德碑》。

侥幸被人救起，吃了许多苦头才得回家。为着不肯再替敌人当兵，迁居到盱眙津里镇。他原来会巫术，就靠当巫师，画符念咒，看风水，定阴阳过日子。到老年时常含着一泡眼泪说这故事，惹得听的人也听一遍哭一遍。外祖父只生了两个女儿，大的嫁给季家，小的就是母亲；过继了季家大表兄做孙子，外祖父死后，这些年也没有和季家来往，料想这年头，景况也不见得会过得去。①

元璋想来想去，竟是六亲都断，天地虽宽，无处投奔，前后左右，四面八方，无路可走，越想越闷越烦，无精打采地走回家来，蒙头便睡。

吃了一些日子草根、树皮、糠屑、观音土，半饥半饱，游魂失魄似的一筹莫展。大嫂带着侄儿回娘家去了。二哥一样的饿，也没主意。当时在一起的几个朋友周德兴、汤和年纪都比自己大，有气力、有见识，又都出外谋生去了，无人可商量。从四月一直待到九月，半个年头了，还计较不出一条活路。

天还是吝惜雨水，蝗虫越来越多，日子久了，连草根树皮都吃完了，再也撑不下去，和二哥商量如何是好。二哥急得直跳，哭了半天，想想只有远走他乡，各奔前程找活路去。哥哥舍不得兄弟，兄弟舍不得哥哥，哭得连邻舍也伤心了。隔壁汪老娘看着重六不放心小兄弟，提醒当年五四公不是在皇觉寺许了愿，舍朱重八给高彬法师当徒弟吗？如今何不一径当和尚去，一来还了愿，二来总有碗淡饭，不比饿死强？二哥想想也是办法，这事就此定了局。②

原来元璋少时多病，才生下，三四天不会吃奶，③肚子胀得圆圆

---

①《明史》卷三〇〇《外戚·陈公传》。

②《御制皇陵碑》；危素：《皇陵碑》。

③ 高岱：《鸿猷录·龙飞淮甸》。

鼓鼓，险些不救。五四公做了一个梦，梦里觉得孩子不济事了，怕是命硬，也许只有佛菩萨救得下，索性舍给庙里吧。一径抱着孩子进一个寺，寺里和尚一个也不在，接不着头，又抱回来。忽然听见孩子的哭声，梦醒了，孩子真在哭，妈妈在喂奶，居然会吃奶了，过几天，肚胀也好了。长大后还是三天风、四天雨，啾啾唧唧，病总不离身，父母着了慌，想起当年的梦，才真的到寺里许了愿，给元璋舍了身。①

汪大娘和他的儿子汪文替元璋预备了香烛，一点礼物，央告了高彬法师。九月里的一天，皇觉寺多了一个小沙弥，长老添了个小徒弟。朱元璋剃光成葫芦头，披上一件师父穿烂的破衲衣，居然是佛门弟子了。扫地、上香、打钟、击鼓、煮饭、洗衣、念经，是日常功课，见人叫师父、师兄、施主，连称呼也改了。早晚听着钟声、鼓声、木鱼声，想想自己，想想半年前的家，想想不知逃到哪儿去的二哥，心中无限感慨。②

二、 游方僧

皇觉寺坐落在孤庄村西南角，规模不大。照例一进门是四大金刚，横眉怒目，韦驮菩萨拄着降魔宝杵，二进是大雄宝殿，三进是禅堂，左边是伽蓝殿，右边是祖师殿。油漆都已剥落了，佛像金身披着灰尘，殿瓦上满是青草，院子里铺的石板也已坎坷不平，显出一副衰落的样子。八九个和尚，穿得挺寒碜，讲佛理说不上三句，光会念阿

---

①《皇朝本纪》。

② 危素：《皇陵碑》；《御制皇陵碑》；《天潢玉牒》；高岱：《鸿猷录·龙飞淮甸》。

弥陀佛。平时靠有限的一点常住田租米，加上替本乡人念倒头经、打清醮、做佛事，得一点衬钱，虽然吃不上大鱼大肉，总比当粗工垦田地出气力安逸。原来那时候出家当和尚也是一门职业。有的是迷信，以为当了和尚真可以成佛成祖，这类人很少。有的是做了坏事，良心不安，躲进佛门医心病。有的呢？杀人放火，怕官府刑法，一出家做佛门弟子，就像保了险似的，王法治不到。更多的呢？穷苦人家养不活，和尚吃十方，善男信女的布施吃不完，放印子钱，多几张嘴不在乎。而且，寺院里多的是有钱人舍的田地，挖地垦田都要人力，多一个徒弟，强过雇长工，得力还省钱。朱元璋年轻力壮，正是使气力的时候，高彬长老便收留了他。朱元璋没有受过戒不能算和尚，照寺院规矩叫小沙弥。至于真正要讲佛学、弄经典、说道理，那是从来也没有的事。

元璋生性泼辣阴狠，从小贪玩撒野，爱出主意，支使人，又是小儿子，父母哥嫂都宠着些，就越发自尊自大，忘其所以了。兼之有点小聪明，看事情比别人准，也来得快，打定主意要弄成什么，一定要做到，也常常做到，伙伴们都服从调度。可是一到皇觉寺，景况便全不相同了，不说师伯师叔师父师兄，还有师娘师姊，原来高彬长老是有家小的，①个个都是长辈，得低声下气，成天赔笑脸伺候。就是打水煮饭的长工，也威风得很，讲先来后到的规矩，支使元璋做事。这么一来，元璋除了做和尚的徒弟之外，还兼了两个差使，一个是长老

① 《皇朝本纪》："时师且有室家，所用弗济。"谈迁《枣林杂俎·僧娶妻室》条："凤阳大龙兴寺，即皇觉寺，一曰于皇寺。太祖《敕僧律》：'有妻室僧人，除前辈老僧，盖因元末兵乱，流移他方，彼时皆有妻室，今已年老毋论外，其后进僧人有妻室者，虽在长上辈比肩，及在下诸人，皆得凌辱，亦无罪责。'今僧俱婚娶，亦无差累。"《草木子·杂俎篇》："中原河北僧皆有妻，公然居佛殿两庑，赴斋称师娘，病则于佛前首鞠，许披袈裟三日，殆与常人无异，特无发耳。"

家的小厮，一个是长工的打杂。事情多，闲气也就多，日子久了，堆满一肚子火气，时刻要发作，却又使劲按住，为的是吃饭要紧，闹决裂了没去处。

对活人发作不了，只好对泥菩萨发作了。一天扫佛殿扫累了，扫到伽蓝殿，已是气喘吁吁的，不留神绊住伽蓝神的脚，跌了一跤，没地方出气，顺手就用笤帚使劲打了伽蓝神一顿。又一天，大殿上供养的大红烛给老鼠咬坏了，长老数说了元璋一顿。伽蓝神是管殿宇的，菩萨不管老鼠，害徒弟受罪，新仇旧恨，越想越气，向师兄讨了管笔，在伽蓝神背上写上“发配三千里”，罚菩萨去充军。这两件事都被长老看在眼里，也不说话。①

皇觉寺是靠租米过口了的，这一年灾情太大了，收不到租，师父师叔成天和佃户吵架，恫吓着要送官。眼看着地都晒白了，十成粮食还收不到半成，几百年的古寺第一回闹饥荒。师娘出主意，先打发挂单的和尚走路，接着师伯师叔也出门云游。不上十天，除了师父一家子，全各奔前程去了。朱元璋当沙弥才满五十天，末了一个被打发。没奈何，虽然念不得经典，做不得佛事，也只好学个做和尚的样子，出门行脚。一顶箬帽、一个木鱼、一个瓦钵，背上拳头大的包袱，拜别了师父一家子，硬着头皮，离开了家乡。

说游方是和尚的话，俗人的呢，就是叫花——见大户伸手要米要钱要饭吃，也叫化缘。大户人家多半养狗看门，狗有种德行，专咬衣衫破烂的穷人。为着不让狗咬，离大门几步使劲敲木鱼，高唱佛号。做大户的和狗一样，也专打穷人的算盘，可是和狗不同，为的是坏事做得太多，这辈子不好，要修来世，求佛菩萨保佑，死后免入地

① 《龙兴慈记》。

狱、上刀山、下油锅。要让佛菩萨说好话，就得对和尚客气，把从佃户身上榨来的“血汗”，匀出一星星做布施，算是对佛菩萨的贿赂。这样，一听见木鱼响，就明白是做好事的机会来了，一勺米，几文钱，绝不吝惜。主人对和尚客气，狗也落得大方了。要是主人不出来，便硬赖着不走，把木鱼敲得震天响，响到邻舍四面都听见。这时候，不是大娘大母出来打发，就是主人出来，为的是他一向有善人名气，吵得邻舍都知道了，会落不信佛的坏名誉。而且，明知道和尚上门绝不肯空手走，多少总得敷衍一下。还有化缘的只要学会说谎话，明明是钟离皇觉寺的，偏说是峨眉山金顶寺，天台山国清寺，普陀什么寺，反正和尚没有籍贯，无从查对；再说一套大殿翻修、菩萨开光或者装金，递上化缘簿，多少是一笔财喜。积少成多，走上几百千家，这笔钱也就够一些时候花销了。

朱元璋虽然只住了两个月庙，成天听的是这一套，见的也是这一套，不会也会了。打定主意，听人说往西汝州一带，年岁比较好，反正只要有饭吃，不管什么地方都可去。也没有规定的日子，爱走多久就多久，就往南先到合肥，转向西，到固始、光州、息州、罗山、信阳，北转到汝州、陈州，东返由鹿邑、亳州到颍州。游来游去，只拣繁华富裕的地方，穿城越村，对着大户人家敲木鱼。① 软化硬讨，受尽了人生的辛苦，走遍了淮西一带名都大邑，熟识了每一条河流，每一个山脉的地理，尤其是人情、物产、风俗，积累了丰富的经验，锻炼了坚强的体力。这时期的景况，用他后来写的《皇陵碑》的话：

> 众各为计，云水飘扬。我何作为，百无所长。依亲自辱，仰天茫茫。既非可倚，侣影相将。朝突炊烟而急进，暮投古寺以

① 危素：《皇陵碑》；《明太祖实录》。

> 趋跄。仰穷崖崔嵬而倚碧，听猿啼夜月而凄凉。魂悠悠而觅父母无有，志落魄而侠佯。西风鹤唳，俄淅沥以飞霜。身如蓬逐风而不止，心滚滚乎沸汤。

文字虽然极拙劣，感情却是很真挚的。一直到至正八年（1348年），听说家乡一带在闹土匪强盗，很不太平，人心惶惶，不由得勾起想家的念头，于是依然是一顶箬帽、一个木鱼、一个瓦钵，回到皇觉寺。

在朱元璋游方的几年中，后来西系红军的开山祖师彭莹玉正在淮西这一带秘密活动，传布弥勒佛下生的教义。彭莹玉也是游方和尚，朱元璋即使没有见过彭和尚，至少也和彭和尚的党徒接触过。几年后，这地方又成为东系红军的根据地。在这大元帝国的火药库周游了几年，二十一岁的穷和尚，接受了新的宗教、新的看法，嗅饱了火药气味，当然，也加入了秘密组织。他回到皇觉寺以后，开始结交朋友，物色有志气有胆量敢作敢为的好汉，时时进濠州城探访消息，同时也立志多识字、多读书。不久，便被人发觉他是一个不安分的家伙。①

彭莹玉秘密传布的宗教，是多元的，并且有外国来的成分，烧香诵偈，奉的神是弥勒佛和明王，主要的经典有《弥勒降生经》《大小明王出世经》。彭莹玉生于浏阳，出家于袁州，布教于淮西，可以说是南派。另一个系统是北派，头目是赵州栾城（今河北栾城）的韩家。韩家几代以来都是白莲会会首，烧香结众，很得一般农民的信仰，潜在势力极大，碍了官府的眼，被谪徙到广平永年县（今河北永年）。到韩山童接手当会首后，宣传天下要大乱了，弥勒佛降生，明王出

---

①《天潢玉牒》;《皇朝本纪》。

世。这两派在起兵以后,因为目标相同,都要推翻这个政府;信仰相同,都指出有一个新的光明的前途,就混而为一了。教徒用红巾裹头,时人称之为红巾、红军。因为烧香拜佛,又称为香军;所奉的偶像是弥勒佛,也叫弥勒教;宣传明王出世,又叫作明教。①

明教的来源可以往上推到唐朝,原来叫摩尼教(Manichaeism),是波斯人摩尼(Mani,216－277A.D.)所创。这个教是大杂烩,掺和了祆教、基督教、佛教,成为新东西。主要的道理是世界有两个不同的力量,叫作明暗二宗,明是光明,暗是黑暗,光明一到,黑暗就给消灭了。明就是善,就是理,暗是恶是欲。明教的神叫明使,也叫明尊、明王。还有净风、善母二光明使,和净气、妙风、妙明、妙火、妙水五明使。光明必然战胜黑暗,最后人类必然走上光明极乐的世界。②唐武后延载元年(公元694年)传到中国,后来又传到回鹘,回鹘朝廷和百姓极为信奉。③ 教规不设偶像,不崇拜鬼神,吃斋,禁止杀生,教徒穿白衣服,戴白帽子,天黑了才吃饭。④ 回鹘当时帮唐朝打仗,援唐有功,因此,回鹘人崇信的宗教,唐朝不敢不保护。⑤ 到九世纪中期,回鹘内乱,为唐军所大败,唐武宗会昌年间禁止佛教,明教也连带倒霉,教堂被封闭,不许传播。⑥ 从此明教便成为秘密宗教,因为没有外国力量来支持,弄的一套又和中国人的习惯不大对劲,站不住脚,只好慢慢地变,吸收了佛教和道教的许多东西,加上民间的原始信仰,成为一种杂七杂八的新宗教。

---

① 陆深:《平胡录》;《元史·顺帝本纪》;高岱:《鸿猷录》卷七《宋事始末》;何乔远:《名山藏·天因记》;钱谦益:《国初群雄事略》卷一。

② 北京图书馆藏:《摩尼教残经》。

③ 李文田:《和林金石录》,《九姓回鹘可汗碑》。

④ 志磐:《佛祖统纪》卷四一;《册府元龟》卷九九。

⑤《唐会要》卷一九。

⑥《新唐书》卷二一七下。

因为明教相信黑暗就要过去，光明就要到来，所以有勇气、有力量，敢于闹革命，当时叫作造反。五代时首先在陈州起事，武装暴动，被政府军打垮了。[①] 侥幸逃生的人一部分逃到福建。到北宋时，福建南部是明教最重要的教区，明教的经典，编进道教的道藏，安置在亳州明道宫。[②] 又从福州传到浙江，光是温州一地就有明教斋堂四十多个。斋堂里的长老叫行者，执事有侍者、听者、姑婆、斋姊种种称呼。[③] 到南宋初年，已经传遍了淮南、两浙、江东、江西一带地方了。[④] 教徒严格执行在密日（日曜日）吃斋。神的画像是摩尼和夷数（耶稣），全是高鼻子、洼眼睛、黄头发，乡下人看不惯，以为是魔鬼，以此，这教在教外人说起来是"吃菜事魔"，吃菜指的是吃斋；事魔呢？拜魔神。又叫作魔教。为了深入农村，适应农村的环境，明教提倡素食、薄葬，节省消费，使贫苦农民可以稍微过得好点。同教的人互相帮助，大家凑钱来帮助新参加的和穷苦的教友。每逢初一、十五出四十九文铜钱，给教头烧香，汇齐后交给教主做教里的经费。一家有事，同教人齐心合力，有钱出钱，有力出力。有人被捉去坐牢，大家出钱帮着打官司[⑤]，充分发挥互助合作的精神。中国的农民向来只有被政府剥削、被官吏虐待、被地主绅士奴役的份，从来没有人关心过、救济过，甚至于怜悯过。没有组织，不能团结，当然也没有力量来保护自己，反抗压迫。如今，有了这么一群和自己一样的人，穿一样衣服、说一样话的力量在招手，好处多，而且日后还有大好处，不再受人欺侮，又怎么肯不参加？农民入教的愈来愈多，明教

①《旧五代史·梁书·末帝纪》，《佛祖统纪》卷四一。

② 徐铉：《稽神录》；何乔远：《闽书》卷七《方域志》；洪迈：《夷坚志》。

③《宋会要辑稿·刑法》。

④ 陆游：《渭南文集》卷五。

⑤ 庄季裕：《鸡肋编》卷中；李心传：《建炎以来系年要录》卷七六。

的教区跟着越发扩大，反抗政府的行动自然也就越来越多了。从北宋末年起，睦州、台州、衢州、东阳（以上都属现在的浙江省）、信州（江西）、泾县（安徽）都曾发生明教徒的武装革命。[①]

明教又和弥勒教、白莲社两种宗教混合。弥勒教和白莲教都出于佛教的净土宗，一个叫弥勒净土，一个叫弥陀净土。弥勒佛是佛教里的著名人物，传说在释迦牟尼灭度（死）后，世界就变坏了，种种坏事，全都出现，不但气候坏，庄稼收成坏，连人心也坏了，人的生活苦到不能再苦。幸得释迦牟尼佛在灭度前留下一句话，说再过若干年，会有弥勒佛出世，这个佛爷一出世，你看这世界立刻变了：地面又宽又大又干净，刺人的荆棘不见了，青的山、绿油油的水，满地铺着金沙；到处是清汪汪的水池，碧森森的树林，灿烂的花，绵芊的草，还有各种无名的宝贝，像在比赛谁更美些。人心也慈善了，抢着做好事，好事做多了，寿命也长了，太太平平过日子。人口一天天加多，城市越来越稠密了。种的稻麦，下一次种有七次的收成，用不着拔草翻土，自会长大。[②] 这样美丽的远景，有谁不想望呢？何况是吃够了苦，流尽了汗，受尽了气的穷苦农民！自从有了这个故事以后，成千上万的农民伸长了脖子等待着、期望着这一天的到来，十年、百年、几百年都过去了，依然在等待，在期望。一听见什么地方有弥勒佛出世的话，十传百，百传千，抢着去跟随。从隋唐到宋元，这一悠长的世代中，历史上写满了弥勒佛教徒“造反”的记录。说起关于弥勒佛的若干部经典的翻译，是两晋时候才开头的，到南北朝时期就已产生很大影响。举例说，那时代兴的风气，在岩壁上挖洞刻佛像，一个洞有几十个大佛，一个山有好多石洞，往往要几十年甚至几百

① 《建炎以来系年要录》卷三二、三六、六三、一三八、一五一、一七六。

② 大阿罗汉难提密多罗所说：《法住记》。

年才能刻成。刻像最多的就是弥勒佛和阿弥陀佛。传说的煽动，经典的传布，佛像的礼拜，加上无数次弥勒降生的革命号召，使得这一神秘亲切的名字为每一个穷人所熟悉、所欢迎，深深扎根在农民的心坎中，甚至魂梦中了。信弥勒教的人也穿白衣服，戴白帽子，也烧香①，也相信世界上有明和暗、好和坏两种力量，大体上和后起的明教很相像，结果这两个教就混合在一起，再也分不清。

白莲社供养的是阿弥陀佛，劝人念佛修行，多做好事，死后到西方净土白莲池上，过快活日子。这团体创始于五世纪初年，到十二世纪前期，又加进了天台宗的格言，忌葱乳、不杀、不饮酒，衍变成白莲教，因为仪式和戒条都和明教、弥勒教相近，所以三教也就合流了。②

明教和弥勒教都以为目前的状况不好，都不满意现在，都相信不久以后会有而且必然地有更好的或最好的世界来到。这理想世界的实现有一个显明的标志，就是“明王”或“弥勒佛”的出世。听从他的号召，用人民大众的力量来实现这理想，由宗教的预言成为现实的政治革命。以此，从隋唐以来，凡是现实政治最使人民失望的时候，“明王”“弥勒”出世的宣传就自然而然地出现，跟着是竹竿锄头队伍的农民军起义。虽然都被有组织的正规军所压制、扫荡、屠杀，以至消灭，但是，农民永不会屈服，跌倒了，舐干净血迹，再爬起来，再反抗，永远反抗下去，一直到实现这个理想才罢休。人人的心目中，都憧憬着美丽而又肯定的远景，相信总有一天，“明王”或“弥勒”会来解放他们，满足他们。

“明王”和“弥勒”这两个名词，在中国历史上，可以读作衡量政

---

①《隋书·炀帝本纪》《五行志》。

②《佛祖统纪》卷四七；重松俊章：《初期之白莲教》。

治的尺度。

远在朱元璋出生前三年，元泰定二年(公元1325年)六月，息州人赵丑厮、郭菩萨就宣传弥勒佛要来治理天下了。[①] 十二年后，陈州人棒胡(闰儿)又说弥勒佛已经降生了，烧香会齐教友，在汝宁府信阳州起事，打下归德府鹿邑，烧了陈州(陈州正是四百多年前明教徒起义的根据地)。[②] 这年朱元璋已经十岁，懂人事了。第二年周子旺在袁州起事——周子旺是袁州慈化寺和尚彭莹玉(又叫彭翼，诨号妖彭)的徒弟——劝人念弥勒佛号，每晚点着火把，烧香礼拜，口宣佛偈，跟从的人极多。约定寅年寅月寅日寅时起兵，参加的人背心上写一个佛字，刀兵不能伤。元顺帝至元四年(公元1338年)戊寅是寅年，年月日时都凑齐，周子旺自称周王，改了年号，带五千人动手。这一支未经组织训练的乌合之众，虽然有信心，打仗却不中用，刚一点火，就被扑灭了。彭莹玉侥幸逃脱，躲在淮西民家，秘密传教，准备再干。[③]

朱元璋这几年内所到的地方，息州、陈州、信阳和整个淮西流域，前三个是弥勒教徒起事失败的场所，后一个是彭莹玉的教区。[④]

跌倒了，舐舐血，爬起来，再干。

---

①《元史·泰定帝本纪》。

②《元史·顺帝本纪》。

③ 叶子奇:《草木子·克谨篇》;《明太祖实录》卷八;陆深:《平胡录》;《元史·顺帝本纪》;权衡:《庚申外史》。

④ 参看吴晗:《明教与大明帝国》,《清华学报》十三卷一期。

三、逼上梁山

大地在撼动，狂风、暴雨、电光、雷声交织在一起，“火药库”爆炸了。

元顺帝至正十一年（公元 1351 年）五月，满身伤痕血迹的农民，不约而同地，头包红布作为标志，扛着竹竿、锄头、长枪、板斧，呐喊一声，杀向吸血的元帝国政府，这就是历史上著名的事件——红军起义。

经过多年的酝酿、组织、教育，牺牲了多少优秀的领导人才，从血泊里锻炼出来的坚强的革命细胞，散布在各个受苦难的区域。大家一条心，推翻这个坏政府；一个目标，赶走害人的鞑子。正像放焰火一样，开头在东南角射出一支红色的火箭，炫眼的光芒照耀半边天空。信号一发出，西面南面，四方八面都投射出一样颜色的光，十条、百条、千条，交织在天空，像无数条火龙，夭矫蜿蜒，热生出光，造成了力量，照得大地一色，黑暗被消灭了，跟着来的是光明世界。

红军的队伍，数不清，说不完。拣重要著名的说吧：东系在颍州（今安徽阜阳）发动，头目是杜遵道，奉韩山童的号令，占领了朱皋，拥有元朝米仓，开仓散米，一下子就团结了几十万人，攻下汝宁（今河南汝南）、光州（今河南潢川）、息州（今河南息县）、信阳（今河南信阳）。西系起于蕲（今湖北蕲春）、黄（今湖北黄冈），由彭莹玉和尚领导，推徐真逸（寿辉）做头目，攻下德安（今湖北安陆）、沔阳（今湖北沔阳）、安陆（今湖北钟祥）、武昌（今湖北武昌）、江陵（今湖北江陵）、江西（今江西九江、南昌一带）诸郡。起于湘水汉水流域的，推布王三、孟海马为头目。布王三的队伍叫北琐红军，占领了唐（今河南唐河）、邓（今河南邓县）、南阳（今河南南阳）、嵩（今河南嵩县）、汝（今河南临汝）、河南府（今河南洛阳）；孟海马率领南琐红军，占领了均（今湖北均县）、房（今湖北房县）、襄阳（今湖北襄阳）、荆门（今湖北荆门）、归峡（今湖北秭归）。起于丰沛的，是芝麻李的队伍，控制了徐州（今江苏铜山）近县和宿州（今安徽宿县）、五河（今安徽五河）、虹县（今安徽泗县）、丰（今江苏丰县）、沛（今江苏沛县）、灵璧（今安徽灵璧），南边到安丰（今安徽寿县）、濠（今安徽凤阳）、泗（今安徽临淮）。前后不过几个月工夫，东西两系红军，东边从淮水流域，西边到汉水流域，像腰斩似的把大元帝国拦腰切作两段，从此南北隔绝，北边顾不到南边，南边的粮食也不能接济北边，死是死定了，只等着咽气。①

大元帝国的崩溃，有远因，也有近因。②

远因是赵宋三百二十年的统治，相当宽大，拿定养鸡吃蛋的主意，对百姓说不上怎样好法，倒也不到剥尽刮干的地步。后期的几个君主虽然孱头孱脑，好事做不了，无论如何，总安不上“荒淫无道”的罪名。突然被穿羊裘喝酪浆拖小辫子的外族征服了，生活习惯甚至想法都完全不同的新的统治，激起了人民的反感。尤其蒙古人和色目人③的残暴屠杀，动不动就屠城，把一个城里的人民，除去工匠以外的壮丁老弱扫数杀光，剩的少女少男，作为俘虏，叫作“驱口”，

① 权衡：《庚申外史》。

② 吴晗：《元帝国之崩溃与明之建国》，《清华学报》十一卷二期。

③ 色目人指蒙古人最初征服的钦察回回、康里、波斯等民族。在元代，其社会地位仅次于蒙古人。

就是奴隶，子子孙孙不能翻身。加上奸淫掳掠，无恶不作，种种想象不到的血腥的事实，种下了民族间的深仇大恨。

在这外族统治下的社会组织，是畸形的、不健全的。论文化，蒙古族非常落后幼稚。论人口，蒙古族统共不过几十万人。光凭了优越的武力来统治压迫被征服的几千万人民，由蒙古皇室、贵族、僧侣、官僚、地主、商人所组成的统治集团，和用以维持这政权的大量军队，吃的、喝的、穿的、用的一切费用，都由汉人、南人[①]负担。汉人、南人的生命财产却没有保障，随时会被打、被抢劫、被没收，甚至被逮捕、被诛杀，无处申冤，也不许申冤。政治地位呢？朝廷和地方机关的长官，必须是蒙古人或者色目人，汉人、南人只能担任不重要的职务，用人的标准是种族而不是能力和学识。至于被抑勒做驱口的，就更惨了，简直不被当作人，在主人的眼中，驱口只是一种活的工具，或者是可以卖钱的牲口。这个统治集团同时也是大地主，土地的来源是抢劫、占领，说不上买卖，干脆一句话，没收。全国最大部分的最好的土地，经由这种方法，转移到少数的脑满肠肥的外族人手里，汉人、南人除了一小部分甘心做顺民、做走狗的以外，被迫失去了土地，成为贫农和佃户。最大规模的商业也被控制在回回人手里，他们替蒙古贵族经营财产，放高利贷、印子钱，也叫作羊羔儿息[②]，来榨取汉人、南人的血汗。

就连蒙古人、色目人算在一起，在中国也还是少数民族，有一天被征服的人民组织起来，有了力量，他们就得被清算。加上所做的坏事也实在太多了，明知汉人、南人决不心服，有机会就会反抗、报仇。这一切，蒙古贵族心里明白、害怕，脸上虽然摆出一副狠相，骨

① 元代的汉人指金的国民和高丽、契丹、女真等民族，南人指宋治下的人民。

② 徐霆：《黑鞑事略》；柯绍忞：《新元史·食货志·斡脱官钱》。

子里却正在怕得发抖。怕什么呢？怕人民有组织，怕人民有团结，一句话，害怕人民有力量。

为了镇压人民，掐住人民的脖子，元朝政府采取了几种恶毒的办法：一种是驻兵，以嫡系的蒙古军驻防在河洛山东，据全国军事要害，以汉军、探马赤军[1]驻防在淮水长江之南，带着一部新附军。蒙古军驻防是带家眷的，按一定时候换防。总计江南三行省建立了六十三处驻兵区，[2]在必要时就用武力来消灭任何反抗或者不服从的行动。一种是缴械，从元世祖至元十三年（公元 1276 年）征服了南宋的首都临安时起，就开始收缴民间的武器和马匹，定下极严厉的刑罚，强迫人民交出可以做杀伤用的武器，并且明令禁止汉人、南人、高丽人执弓矢兵仗。以后列朝都三番五次，重申这办法。[3] 这样，一面是全副武装、威风凛凛、正规编制、千军万马的征服军；另一面呢，是个别的、穷困的、被包围的、被作践的、被剥削的，而且是手无寸铁的人民。照理，蒙古贵族可以安心了，晚上可以睡得安稳了，但是，决不，他们还是在害怕，害怕人民在暗地里集会，产生组织，害怕人民的反抗思想日渐传播，成为心腹的威胁。

于是，另外一套又来了，叫作里甲。要点第一是编民户二十家为一甲，每甲派一个蒙古人做甲主，甲主有充分的权力，随时侦察甲民活动，除了写报告以外，有执行之权，他要衣服得给，要饮食得给，要童男呢？送上。要少女呢？赶紧送上。一有不是，立刻有灭门之祸。[4] 第二是戒严，夜间禁止通行："一更三点钟声绝禁人行，五更三

---

① 《元史·兵志》："蒙古军皆国人，探马赤军则诸部族也。既平中原，发民为卒，是为汉军。"

② 《元文类》卷四一《经世大典序录·政典总序》。

③ 《元史》之《陈天祥传》《世祖本纪》《顺帝本纪》。

④ 徐大焯：《烬余录》。

点钟声动听人行。”[1]在这期间，老百姓被关在房子里，政府的军官军人和甲主可以随便通行，半夜里也可以进民居访问以至调查。第三禁止夜间点灯，在戒严期间绝对禁止，禁钟以前和解严以后，也只许小贩和儒生点灯。[2] 第四禁止集会祠祷，祈赛神社，集场买卖，不管是宗教的、迷信的以至商业性的集会，凡是群众性的，有多人集合在一起的，一概禁止。[3] 第五禁止汉人田猎和学习武艺，禁止汉人学习蒙古、色目文字[4]，不会武艺就不能打仗了，不懂政府所用的文字，就无法和使用这种文字的人相接触。

这三整套办法互相配合，构成了天罗地网，铜墙铁壁。没有一点漏洞，透不出一点气，没有声音，连耳语也不敢，没有文字的抗议，连数说历史都是犯法的。出远门要有通行证，每一个地方都被孤立了，成为无数的孤岛。没有消息，好的没有，坏的也没有。蒙古人的统治，把这个国度变成一个死海。

但是，虽然是死海，还不时有波浪，压力越大，反抗也越厉害。严格地说，从南宋亡国的那天起，一直到红军大起义，这七十年中，汉人、南人的反抗，一直没有停止过。从可歌可泣的崖山之役，张世杰、陆秀夫壮烈殉国后，起兵复国几次失败，百折不回的文丞相（天祥）终于在元世祖至元十九年（公元 1282 年）十二月被杀于大都，成仁取义。这两件事发扬了民族正气，感动了也号召了全民族和后代子孙，使他们明白，只有“驱逐鞑虏，恢复中华”才有好日子过，才对得起先烈，对得起民族。文丞相死的第二年，建宁路总管黄华起义，

---

①《元典章》卷五七《刑部・诸禁・禁夜》。

②《元史・刑法志・禁令》。

③《元史・刑法志・禁令》，《元典章》卷五七《刑部・诸禁・禁聚众》。

④《元史》之《世祖本纪》《顺帝本纪》。

用宋祥兴年号。至元二十三年，西川赵和尚自称宋福王子，在广州起事。元顺帝至元三年（公元 1337 年），合州大足县民韩法师反，自称南朝赵王，都用恢复赵宋来号召。此外如至元二十年广州的罗平国，二十年漳、邕、宾、梧、韶、衡诸州（福建、广西、广东、湖南）的农民暴动，二十三年婺州（浙江金华）永康县民陈巽四之乱，二十五年广东浙江之乱，二十七年的江西之乱，成宗元贞二年（公元 1296 年）的赣州之乱，以至元顺帝至元三年（公元 1337 年）广州的大金国之乱，至正八年（公元 1348 年）辽东锁火奴自称大金子孙之乱。前面跌倒了，后面的接着上去，倒下一个两个，起来了百个千个。这一连串的反抗运动，起因虽不完全相同，目标却只有一个——推翻这个坏政府！至正十一年（公元 1351 年）的红军大起义，正是这一连串反抗运动的延续和发展。

近因是蒙古皇室和政府的腐烂，像一所房子，长了白蚁，把椽子、栋梁都蛀蚀空了，一阵风便把整所的房子刮倒，当然，白蚁也压死很多。

白蚁一开头就把帝国给蛀蚀空了。大元帝国是由几个汗国组织成的，以蒙古大汗的宫廷做中心。自从忽必烈大汗（元世祖）做了中国皇帝之后，破坏了大汗继承的规矩，以后的大汗都由实力派拥立，宫廷里的暗杀，战场上的火并，闹个无休无歇。成吉思汗位下的许多大王，分裂成几派，打了多少年仗。西北几个汗国各自独立，脱离了母国，大元帝国分裂了，蒙古大汗兼中国皇帝的统治权开始动摇了。

这一窝的白蚁王是忽必烈大汗自己，他建立了这个窝，也蛀蚀了这个窝。他是一个贪得无厌的君主，为了积累更多的财富，发动了长期的广泛的海洋侵略。军费的负担无限扩大，增加了国内财政的困难，只好任命一批做买卖的刮钱好手做大臣，专门搜刮财富，剥削人民，造成了贪污刻薄而又无能的政治风气，造成对外打仗失败、对内民穷财尽的局面。

军费之外，还有给诸王的定期巨量赏赐，僧侣的宗教费用和宫廷的浪费。一年的收入还不够几个月的用度，没办法，只好加紧印钞票。元朝的钞票原来有很好的制度，发行有定额，可以随时兑现，和物价有一定的比例，通行全帝国，信誉极好。到了政府财政无办法，支用完钞票的准备金，变成不兑现纸币，加上无限制发行，发得愈多，币值愈跌，相对的物价愈高。到了十四世纪中期，整车整船运钞到前方，已经不济事了，一张钞还抵不上同样的废纸，不值一钱。国家财政和国民经济崩溃了。

政治的情况也和经济一样，从元武宗以来，唱戏的、杀猪卖酒的、和尚道士，只要有门路，得到大汗欢心，就可做大官，有做到中书左丞、平章参政的。国公、司徒，多到无法计算。贵族诸王随便杀人，随便荐人做官。地主豪民犯法该杀的，只要买通僧侣，就可以得到大汗特赦。后来索性卖官鬻爵，贿赂公行了。尤其是蒙古、色目的官吏，根本不知道有廉耻这回事，问人讨钱，各有名目。例如下属来拜见有“拜见钱”，无事白要叫“撒花钱”，逢节送“追节钱”，过生日要“生日钱”，管事要“常例钱”，送迎有“人情钱”，发传票拘票要“卖发钱”，打官司要“公事钱”。弄得钱多说是“得手”，除得州美说是“好地分”，补得职近说是“好窠窟”。甚至台宪官都可以用钱买，像拍卖似的钱多得缺。肃政廉访司官巡察州县，各带库子（管钱的吏役），检钞称银，争多论少，简直在做买卖。① 大官吃小官，小官呢？当然吃百姓。民间有诗嘲官道：“解贼一金并一鼓，迎官两鼓一声

①《草木子·杂俎篇》。

锣。金鼓看来都一样,官人与贼不争多。"[1]温州、台州一带的老百姓,给官府榨苦了,在村子边竖起旗子,上面写着:"天高皇帝远,民少相公多。一日三遍打,不反待如何?"[2]

军队呢?自从平宋之后,太平了多年,忘记了怎样打仗。驻防在内地繁华都市,日子久了,生活整个儿腐化,也不愿意打仗了。军官们大都是世袭的公子哥儿,懂吃、懂喝、懂玩,会发脾气,会克扣军粮,会奴役虐待士兵,更会劫掠百姓,就是不懂和不会打仗。蒙古初起时,那种纵横欧亚、叱咤风云的沙漠中健儿的子孙,到这时已经完全不是军人了,他们比老百姓更胆小怕事。[3]

这个几十个家族奴役中国人民的政权,一靠官僚,二靠武力支持。官僚弄钱,武力吓人。如今,全不行了,千疮百孔,到处发霉发烂了。从顶到脚,都蛀蚀得空空,自然经不起红军雷霆万钧的一击。

红军起事爆发的导火线是蒙古政府对汉人、南人加重压迫和歧视。

元顺帝从广西进京做皇帝,河南行省平章伯颜率领部下蒙古汉军护送,因功做了丞相。伯颜仗着功劳大,擅权贪污,养着西番师婆叫畀畀,常问她来年好歹,又问身后事如何。畀畀说当死于南人之手。伯颜因此深恨南人。元顺帝至元三年(公元1337年),广州朱光卿反,称大金国;棒胡反于汝宁信阳州。伯颜假借题目,四月间下诏书汉人、南人不得执持军器,凡有马的都拘收入官。五月间又说汝宁棒胡、广东朱光卿等都是汉人,汉人有在政府做官的,应该提出诛捕造反汉人的方案,呈报上来。接着又提出要杀张、王、刘、李、赵五

① 《草木子·谈薮篇》。
② 黄溥:《闲中今古录》。
③ 《草木子·克谨篇》。

姓的汉人、南人，因为这五姓都是大族，人数最多，汉人、南人杀了大半，自然不能造反了。至元五年(公元1339年)四月，又重申汉人、南人、高丽人执持军器的禁令。还规定一条法令：蒙古人、色目人殴打汉人、南人，汉人、南人只许挨打，不许还手。伯颜被贬死，他的兄弟马札儿台做丞相，又禁民间藏兵器。马札儿台辞位，子脱脱做丞相。红军起事，中书省官员把报告案卷加标题"谋反事"，脱脱看了，改题作"河南汉人谋反事"，把河南全部汉人都看作叛徒了。[①] 伯颜、脱脱一家人接连做丞相，家族的看法也就代表皇室和贵族的看法。这一连串作为，使汉人、南人不由得不恐慌、不着急，反抗也许还有生路，不反抗只有等死，有人一号召，自然是全国响应了。点上导火线的是丞相脱脱。当时黄河在白茅口决口，有人建议堵口，脱脱派工部尚书成遵勘察。成遵回来报告：河工太大开不得，而且南阳安丰盗贼成群，集合了几十万夫役，万一被人煽动，无法收拾。脱脱不听，另用贾鲁为工部尚书兼河防使，至正十一年(公元1351年)四月二十二日，发汴梁、大名十三路民夫十五万，庐州等地戍军二万，从黄陵冈南到白茅口、西到阳青村，开河二百八十里，把黄河勒回旧道。

韩山童得了这个消息，生出主意，叫人四处散布童谣说："石人一只眼，挑动黄河天下反。"暗地里凿了一个石人，面门上只有一只眼睛，偷偷埋在黄陵冈当路处。朝廷发的修河经费，被河官中饱了，修河夫吃不饱，正在怨恨。[②] 韩山童又分发几百个党徒去做工，宣传天下要大乱了，弥勒佛已经降生了，十人传百，百人传千，河南、江淮一带的老百姓全信了。韩山童和亲信刘福通、杜遵道计较，光是老百姓不够，还得念书做官的一起干，至少也要做到让士大夫同情这

---

①《庚申外史》。

②《草木子·克谨篇》《庚申外史》。

运动。刘福通说有办法，鞑子不得人心，我们上一两代都是宋朝的老百姓，只要提出复宋的旗号，读书人没有不赞成的。河夫开河开到黄陵冈，果然在当路处挖出一眼的石人，几万夫役骇得目瞪口呆，一时人心骚动，三个一堆，五个一群，纷纷议论，大家心里明白，是动手的时候了。

刘福通聚了三千人在白鹿庄，斩白马乌牛，祭告天地，宣称韩山童是宋徽宗八世孙，当为中国主；福通是宋朝大将刘光世的后人，该帮旧主起义，恢复天下。大家齐心推奉韩山童做“明王”，克定日子起兵。① 四处派人通知，同时发动，以头裹红布为符号。正在歃血立誓、分配任务、举杯庆祝、兴高采烈的时候，不料消息走漏了。永年县的县官带领马快兵役，冷不防团团围住白鹿庄，韩山童脱身不及被擒去杀了。山童妻杨氏带着儿子林儿趁着慌乱，逃出重围，躲入武安山中（在永年县境），隐姓埋名，等候外边消息。刘福通见事已败露，等不到预定日子，整顿部队，出其不意，攻占颍州、罗山、上蔡、正阳、霍山，分兵进攻舞阳、叶县等处。黄陵冈的河夫得了信号，呐喊一声，杀了监工的河官，头上包一块红布，漫山遍野一片红，和部队会合在一起。不到一个月，红军已是五六万人的大队伍了。两淮、江东西的穷苦百姓，等了多少年月，连夜起早赶来参加，真是“从乱如归”，声势一日比一日浩大。接着又占领了汝宁、光、息，人数增加到十几万。② 各地方的红军闻风响应，芝麻李、彭大、赵均用起丰沛，徐寿辉起蕲黄，布王三、孟海马起湘汉，半个中国照耀着红光③，

---

① 何乔远：《名山藏·天因记》。

②《明史·韩林儿传》；《庚申外史》；钱谦益：《国初群雄事略·宋小明王》；《鸿猷录·宋事始末》；陆深：《平胡录》。

③ 陆深：《豫章漫钞》。

各自攻城占地，开仓库，救穷人，严守教规，不杀平民，不奸淫，不抢劫，越发得到人民拥护。①

当时民间流传着一阕《醉太平》小令，也不知道是谁写的，从大都一直到江南，人人会念，词道：

> 堂堂大元，奸佞当权，开河变钞祸根源，惹红巾万千。官法滥，刑法重，黎民怨。人吃人，钞买钞，何曾见？贼做官，官做贼，混贤愚，哀哉可怜！②

朱元璋在寺里接连不断地得到外边的消息：前些日子占襄阳，元兵死了多少；某日又占了南康，元军不战而逃；芝麻李八个人装作挑河夫，一晚上占了徐州。③ 说的人津津有味，听的人心花怒放。红军檄文指斥元朝罪状，最精彩的话是“贫极江南，富夸塞北”④。蒙古人、色目人饱得胀死，汉人、南人却饿得要死。什么好东西，财帛粮食，刮空了运到北边。做活出气力的是一种人，笼着手在享用的又是一种人。真把几十年来多少人心里闷着的话全给说出来了。又听说徐寿辉已在蕲水建都，做了皇帝，国号天完，年号治平，拜邹普胜做太师，一支军队已进了江西。元兵到处打败仗，好容易调了六千绿睛回回阿速军，帮着汉军来攻颍州。阿速军以精悍著名，擅长射骑，只是纪律不好；将军呢，又光会喝酒玩女人。刚上阵，看见红军阵势大，主将就扬鞭连说：“阿卜！阿卜！”阿卜是走的意思，一霎时全军退却。淮西人当作笑话，传来传去。⑤ 又调御史大夫也先帖

---

① 陶宗仪：《辍耕录》卷二八；《国初群雄事略》。

②《辍耕录》卷二三。

③《庚申外史》。

④《草木子·克谨篇》。

⑤《庚申外史》。

木儿统三十万大军收复汝宁，才到城下，尚未交锋，便跃马后退。地方官急了，挽住马缰不放，也先帖木儿也急了，拔刀便斫，说："我的不是性命?"飞马先逃，三十万大军跟着溃散。[①] 蒙古、色目、汉军都不能打，真正和红军作战的是各地官吏、地主募集的义兵和民兵，这些人有的怕红军不放过，有的要保家产，为着自己的身家才肯拼命。到十二年二月底，又听说濠州也给红军占了，头目是郭子兴、孙德崖、张天祐几个人。

郭子兴是定远县有名的豪杰，原是曹州人，他父亲到定远卖卦相命，很积了一点钱。有一家大财主的闺女，长得体面，可惜是瞎子，嫁不出去。他父亲娶了，得了一份大财喜，生下三个儿子，子兴是老二。子兴一来家财丰厚，二来素性慷慨，平日交结宾客，接纳壮士，焚香密会，盘算做一番大事业。红军起事以后，钟离定远的农民，抛去锄头，拿起兵器，一哄就团聚成几万人的一股。地方官平时只会贪赃枉法，到这时便毫无办法了，睁一只眼，闭一只眼，只装不知道，惹不起，也犯不着多事。二月二十七日，郭子兴带了几千人趁黑夜先后偷入濠州，半夜里一声号炮，闯入州衙，杀了州官。他们在先有过杜遵道的号令，五个头目都称濠州节制元帅。[②] 元将彻里不花远远地隔濠州几十里扎住营，怕红军厉害，不敢攻城，成天派兵到各村庄骚扰，把老百姓捉去，包上红布，算是俘虏，向上官请赏。濠州红军见官军不来捣乱，乐得安闲，关起城门享福，两下里"互不侵犯"。只是苦透了一般老百姓，官军硬派作红军，随便捉杀；红军呢，又怕是官军的奸细，要盘问防范，竟是左右做人难。又得供应粮秣夫役，红军要了，官军又要，闹得实在没法子活下去。有钱有地的大

---

①《草木子·克谨篇》。

② 张来仪:《敕赐滁阳王庙碑》;俞本:《皇明纪事录》;《国初群雄事略·滁阳王》。

户怕事，都投到官军这边；无钱无地的穷人，不消说，只有一条路，揣块红布，呼亲唤旧，投奔濠州，拼上这条命，也不受官府大户的气。[①]

朱元璋划算了又划算，虽然相信彭莹玉的话，鞑子一定得赶走，汉人、南人一定得翻身，眼前就是穷人的好日子来了，可是，还得仔细计较，拣便宜省事有好处的路走。摆在前面有三条路：投官军呢，犯不着。官军的纪律他知道得太多，去了是自投死路。再则鞑子杀人放火、奸淫掳掠的一本血账，提起来谁都痛恨。外祖父说的崖山的故事，他还记得清清楚楚，男子汉纵然不能做什么大好事，也万万不可丧心病狂到替敌人做走狗，来残害自己的兄弟姊妹！投红军呢？听说濠州有五个元帅，一字并肩，没有头脑，谁也不服谁，谁也支使不了谁，闹得乱哄哄，不成个体统。怕没有大出息，成不了事。留在寺里过安闲日子呢，迟早给官军捉去拿赏号，死得更是不明不白。想了又想，三条路都走得，又都有难处。[②]

一天，有人从濠州捎来一封信，是孩提时的伙伴写的，劝他到红军队伍里来。背地里读了，越发一肚皮心事，在大殿上踱过来，踱过去，以口问心，以心问口，反复计较。又猛然省悟，把信就长明灯烧了，但还是下不定决断。过不了几天，同房的师兄偷偷告诉他，前日那信有人知道了，要向官军告发，好汉不吃眼前亏，还是赶快上濠州吧。元璋急得没办法，到村子里找汤和，讨一个主意。汤和推敲了半天，说不出道理，劝他向菩萨讨一个卦。元璋心里忐忑不定，慢慢走回寺里，还不到山门，就嗅到一股烟焰的气味，再走进去，只见东一堆瓦石，西一堆冒烟的木料，大殿只剩下半边，僧房斋堂全烧光了，只剩下伽蓝殿，隔着一片空地，还完整。满院子马粪、破衲衣、烂

①②《明太祖御制纪梦》。

家具。僧众星散，不知去向，冷清清只剩了几尊搬不动、烧不着的泥菩萨。原来官军认为僧寺里有弥勒佛，红军里有许多和尚，念弥勒佛号，怕在寺的和尚和红军有勾搭，把附近的寺都烧光了，皇觉寺自然不能例外。元璋待了一阵，走到伽蓝神前，磕了头，拿起圣珓，默祝菩萨：许出境避难，赏阳珓；守破寺，一阴一阳。一掷两珓全阴，两掷三掷还是全阴。不许走也不许留，只有投红军去了。再祝投红军给阴的，一掷果然是阴的，大吃一惊。三次默祝，投红军实在害怕，还是求菩萨指点，逃往他乡，另求生路。闭着眼睛把珓掷出，一看一个是阴珓，投红军；一个呢，不阴不阳，端正地竖在地面。菩萨也劝元璋造反了，还有什么可说的！[①] 后来他在《皇陵碑》里描写这时候的心情道：

> 住（皇觉寺）方三载，而又雄者跳梁。初起汝、颍，次及凤阳之南厢。未几陷城，深高城隍，拒守不去，号令彰彰。友人寄书，云及趋降，既忧且惧，无可筹详。旁有觉者，将欲声扬。当此之际，逼迫而无已，试与知者相商，乃告之曰：果束手以待罪，亦奋臂而相戕？知者为我画计，且祷阴以默相。如其言，往卜去守之何详，神乃阴阴乎有警，其气郁郁乎洋洋，卜逃卜守则不告，将就凶而不妨。

第二天，他离开皇觉寺，投奔红军去了。

---

①《明太祖御制纪梦》《皇朝本纪》《天潢玉牒》。

第二章

红军大帅

一、小亲兵

元至正十二年(公元 1352 年)闰三月初一,元璋到了濠州城下。这时元军仍在濠州附近,虽然没有动作,红军还是不敢大意,城墙上布满警戒部队,弓满弦,刀出鞘,巡逻哨探川流不息。城门的守兵挡住一个丑和尚,只见他穿得极破烂,头裹红巾,堂堂皇皇走进来,毫不害怕。盘问来踪去路,却只说来见郭元帅,更无别话,不由得起了疑心,以为是元军的奸细。三言两语,就闹翻了,不由分说,一索子捆了,派人报告郭元帅,请令旗行刑。郭子兴一想很怪,若是奸细,怎能这般从容?口说求见,亦许是来投顺的好汉,不要枉杀了好人。他要知道究竟,于是骑一匹快马,赶到城门,远远看见四五十个兵围着,人头攒动,指手画脚在呵斥,连忙喝退众兵。只见一个躯干修伟、长得极怪的丑和尚,被五花大绑,捆在拴马桩上,相貌虽不整齐,看着有一种威严的神采,绑着等杀头,并不害怕求饶,眼睛里充满着火气,脸上肌肉痉挛的表情,也表现出在愤恨。子兴心里已有点喜欢，下马上前问明底细，叫人松开绑，收为步卒。①

元璋入了伍，参见了队长，逐日跟弟兄们上操，练武艺。体格好，记性又强，不下半个月已是队里顶尖顶上的角色，几次出城哨探，态度安详，计谋多，有决断，同队的都听调度。每次出去，总是立了功，不损伤一人一卒，喜欢得连队长也遇事和他商量了。不知不觉过了两个多月。一日，郭元帅带了亲兵出来巡察，经过元璋的营房，全队排成一字向主帅行礼，元璋个子高大，恰好排在队头。子兴见了，记起那天的事，唤队长问这投效的心地和能耐如何。队长极口说好，夸是千中选一的人才。子兴也觉得喜欢，就吩咐升元璋做亲兵十夫长，调回帅府当差。②

元璋遇事小心勤快，却又敢作敢为。得了命令，执行很快，办理得好。打起仗来总是领头向前，一定打胜仗，也一定完成预期的战果。得到战利品，不管是衣服，是银子，是牲口粮食，总是悉数献给元帅。得到赏赐，又推说功劳是大家的，公公平平分给同伴。说话不多，句句有斤两，又认得一些字，虽不甚通，一有文墨上的事情，譬如元帅的命令，杜遵道、刘福通的文告，以至战友们的书信，伙伴总找他解说。几个月后，不但在军中有了好名誉，勇敢、能干、大方、有见识、讲义气，一大堆好话算在名下，甚至连郭元帅也将他看作心腹，逐渐言听计从了。

郭元帅的第二夫人张氏，抚养了一个孤女，原是子兴的老友马公临死时托付的，已经成年，甚是贤德。子兴爱重元璋，要他出死力，和张夫人商量招赘做上门女婿。张夫人也听说元璋才能出众，而子兴勇猛戆直，和同事合不来，得有个细心能干的身边体己人帮

---

①《皇陵碑》;《御制纪梦》;《滁阳王庙碑》;《明太祖实录》卷一;《天潢玉牒》。

②《御制纪梦》;《滁阳王庙碑》;《皇朝本纪》。

着些，一力撺掇，就择日替两口子成婚。元璋平白地做了元帅娇客，前程多一层靠山，更何况是元帅主婚，自然满口应承。从此军中就改称元璋为朱公子，有了身份了，起一个官名叫元璋，字叫国瑞。①

孙德崖一伙四个元帅，都是粗人，说话做事没板眼，处的日子久了，子兴有些看不上眼，商量事情也没有好声气，两下里面和心不和。孙德崖一边人多嘴杂，闹了几次，子兴索性闲在家里，不和他们照面，勉强三五日见面一次，也是话不投机半句多。有时候等子兴不来，事情办了，也不通知，子兴越发不快，憋了一肚子气要发作。本来五个元帅一样大，谁也管不了谁，谁也不服谁，齐心还好办事，一闹别扭，各自发号施令，没有个通盘的调度，占了濠州大半年了，各人只管带领部下，向四乡要粮要牲口，竟不能出濠州一步，不像个局面。子兴几次拿话开导，无人理睬，越想越气闷，也就心灰意懒了。元璋看出情势不妙，借个方便劝子兴打起精神，照常和四帅会议办事，假如老闲在私宅，他们四帅合起来，对付一个，这个亏吃了可没说处。子兴听了，勉强出去三四日，又闹脾气了。两边的感情越来越坏，都怕对方下毒手，又在盘算如何收拾人。元璋劝不动子兴，背地里向孙德崖赔小心，说好话，着意联络，以免真个决裂。②

九月间，元相脱脱统番、汉兵数十万攻徐州，招募当地盐丁和矫勇健儿三万人，黄衣黄帽，号为黄军。大军在后，督令黄军攻城，一口气把徐州攻下，见人便杀，见屋便烧，芝麻李落荒逃走，被元兵逮住杀害了。③ 其部下彭大、赵均用率领残兵投奔濠州。④ 徐州、濠州

---

①《滁阳王庙碑》;《明太祖实录》卷一;谈迁:《国榷》。

②《明太祖实录》卷一;《皇朝本纪》。

③ 权衡:《庚申外史》;《元史》之《脱脱传》《也速传》;《皇明纪事录》。

④《龙飞纪略》。

都是红军,原是一家人。徐州的兵多,占的地方也大,到了濠州以后,竟反客为主,濠州五帅倒要听客人的调度了。彭大有见识,也懂事,和郭子兴相处得很好,孙德崖怕吃亏,使手段拉拢赵均用,两边明争暗斗,心里都不服气。孙德崖又拿话来挑拨赵均用,说郭子兴眼皮浅,只认得彭将军,百般趋奉,对赵将军却白眼相待,瞧不起人。均用大怒,带领亲兵径来火并,冷不防把子兴俘虏了,带到孙家,锁闭在一间空房子里。

这时朱元璋正好出差,得信奔回,郭家大小正在忙乱,要派兵抢救,他连忙止住,叫出子兴二子天叙、天爵,一径去找彭大。彭大听了,勃然大怒说:他们太胡闹了,有我在,谁敢害你元帅! 即时喊左右点兵,元璋也全身盔甲,团团围住孙家,掀开屋瓦,救出子兴。只见子兴项枷脚镣,浑身打得稀烂。当下打开枷镣,背回私宅。赵均用知道彭大出头,怕伤了和气,隐忍着了事。①

脱脱趁连下徐州、汝宁的兵威,分兵派贾鲁追击彭大、赵均用,进围濠州。大敌当头,红军的头脑们才着慌,大家和好,一心一意地坚守城池。元璋深得军心,成天成夜在城墙上指挥防守。从这年冬天,一直到第二年春天,整整被围了五个月,幸得城池坚固,粮食丰足,没有出事。一日,元将贾鲁病死,元军围疲了,料着再打下去也不见得有把握,兼之军无斗志,只好解围他去。围虽解了,红军也折损了不少人马,吃了大亏。

彭大、赵均用兴高采烈,彭大自称鲁淮王,均用自称永义王,做起王爷来了。郭子兴和孙德崖五人仍然是元帅。②

---

①《皇朝本纪》,《明太祖实录》卷一。

②《元史·贾鲁传》;《国初群雄事略》卷二;《滁阳王》。

二、 小军官

濠州经过长期围攻，不但粮秣缺乏，兵力也衰减得多。元璋想办法，弄了几引盐，到怀远换了几十石米，献给子兴。[①] 他细想二王和诸帅，胸襟太窄，眼光太短，怕成不了什么气候，要做一番事业，得凭自己有队伍，才有力量。于是，他打定主意，请准了假，回到钟离，竖起招兵大旗。少年伙伴徐达、汤和等几十个人，听说元璋做了红军头目，都来投效。不过十天工夫，招募了七百人，子兴大喜。至正十三年（公元 1353 年）六月，子兴派元璋做镇抚。从此，元璋就一跃成为带兵官了；[②]一年后，又以军功升作总管。[③]

彭、赵二王管军无纪律，随便做坏事，不听劝，也不能改，子兴又兵力单弱，做不了主张。元璋认为一起混下去，会出毛病，不如自己单枪匹马，向外找出路，于是把新兵交代了，禀准了主将，带领贴身伙伴徐达、汤和等二十四人，南游定远。他使个计策，招降了张家堡驴牌寨三千民兵。向东半夜里袭击元将老张（张知院），收降民兵男女七万口，挑拣得两万壮士，成为浩浩荡荡的一支队伍。用朱元璋自己的话来形容，真是“赤帜蔽野而盈冈”。[④]

元璋得到大量的生力军，立刻重新编制，加紧训练。他最看重

---

① 《皇朝本纪》。

② 《御制纪梦》，《明太祖实录》卷一。

③ 俞本：《皇明纪事录》。

④ 《御制纪梦》《御制阅江楼记》《皇朝本纪》《御制皇陵碑》。

纪律，在检阅新军时，特别指出这一点，恳切地训诫将士说："你们原来是很大的部队，可是毫不费事就到我这边来了。原因在哪里呢？一是将官没有纪律，二是士卒缺乏训练。现在我们得建立严格的纪律，做到严格训练，才能建功立业，大家有好处。"三军听了，无不喜欢。①

定远人冯国用、国胜（后改名胜）两兄弟，原来是地主，天下大乱后，团结地方上的佃户和乡民，建立堡寨自卫，听说元璋军队的纪律不错，带领部队来投效。元璋端详这两兄弟，装束很像读书人，行动说话都和一般老百姓不同，就问如今该怎么办。国用以为建康（元集庆路，今南京）这地方，形势极好，书上有"龙蟠虎踞"的话，是多少代帝王的都城，先占了这地方做根本，站稳了逐步发展，扩充地盘，不贪子女玉帛，多做好事，得到人民的支持，建功立业不是难事。元璋听了极高兴，留下做幕府参谋，把两家部队合并编制，南下攻滁州（今安徽滁县）。②

在进军滁州的路上，定远人李善长到军门求见。善长头脑清楚，有智谋，善于料事，学的是法家的学问，和元璋谈得极为投机。元璋问什么时候才能太平。善长劝他学汉高祖，以为汉高祖也是平民出身的，气量大，看得远，也看得宽，会用人，又不乱杀人，五年工夫，便打平了天下；元朝政治一团糟，已到了土崩瓦解的地步，濠州和沛相去不远，如能学学这位同乡，天下太平也就快了。元璋连声叫好，留下做掌书记，同时嘱咐："如今群雄四起，天下糜烂，仗要打好，要紧的是参谋人才。我看群雄中，掌书记和做参谋的幕僚，总说将士的坏话，将士无法施展，自然打不了胜仗。你要做一个桥梁，调

---

①《明太祖实录》卷一。

②《明史》卷一二九《冯胜传》。

和将士，不要学他们的样。”从这时候起，元璋心目中时时有个老百姓出身做皇帝的同乡在，说话、办事、打仗，事事都刻心刻意地学习。[①] 善长呢，也一心一意做桥梁，沟通将士和主将，以及将士间的意见，尽心尽力，提拔有能力和有功的，让大家能安心做事。[②]

滁州守军力量单弱，元璋的前锋黑将军花云单骑冲破敌阵，战鼓打得震天响，大军跟着推进，霎时便占领了这座名城。元璋亲侄文正、姐夫李贞带着外甥保儿（后改名文忠）得到消息，奔来投靠，才知道二哥三哥也已去世了。大家哭了一场，又伤心又欢喜，伤心的是一家人只剩了这几口，欢喜的是这样乱世，还能团聚：“一时会聚如再生，牵衣诉昔以难当。”[③]定远人沐英父母都已死去，孤苦可怜。元璋把这三个孩子都收养做义子，改姓为朱。原来收养义子是当时流行的风气，带兵的将领要培养心腹干部人才，喜欢把俊秀勇猛的青年收养，不但打仗时肯拼命，在要紧关头，还用来监视诸将。沐英在军中称为周舍，又叫沐舍，舍是舍人简称（文武官员的儿子叫舍人）。元璋义子除文正、文忠、沐英以外，还有二十几个。后来所占城池，专用义子做心腹和将官同守，如得镇江用周舍，得宣州用道舍，得衢州用王驸马，得严州用保儿，得婺州用马儿，得处州用柴舍、真童，得徽州用金刚奴、也先，此外还有买驴、泼儿、老儿、朱文逊等人。柴舍即朱文刚，在处州死难；道舍即何文辉；马儿即徐司马；保儿即平安；朱文逊小名失传，在太平阵亡；王驸马、真童、金刚奴、也先、买驴、泼儿、老儿，复姓后的姓名可惜都失传了。[④]

---

① 《明史》卷一三五《孔克仁传》。

② 《明史》卷一二七《李善长传》。

③ 《御制皇陵碑》，《明太祖实录》卷一，《明史》卷一二六《李文忠传》。

④ 刘辰：《国初事迹》；《明史》卷一二六《沐英传》、卷一三四《何文辉传》、卷一四四《平安传》；王世贞：《弇山堂别集·诏令杂考》；孙宜：《洞庭集·大明初略三》。

至正十八年(公元1358年),胡大海、李文忠占领严州后,两人闹意见不和,元璋批示帐前都指挥使司首领郭彦仁,派他说和两人说:“保指挥我之亲男,胡大海我之心腹,前者曾闻二人不和。且保指挥我亲身也,胡院判(大海官衔枢密院判官的简称)即我心腹也。身包其心,心得其安;心若定,身自然而定。汝必于我男处丁宁说知,将胡院判以真心待之,节制以守之,使我之所图易成,只此。”李文忠代表元璋亲身监视大将胡大海,并有节制之权,这一个例子说明了义子的作用,也说明了元璋对大将的不放心情形。①

单是用义子监视,还怕诸将靠不住,另一办法是留将士的家眷做抵押。这法子在刚渡江时便实行了。元璋统兵取集庆,马夫人和诸将家属留在和州(今安徽和县)②,到取下集庆以后定下规矩:“与我取城子的总兵官,妻子俱要在京住坐,不许搬取出外。”“将官正妻留于京城居住,听于外处娶妾。”规定极严格。将官顾虑妻子安全,自然不敢投敌以至反叛,平时征调差遣,也不敢不听话了。③

此外,还提防将官和读书人勾结,规定:“所克城池,令将官守之,勿令儒者在左右论议古今。止设一吏,管办文书,有差失,罪独坐吏。”凡是元朝官吏和儒士,都要由朝廷选用,逃者处死,不许将官擅用。④这是因为读书人谈今说古,拿历史上的事情和现今一比,将官省悟了难免生是非,左思右想,不是好事的缘故。

当元璋进攻滁州时,濠州的红军主力由彭大、赵均用率领,攻下了盱眙泗州,两人脾气不对付,又为郭子兴的事结下怨,竟闹翻了。

---

①《国初事迹》。

②《明史》《孝慈高皇后传》,《明史》卷一二五《常遇春传》、卷一三〇《康茂才传》;宋濂:《宋文宪公集》卷四《开平王神道碑铭》《追封蕲国公谥武义康公神道碑铭序》。

③④《国初事迹》;孙宜:《洞庭集》。

均用和孙德崖四个合成一气，彭大抵不过，事事不称心，手下得力的人，也逐渐被均用收买过去，气闷不过，发病死了。彭大的儿子早住接着也称鲁淮王，年轻，比均用矮一辈，又会敷衍说好话，均用没把他看在眼里，倒也相安无事。但接着，是郭子兴代替了彭大做出气筒，左也不对，右也不对，做一事、说一句话都被挑眼。几次借题目要害子兴，碍着元璋在滁阳有几万人的部队，做决裂了怕坏事，于是出主意下令牌调元璋来守盱眙，一箭双雕，一窝子收拾掉。元璋明白这道理，委婉地推辞移防，说有军事情报，部队动不得。又使钱买通王府的人，拿话劝均用，不要听小人挑拨，自剪羽翼，惹人笑话，万一火并了，他部下不服，也不得安稳。针锋相对，均用摆布不得。说话的人又劝好好地待子兴，让他出气力占地方，保疆土。成天有人说项求情，均用软了，竟放子兴带原来人马一万多人回滁阳。元璋把兵权交出，三万多兵强马壮的队伍，旗帜鲜明，军容整肃，子兴大喜。①

元至正十四年（公元 1354 年）十一月，元丞相脱脱统兵大败张士诚于高邮，分兵围六合。

张士诚小字九四，泰州白驹场人，和弟士义、士德、士信一家子都靠运官盐、贩私盐过活。贩私盐赚大钱，和伙伴们大碗酒大块肉，吆五喝六，过得极舒服，入伙的人日渐增多，都听士诚调度。贩私盐是犯法的，当时卖盐给大户，大户吃住是私货，不但说闲话挖苦，有时还赖着不给钱，弓兵丘义尤其作践他们。士诚气愤不过，趁天下大乱，带着兄弟和李伯昇、潘原明、吕珍等十八壮士，杀了丘义和仇家大户们，一把火烧了房子，招兵买马，攻下泰州高邮，占了三十六

---

①《明太祖实录》卷一；《国初群雄事略·滁阳王》；钱谦益：《太祖实录辨证》卷一。

盐场,自称诚王,国号大周,改年号为天祐。这是至正十三年五月间的事。①

元兵围六合,六合主将到郭子兴处求救。六合在滁州东面,万一失守,次一被攻击的目标便是滁州,要保滁州,就非守住六合不可。郭子兴和六合主将有仇恨,元璋费尽唇舌才说服了。元兵号称百万,无人敢去,推称求神不许,元璋只好讨了令箭,统兵出救。元兵排山倒海似的进攻,城防工事全被摧毁。守军拼死抵住,赶修了堡垒,又给打平了,眼看守不住,只好把六合的老弱妇孺掩护撤退到滁州。元兵乘胜进攻,元璋在中途埋伏,打了一个胜仗,得到好多马匹;却顾虑到孤城无援,元兵如添兵包围,不困死也得饿死。元璋忍气打点牛酒,派地方父老把马匹送还,哀求说全是良民,不敢作反,团结守护是为了自卫,情愿供给大军军需给养,请并力去打高邮,饶饶老百姓。元兵信以为真,引兵他去,滁州算是保全了。②

元兵一退,郭子兴喜欢极了,打主意要在滁州称王。元璋劝说:滁州山城,交通不便,形势不好,一称王目标大了,元兵再来怕保不住。子兴才放弃了做王爷的念头。③

脱脱大军用全力攻高邮,城中支持不住,想投降又怕朝廷不肯赦罪。正在两难间,外城又被攻破了。张士诚急得团团转,准备城破时突围下海。突然元顺帝颁下诏旨,责备脱脱,说他:"往年征徐州,仅复一城,不久又丢掉了。这次再当统帅,劳师费财,过了三个月,还无功效。可削去兵柄,安置淮安路,弟御史大夫也先帖木儿安置宁夏路。如胆敢不接受命令,即时处死。"宣读后全军愤恨大哭,

---

①《明史·张士诚传》,《辍耕录》卷二九,《国初群雄事略》卷七。

②《明太祖实录》卷一,《皇朝本纪》。

③《明太祖实录》卷一。

一时四散，大部分投到红军，红军越发强大。张士诚趁机出击，不但转危为安，而且从此基础稳固，再也不能动摇了。

脱脱奉命交出兵权，被押送西行，鸩死于吐蕃境上。元朝唯一有作为、有威名的大将一死，元朝的命运也就决定了。①

这一变化，简单说起来，是个人的倾轧，政权的争夺。脱脱忠于元朝，元顺帝也极信任他，赋予军政大权。徐州平定后，脱脱威权日盛，元顺帝也以为天下太平了，该好好享乐。奸臣哈麻巴结皇帝，背地介绍西天僧，会房中运气之术，能使人身之气，或消或涨，或伸或缩，号“演揲儿法”，也叫秘密佛法、多修法。顺帝大喜，封为司徒大元国师。国师又荐了十个皇亲贵族会这佛法的，叫作十倚纳，里边有皇舅和皇弟。君臣共被，互易妻室，名为些郎兀该，意即事事无碍。上都穆清阁连延数百间，千门万户，充满了妇女，做大喜乐禅定，朝朝宴会，夜夜笙歌，君臣都玩昏了。哈麻忌脱脱正派，挑唆顺帝，挤出去统兵打仗。又怕脱脱功成回朝，多管闲事，当脱脱全军苦战，正要成功时，哈麻又使人弹劾脱脱劳师费财，罢其兵权，还不甘心，索性把他毒死。顺帝糊里糊涂，也有些忌惮脱脱，哈麻如此安排，正中下怀，毫不在意。②

脱脱使心眼挤走伯父伯颜，在对汉人、南人的看法这一点上，却和伯颜一样。当红军初起时，凡议军事，不许汉人、南人参与。有一次脱脱进内廷奏章，中书官（中书省的属官，相当于现在的机要秘书）两人照例随后跟来，因为这两人是汉人，忙叫禁卫喝住，不许入内。又上奏本说，如今河南汉人反，该出布告，一概剿捕汉人；诸蒙古人、色目人犯罪罢贬谪在外的，都召回来，免得被汉人杀害。这榜

① 俞本：《皇明纪事录》，《元史·脱脱传》，《庚申外史》，《辍耕录》。
② 《庚申外史》。

文一出，不但河南，连河北的汉人也不能不参加红军，来保全自己的生命了。红军声势，因之日益浩大。[①]

脱脱死后，顺帝越发无忌惮。这时东南产米区常州、平江（苏州）、湖州（浙江吴兴）一带都被张士诚占领，浙东沿海地区被方国珍占领，往北的运河线在红军控制下，海运和内河运输线全被切断。另一补给区湖广（湖南湖北）也早已失去。南方的粮食不能北运，大都的百万军民，立刻缺粮闹饥荒。加上中原连年闹蝗灾、旱灾、兵灾，老百姓拿蝗虫做食料，大都军民连蝗虫都没有，饿死的每天成千上万，又闹瘟疫，惨到真有人吃人的事，甚至连一家人都吃起来了。[②]在这样的境况中，元顺帝却在内苑造龙舟，亲自打图样，长一百二十尺，宽二十尺。前有瓦帘棚、穿廊两暖阁，后有庑殿楼子、龙身并殿宇，用五彩金装，前有两爪。水手二十四人，身衣紫衫，金荔枝带，四个戴头巾，于船两旁下各执一篙。从后宫到前宫山下海子内往来游戏，驶动时，龙的头眼口爪尾都跟着动。内有机括，龙爪自会拨水。顺帝每登龙舟，用彩女盛妆，两岸牵挽。[③] 又自制宫漏，约高六七尺，宽三四尺，造木为柜，阴藏诸壶其中，运水上下。柜上有西方三圣殿，柜腰立玉女捧时刻筹，到时候自然浮水而上。左右站两金甲神，一悬钟，一悬钲，到夜金甲神会按时敲打，不差分毫。当钟钲敲响时，两旁的狮子凤凰会飞舞配合。柜的东西面有月宫，飞仙六人在宫前，到子午时飞仙排队度仙桥到三圣殿，又退回原处。精巧准确，的确是空前的制品。[④] 又喜好建筑，自画屋样。爱造宫殿模型，高尺

---

①《庚申外史》。

②《草木子》卷三《克谨篇》。

③《元史·顺帝本纪》至正十四年，《庚申外史》。

④《元史·顺帝本纪》至正十四年。

余，栋梁楹槛，样样具备。匠人按式仿造，京师人叫作鲁班天子。内侍们想弄新殿的金珠装饰，一造好就批评不够漂亮，比某家的还差，马上拆毁重造，内侍们都发了财。① 成天搞这样，修那样，政事也懒得管了；成天游船摆酒，打仗的事也不在意了。还想出新办法，宫女十六人按舞，名为十六天魔，新奇打扮，头垂发数辫，戴象牙佛冠，身被璎珞，着大红绡金长短裙、金杂袄、云肩合袖天衣、绶带鞋袜，唱金字经，舞雁儿舞，各执加巴剌盘之器，内一人执铃杵奏乐。又宫女十一人练槌髻、勒帕、常服，或用唐帽、窄衫，所奏乐用龙笛、头管、小鼓、筝、纂、琵琶、笙、胡琴、响板、拍板，以宦者管领，遇宫中赞佛，按舞奏乐。宫官除受秘密戒的以外不得参与。② 照旧例五天一移宫，还觉得不畅快，在宫中掘地道，随时往来，和十倚纳一起，以昼作夜，行大喜乐法，跟天魔舞女混成一团。国库的存粮全运到女宠家里，百官俸禄只好折支一点茶纸杂物。宫里充满了繁华升平的气象。③

滁州在战乱后，突然增加几万大兵，粮食不够吃，军心恐慌。元璋建议南取和州（今安徽和县），移兵就食。虹县人胡大海长身铁面，膂力过人，带全家来归附，就用作前锋。至正十五年（公元 1355 年）正月，子兴得到占领和州的捷报，派元璋做总兵官镇守。

元璋在子兴诸将中，名位不高，年纪又轻，奉命总兵，怕诸将不服。寻思了半天，想出主意。原来诸将会议军事，大厅上排有公座，按官位年龄就座，前一晚元璋叫人把公座撤去，只摆一排木凳子。次日五鼓，诸将先到，当时座位蒙古人办法以右首为尊，元璋后到，一看只留下左末一席，不作声坐下。到谈论公事时，诸将单会冲锋

①《庚申外史》。

②《元史·顺帝本纪》至正十四年，《庚申外史》。

③《庚申外史》。

陷阵，杀人放火，要判断敌情，决定大事，却一句话也说不出来，像木偶般面面相觑。元璋随事提出办法，合情合理，有分寸，又会说话，诸将才稍稍心服。末后议定分工修理城池，各人认定地位丈尺，限三天完工。到期会同诸将查看工程，只有元璋派定的一段做完，其余的全未修好。元璋放下脸，面南坐下，拿出子兴檄文，对诸将说："奉主帅令总兵，责任重大。修城要事，原先各人认定，竟不齐心，如何能办事？从今说明白，再有不遵命令的，军法从事，可顾不得情分了！"一来确是子兴的令牌，和州军事由元璋做主，二来也确是自己不争气，误了军机，诸将作声不得，只好谢罪求饶。虽然如此，还仗着是子兴老部下，面子上认输，肚子里仍然叽叽咕咕。只有汤和小心谨慎，最听话服从。李善长从旁调和，左劝右说，元璋的地位才算稳定。这样，元璋又从总管成为总兵官，从带领几千人的小军官变成镇守一方的将军了。①

一天，元璋出外，有一小儿在路旁独自啼哭。元璋问，你父亲呢？说是与官人喂马。母亲呢？也在官人处。原来红军攻破城池，各将领大抢一顿之后，又把满城男妇虏获，闹得老百姓妻离子散，家破人亡。元璋省悟这不是久长的道理，召集诸将，说明"大军从滁州来此，人皆只身，并无妻小。今城破，凡有所得妇人女子，唯无夫未嫁者许之，有夫妇人不许擅有"。第二天，阖城妇女、男子都从军营里放出，在衙前会齐，让他们自己认亲，一时夫认妻、妻认夫、子认父、父认女，闹哄哄挤成一团，有哭的，有笑的，有先哭后笑的，也有又哭又笑的，一霎时有多少家庭团圆，也有多少孤儿寡妇在啜泣。原来惨惨凄凄路上无人行的景象，稍稍有了生气，不光是有驻军的

①《明太祖实录》卷二。

城子，也是有人民的城子了。[1]

孙德崖因濠州缺粮，一径率领部队到和州就食，将领兵士携妻挈子，不由分说，占住和州四乡民家。德崖带了亲兵，说要进城住一些时候，人多势大，元璋阻拦不住，也无法推托，正在苦恼发愁。郭子兴听得消息，也从滁州赶来，两个对头挤在一处，苦杀了元璋这个小头目。

原来子兴人虽刚直，但耳朵软，容易听人闲话。开头有人报告，说元璋多娶妇女，强要三军财物，已然冒火，再听说孙德崖和元璋合伙去了，越发怒气冲天。他也不通知日子，黑夜里突然来到，元璋来不及迎接。一进门，子兴满面怒容，好半晌不说话。元璋跪在下面，筹思答话。突然子兴发问："是谁？"元璋答说："总管朱元璋。"子兴大喊："你知罪吗？你逃得到哪里去？"元璋放低了声气："儿女有罪，又逃得到哪里去？家里的事迟早好说，外面的事要紧，得马上办。"子兴忙问："是什么事？"元璋站起来，小声说："孙德崖在此地，上回的事结了深仇，目前他的人多，怕会出事。大人得当心，安排一下。"子兴还带信不信，把元璋喝退，独自喝酒解闷。

天还不亮，孙德崖派人来说："你丈人来了，我得走了。"元璋知道不妙，连忙去告诉郭子兴，又来劝孙德崖："何必这样匆忙呢？"德崖说："和你丈人相处不了。"元璋看德崖的神色，似乎不打算动武，就劝：两军在一城，提防两下里有小冲突，最好让部队先出发，元帅殿后好镇压。德崖答应了，元璋放下心，出来替孙军送行，越送越远。正要回来，后军传过话来，说是城里两军打起来了，死了许多人。元璋着急，连忙喊随从壮士耿炳文、吴祯靠近，飞马奔回。孙军

---

① 《皇朝本纪》。

抽刀拦住去路，揪住马衔，簇拥向前，见了许多将官，都是旧友，大家诉说，以为城内火并，元璋一定知情。元璋急忙分辩，边说边走，趁大家不注意，勒马就逃。孙军的军官几十人策马追赶，枪箭齐下，侥幸衣内有连环甲，伤不甚重。逃了十几里，马力乏了，被赶上擒住。这回可是俘虏了，铁索锁住脖子，有人就要杀害，有人主张孙元帅现在城里，如此时杀了朱元璋，孙元帅也活不了，不如派人进城看明白再做道理。立时就有一军官飞马进城，见孙德崖正锁着脖子，和郭子兴对面喝酒呢。郭子兴听得元璋被俘，也急了，情愿走马换将。可是两家都不肯先放，末后挑定折中办法，郭子兴先派徐达到孙军做抵押，换回元璋，元璋回到城里，才解开锁放回孙德崖，孙德崖回去了，再放还徐达。总计元璋被孙军拘囚了三天，几次险遭毒手，亏得有熟人保护，才能平安脱身回来。①

元至正十五年（小明王宋龙凤元年）二月，红军统帅刘福通派人在砀山（今江苏砀山②）夹河访得韩林儿，接到亳州（今安徽亳县），立为皇帝，又号小明王，臣民称为主公。建国为宋，年号龙凤。拆鹿邑太清宫木材，建立宫殿。小明王尊母杨氏为皇太后，以杜遵道、盛文郁为丞相，刘福通、罗文素为平章政事，福通弟刘六为知枢密院事。军旗上写着鲜明的联语："虎贲三千，直抵幽燕之地。龙飞九五，重开大宋之天。"遵道得宠擅权，福通不服气，暗地里埋伏甲士，挝杀遵道，自为丞相。不久又改作太保，东系红军军政大权全在他手里。③

郭子兴深恨孙德崖，为着交换元璋，受了惊吓，又忍着气，成天愤恨发脾气，得了重病，三月间不治死去，葬在滁州。军中军务由子

---

①《明太祖实录》卷二，《皇朝本纪》。

② 编者注：今隶属于安徽省宿州市。

③《辍耕录》卷二一，《皇明纪事录》，《元史·顺帝本纪》，陆深：《平胡录》。

兴子天叙、妇弟张天祐和元璋共同商议，担心着主帅新死，万一元兵来攻，孤军无援，怕站不住脚。正好杜遵道派人来计较统一指挥。大家公推张天祐到亳都面议，不久带回杜遵道文凭，委任郭天叙为都元帅，张天祐为右副元帅，朱元璋为左副元帅，军中文告都用龙凤年号。①

三、大元帅、大丞相

都元帅府三个元帅，依地位说，郭天叙是主将，张天祐和朱元璋是偏裨，一切军务都应该由都元帅发号施令。可是一来郭天叙没有军事经验，张天祐一勇之夫，逢事无决断；二来朱元璋会笼络人，不但有大批勇猛善战的贴身伙伴，如徐达、汤和等一批将领，更重要的是他有自己系统的军队，这一部分军队由他招降、训练、组织、指挥，占郭系军队里很重的分量；第三，朱元璋阴险刻毒，打定主意要独吞郭系军队，对郭张两帅事事使心计，又有李善长、冯国用弄文墨的做帮手，越发做得开。以此，元璋虽然只坐第三把交椅，却做得主，办得事，俨然是事实上的主帅。②

虹县人邓愈，十六岁就跟父兄起兵，父母都阵亡了，邓愈带着部队，每战总是挺身当前，打胜仗，军中都服他果决；怀远人常遇春，膂力绝人，勇冠三军，性情刚直，又有智谋，做了些时强盗，看那些首领们打家劫舍，没出息，决心自找出路。两人都来投奔，邓愈有队伍，

① 《皇明纪事录》；《皇朝本纪》；陆深：《平胡录》。

② 《皇朝本纪》，俞本：《皇明纪事录》。

做管军总管，常遇春做前锋。[①]

和州东南靠长江，城子小，屯驻的军队多。元兵围攻几次以后，又闹粮荒了。过长江，正对面是太平（今安徽当涂）。太平南靠芜湖，东北达集庆（今南京），东倚丹阳湖。湖周围的丹阳镇、高淳、宣城都是产米区。发愁的是眼看着对岸有成仓成库的米粮，被长江隔断了，浪花起伏，怒涛汹涌，没船只如何过得去？船少了不济事，总得上千条才行，一时又怎么打造得起来？即使有了够用的船只了，没有水手又怎么驶得过去？

事有凑巧，巢湖水军头目李扒头（国胜）的代表来了。原来从大乱以来，巢湖一带的豪族俞家——俞廷玉、通海、通源、通渊父子，廖家永安、永忠兄弟，赵仲中、仲庸兄弟，纠集地方武力，推举李扒头做大头目，双刀赵（普胜）坐二把交椅，屯泊巢湖，联结水寨，有千多条大小船只，万多人的水军。和庐州（今安徽合肥）的红军左君弼结下仇，吃了好多回败仗，势力孤单，派人来求救兵。元璋喜极，亲自到巢湖联络，苦劝与其死守挨打，不如结伙渡江，正好五月间梅雨季，连下二十天雨，河坑都淹平了，毫不费事，大小船只扫数到达和州。[②]

六月初一，水陆大军乘风渡江，直达采石。常遇春跳上岸，奋戈奔向元军，诸军鼓勇续进，元兵惊溃，沿江堡垒，一齐归附。红军饿了多日，一见粮食牲口，眼都花了，抢着搬运，打算运回和州慢慢享用。元璋看出军士意思，和徐达商量，乘胜直取太平。把船缆都斫断了，推入急流，霎时间顺流东下，江面上空洞洞片帆不见，诸军慌乱叫苦。元璋下令，前面是太平府，子女玉帛无所不有，打下了任意

---

①《明史》卷一二五《常遇春传》、卷一二六《邓愈传》。

②《明太祖实录》卷二；《皇朝本纪》；高岱：《鸿猷录·龙飞淮甸》；《明史》卷一三三《廖永安传》《俞通海传》。

搬运回家。军士无法，兼之听说可以随意行动，都动了心，饱餐后径奔太平城下，攻进城准备放开手大杀大抢。元璋事先叫李善长写了禁约，不许掳掠，违令按军法处置，四处张贴，调一排执法队沿街巡察。军士看了诧异，都住了手。有一小兵不听，立时斩首，太平一路的百姓才免了此劫。元璋又怕军心不稳，叫当地大财主献出些金银财帛，即时分赏将士，将士得了彩头，小兵自然不敢说话了。①

从和州渡江是巢湖水军的功劳，元璋在船上摆酒庆功，把李扒头灌醉，捆住手脚，丢在江里。双刀赵不服，逃归徐真逸。扒头部下诸将，无主将，也无船只，只好投降，元璋从此又有了水军。②

太平地方儒士李习、陶安首先来见元璋。元璋问："有何道教之？"安说："如今群雄并起，不过抢子女玉帛。将军若能反群雄之志，不杀人，不掳掠，不烧房屋，东取集庆，可以做一番大事业。"元璋很以为然，留其在元帅府做令史。改太平路为太平府，以李习为知府。置太平兴国翼元帅府，元璋做大元帅，以李善长为帅府都事，汪广洋为帅府令史，潘庭坚为帅府教授。点乡下老百姓做民兵。居民蓄积，扫数运进城来，准备固守。③

元兵分两路包围太平：水路以大船封锁采石，堵住红军的归路，陆路由民兵元帅陈野先率军数万进攻，形势急迫。元璋亲自领将士拼命抵住。新讨的二夫人孙氏，劝把府库中的金银抬到城上，分给有功将士。别出一军，绕到敌人背后，前后夹击。元兵大败，生擒陈野先。元璋劝他投降，宰白马乌牛，祭告天地，结为兄弟。第二天，野先全军归降，约好一同攻取集庆。

①《皇朝本纪》。

②《国初事迹》。

③《国初事迹》，《明太祖实录》卷二。

野先的妻子被留在太平做人质，部下被张天祐领去攻集庆。他是大地主，极恨红军，暗地里嘱咐部下，只装作打仗的样子，千万别认真打，三两日自己脱了身，就回来打红军。这话给元璋的心腹检校①探到了，元璋心里明白，也不告诉张天祐。到集庆城下，元朝守将福寿力战，张天祐只有小半人在打，大半人在看，吃了大败仗，回来好生没趣。

元璋索性放了陈野先，让他带领旧部，和郭天叙、张天祐合军再攻集庆。野先早已和元将福寿约好城内外表里夹攻，邀天叙吃酒，席间杀了，生擒张天祐，送给福寿也即时杀死。元军会师总反攻，红军大败，死了两万多人。陈野先追击到溧阳，马乏落后，当地民兵不明底细，听说他投降了红军，设埋伏也把他杀了。部队由从子兆先接管。②

元璋借刀杀人，郭张二帅一死，郭子兴的旧部全归元璋指挥，成为名实一致的都元帅，小明王麾下一员大将了。子兴次子天爵，小明王命其为中书右丞，在元璋底下做官，没有兵，更没有权，眼睁睁看着郭家的基业改了姓，忍不住背地里发牢骚，给元璋结果了。子兴的小女儿孤苦伶仃，无可倚靠，元璋收作第三房小妾，侍候他父亲当年的亲兵。③

元璋率领大军渡江，马夫人和将士的家眷仍留在和州。和州是后方基地，得有亲人镇守，而且将士家眷有人看管，也可以使将士安心作战。和州和太平的交通只有水路，虽然七八个月来陆续占领了

---

① 元璋的秘密谍报人员，专门侦探将士的私事。

② 俞本：《皇明纪事录》；《皇朝本纪》；《明太祖实录》卷三；钱谦益：《国初群雄事略》卷二；《国初事迹》。

③《明太祖实录》卷二，《明史·郭子兴传》。

溧水、溧阳、句容、芜湖一些城子，集庆孤立，三面被包围，可是水路却被元军切断了，消息不通。一直到龙凤二年（元至正十六年，公元1356年）二月，元璋大败元水军，尽俘其舟舰以后，两地的来往才完全畅通，有了信息，军心也安定了。

三月初一，水陆大军并进，三攻集庆，城外屯兵陈兆先战败投降，得兵三万六千人。集庆城破，守将福寿战死，元帅康茂才和军民五十余万归降。元璋入城后，召集了一次官吏和民众的大会，剀切宣告："元朝这个坏政府，政治腐烂，到处在打仗，百姓吃够了苦。我是来替你们除乱的，大家只要安心做事，不要害怕。好人我用他，坏事替你们除掉。做官的不要乱来，叫百姓吃苦。"几句话安定了人心，恢复了秩序。当下改集庆路为应天府，设天兴建康翼统军大元帅府，以廖永安为统军元帅，以赵忠为兴国翼元帅，守太平。儒士夏煜、孙炎、杨宪等十几人进见，先后录用。小明王得到捷报后，升元璋为枢密院同佥。不久又升为江南等处行中书省平章，李善长为左右司郎中，以下诸将都升元帅。元璋这年才二十九岁，已经是独当一面的地方长官，指挥十万大军的统帅了。①

元璋据应天后，他的疆域以应天为中心，西起滁州，画一直线到芜湖，东起句容到溧阳。西边长，东线短，一块不等边形，横摆着恰像个米斗，西线是斗底，东线是斗口。四面的形势是：东边元将定定扼守镇江；东南张士诚已据平江（今江苏吴县），破常州，转掠浙西；东北面青衣军张明鉴据扬州（今江苏江都）；南面元将八思尔不花驻徽州（今安徽歙县），另一军屯宁国（今安徽宣城）；西面池州（今安徽贵池）已为徐真逸所据；东南外围则元将石抹宜孙守处州（今浙江丽

① 俞本：《皇明纪事录》；《国初事迹》；《明太祖实录》卷四。

水），石抹厚孙守婺州（今浙江金华），宋伯颜不花守衢州（今浙江衢县）。元璋局面小，兵力也不强，处境呢，真是四面受敌。

幸亏这时元兵正用全力和小明王作战。前一年十二月元将答失八都鲁大败刘福通于太康，进围亳州，小明王奔安丰（今安徽寿县）。察罕帖木儿和红军转战河南，一时顾不到南面，而且也看作是小股力量，等手空了再说。红军势力暂时消沉，张士诚又猖獗起来了，徐寿辉在湘汉流域也大肆活动。元兵两面挨打，竟照顾不过来。龙凤二年秋天，也就是朱元璋占应天以后，红军休息过来了。兵力经过补充，整个战略决定分兵出击：一路破武关（在今陕西商县东），陷商州（今陕西商县），进攻关中（今陕西省）；一路侵占了山东北部。第二年刘福通分兵三路，一路趋晋冀（今山西、河北），一路攻关中，一路由山东北犯。第一路军又分两路，一出绛州（今山西新绛县），一出沁州（今山西沁县），过太行山，破辽、潞（今山西辽县、长治县），陷冀宁（今山西太原），攻保定（今河北清苑），下完州（今河北完县），掠大同、兴和（今山西大同、内蒙古张北县[①]）塞外部落，攻下上都（今察哈尔多伦县东南），转掠辽阳（今辽宁辽阳），直到高丽。从西北折回到东北，兜了一个大圈子。第二路军陷凤翔（今陕西凤翔）、兴元（今陕西南郑），南进四川；别部又陷宁夏，掠灵武（今宁夏灵武）诸边地。第三路军尽占山东西北部、河北南部，北取蓟州（今河北蓟县），犯漷州（今北京通州南四十五里），略柳林（今北京通州南，故漷县西），逼大都（今北京）。福通自己统军占山东西南角和河南北部，出没河南北。龙凤四年五月，攻下汴梁（今河南开封），建作都城，接小明王来定都。[②] 红军所到的地方，攻无不取，战无不胜，元朝地方官

---

① 编者注：今属河北省张家口市。

②《庚申外史》，《平胡录》，《国初群雄事略》卷一《宋小明王》，《明史·韩林儿传》。

吏被吓破了胆，一听有红军来攻，抹头就跑。当时有童谣形容道：

满城都是火，府官四散躲。城里无一人，红军府上座。[1]

五六年间，红军长驱直入，来回地绕弯子，元朝军队使尽方法抵抗和进攻，大敌当前，顾不到这个新起来的小头目，便宜了朱元璋。在这期间，他逐渐巩固地盘，扩充实力，逐渐消灭群雄，开辟疆土。而且更有利的是地理位置，他和元朝大军中间，恰好隔着三个政权，东边是张士诚，北面是小明王，西边是徐寿辉，这三个大卫星保护着，使他无从受到元军主力的攻击。等到小明王军力已被元朝消灭的时候，两败俱伤，元朝的军力也被久战削弱了。朱元璋呢，相反已经广土众民，成为最强大的有组织、有训练、有经验的势力，可以和元军打一打硬仗，比一比高下了。

在这斗形地带所受到的军事威胁是：东边镇江如落在张士诚手里，可以直捣应天，刨根挖窝；南边宁国如给徐寿辉（真逸）占了，背上插一把尖刀，也不得安稳。要确保应天，就非取得这两个据点不可。元璋在应天才安顿停当，即派徐达统兵攻下镇江，分兵占领金坛、丹阳等县，向东线伸出一个触须。到六月又派邓愈攻下广德路，堵住后门。在出兵时，元璋自己留守老家，怕诸将还是过去那一套，杀人放火、奸淫抢劫，和人民作对，失尽了民心。他和徐达说通了，故意找出徐达错处，绑了请王命牌要杀。李善长和一群幕僚再三求情，好说歹说，才放了绑，当面吩咐，这次出兵，取下城子，不烧房子，不抢东西，不杀百姓，才准将功折罪。徐达叩谢了。破镇江时，百姓安安静静，照常做事做买卖。别的城子听说朱元璋的军队不杀人，军纪比鞑子好，放了心，不肯拼命抵抗。这名气传遍了，元璋军事上

[1]《辍耕录》卷九。

的成功有了保障，地盘跟着一天天扩大，力量也跟着一天天膨胀了。[①] 接着分遣诸将攻克长兴、常州，亲自攻下宁国，又先后占领江阴、常熟、池州、徽州、扬州。在龙凤三年（元至正十七年，公元1357年）这一年中，把应天周围的军略据点全数取下，作为向外进攻的前哨基地。在战略上，北起江阴，沿太湖南到长兴，画一条直线，构成防线，堵住张士诚西犯的门路；在宁国、徽州屯聚大兵，安排进入浙东；西线和天完（徐寿辉国号）接境，以守为攻；北面是友军，不必操心。看准了周围情况，先伸出南面的钳子，吞并和本部完全隔绝、孤立无援的浙东元军。形势已经和一年前大大不同了。

元璋明白读书的好处，苦于自己读书不多，许多事说不出道理，因此，很尊敬有学问的读书人。也明白读书人能讲道理，替人出主意，很可怕；谁对他们客气，给面子，养得好，吃得饱，就替谁出力做事。这种办法叫作"养士"，养什么似乎不大好听，不过只要养之养之，被养的也就不大在乎了。养士是件好事，而且，你不养，跑到敌人那儿或者被别人养去了，却会坏事。为了这个，他禁止部下将官和儒士交结，不许别人养士，却自己来包办，养所有肯被养的士。并且，还有一个大好处，士多半在地方上有名气，老百姓怕他也服他，把士养了，老百姓也就大部分跟过来了。费得不多，赚头极大，真是划算的买卖。因之，每逢新占领一个地方，必定访求这地方的读书人，软硬都来，罗致在幕府里做秘书、做顾问、做参谋。徽州的老儒朱升，告诉元璋三句话："高筑墙，广积粮，缓称王。"[②]对元璋后来的事业极有影响。

---

①《皇朝本纪》，《明太祖实录》卷四。

②《明史》卷一三六《朱升传》。

从渡江以后，还是遭遇到粮食的困难。几年来到处战乱，农村壮丁大部分从军去了，劳动力大大缺乏，加上战争蹂躏，粮食收成减少。各处军队的给养，形式上张贴大榜，招安乡村百姓缴纳粮草，叫作寨粮，其实还不是等于抢劫。生产减少，消费量相对增加，百姓饿死多，军队更加吃不饱。[①] 扬州的青衣军甚至拿人做粮食。[②] 在行军的时候，出征军士概不支粮，按照元璋军令："凡入敌境，听从捎粮。若攻城而彼抗拒，任从将士检刮，听为己物。若降，即令安民，一无所取。"如此则人人奋力勇向前，攻无不取，战无不胜。[③] 捎粮说雅一点是征粮。老实一点呢？抢粮。检刮这一词的来源，是同时期苗军创的。苗军打仗，靠检刮供给，检刮的意思是抄掠，不过比较起来分量还重一点，重到刮干净不留一点儿的地步。[④] 这种办法，不打长远算盘的时候，倒也方便。局面一开展，计算一下，政权的巩固靠老百姓服从，要粮要税都出在老百姓身上，全刮干了，下次向谁要？而且，把老百姓逼到无路可走，他们也会反抗，不是自找麻烦吗？常遇春和胡大海都打报告，以为寨粮这办法要不得。元璋想了又想，要立下一份好基业得另想办法：与其向老百姓抢，不如自己来生产。古书上有过屯田的例子。龙凤四年(元至正十八年，公元1358年)二月，以康茂才为都水营田使，专门负责修筑河堤，兴建水利工程，恢复农田生产，供给军需；又分派诸将在各处开荒垦地，立下规矩，用生产量的多少来定赏罚。且耕且战，几年工夫就成绩显著，仓库都满了，军食也够了，才明令禁止征收寨粮，人民负担减轻，足食足兵，

① 《国初事迹》。

② 《辍耕录》卷九，《明太祖实录》卷五。

③ 《国初事迹》。

④ 《辍耕录》卷八。

两方面全顾到。这年十一月又立管领民兵万户府，抽点民间壮丁，编制做民兵，农时则耕，闲时练习战斗，作为维持地方安宁的力量，抽出正规军专门进攻作战。这样，把作战力量和生产力量合二为一，不但加强了战斗力，也同样加强了生产力。这一番作为，说明了为什么当时群雄都先后失败，唯独这个新起的小头目可以成功的原因。①

外围的威胁解除，内部的生产有了办法之后，元璋的眼光立刻转移到浙东、浙西的谷仓。步骤上先取皖南诸县，巩固后方基础，再由徽州进取建德路，改为严州府，先头部队东达浦江，构成侧面包围婺州的形势。十二月，元璋亲自统率十万大军，军旗上挂着金牌，刻着“奉天都统中华”字样。攻下婺州，置中书浙东行省。于省门建二大黄旗，上面写着：“山河奄有中华地，日月重开大宋天。”两旁立两个木牌，写着：“九天日月开黄道，宋国江山复宝图。”②婺州是两百多年来的理学中心，号为小邹鲁，经过多年战乱，学校关门，儒生四散，没有人讲究这一套不急之务。元璋一进城，立刻聘请当地著名学者十三人替他分别讲解经书历史，建立郡学，请学者当五经师和学正训导，内中最著名的是宋濂。他开始和儒学接触，受宋儒的影响了。这一政治上的作为，固然是收拾人心——尤其是读书人——的最好方法；同时，一个红军头目，宣传明王出世的明教徒，却请人讲孔孟的经典，可见他在思想上已经开始转变了，虽然他做的是小明王的官，喊的是复宋的口号。③

---

①《明太祖实录》卷六。

② 俞本：《皇明纪事录》。按《国初事迹》作“于南城上竖立大旗，上写‘山河奄有中华地，日月重开大统天’”，大宋作大统。大统无意义，显然是后来窜改的。

③《明太祖实录》卷六。

婺州攻克以后，分兵取浙东诸地。龙凤五年（元至正十九年，公元 1359 年）五月，小明王升元璋为仪同三司江南等处行中书省左丞相。[①] 八月，元将察罕帖木儿攻陷汴梁，刘福通奉小明王退保安丰。元璋的浙东驻军先后占领诸暨和衢州、处州，东南被孤立的元朝据点被次第消灭。他的领土遂成为东面北面邻张士诚，西邻陈友谅，东南邻方国珍，南邻陈友定的局面。四邻的对手，比较起来，张士诚最富，陈友谅最强。方国珍、陈友定志在保土割据，并无远大企图。因之，元璋在整个军事计划里，又改变重点，采取对东南取守势，西北线取攻势的策略。拿张士诚和陈友谅比起来，士诚顾虑多，疑心重，友谅野心大，欲望高；一个保守，一个进取。以此，在东西两面的攻势又分先后缓急。他对士诚是以守为攻，扼住江阴、常州、长兴几个据点，使士诚不能向西进一步；对友谅则以攻为守，使友谅分兵守卫假定被攻击的要塞，军力分散，不能集中运用。

第二年正月初一，元璋亲自写一副春联："六龙时遇千官觐，五虎功成上将封。"贴在中书行省大门。论官是大宋的丞相，可以代表皇帝任官发令；论军职是上将，可以便宜征讨杀罚，好不得意。[②]

浙东虽已大部分平定，地方上有名望的几家豪族，尤其是刘基、叶琛、章溢这几个名士，原先在元将石抹宜孙幕府里的，产业大、学问好、计谋多，能号召人，地方上什么事都得听这些人的话。元璋在这区域建立了新政权，他们嫌红军气味不对，躲在山里不肯出来。元璋派代表礼请，也用好话辞谢。处州总制孙炎再使人威逼，他们不出来怕不得安稳，才勉强于三月间到应天。元璋大喜，大闹排场，

① 《国初事迹》；俞本：《皇明纪事录》。

② 俞本：《皇明纪事录》。

盖了一所礼贤馆,作为贤士的住处。①

这几个人思想上继承宋儒的传统,身份是地主,社会地位是豪绅巨室,而且都曾做过元朝的官,平时对红军没好话,不是骂“妖寇”,便是“红寇”“红贼”,②因为元朝地方政权抵抗不了红军,自动办民兵,建堡寨,保卫身家产业和地方。元璋千方百计逼他们出来,不单是博一个礼贤下士的好名誉,也不单是怕他们和部下将官勾结玩花样,同时也为了取得他们的帮助后,地方上人民没了头脑,自然安定无事,是个擒贼先擒王的意思。

这些儒生都是遵守礼法惯了的,头脑也是保守惯了的,和红军那一套杀官长、打地主、捧明王、念弥勒佛号的宗教情绪,完全不合调。既然旧主子垮了,扶不起来,无法施展才能,新主子又并不嫌弃,不算旧账,也就改变主张,利用朱元璋的雄厚军力,帮助建立新朝代,在新政权下继续维持几千年来的传统秩序和习惯、文化,以贵人役使贱人,富人剥削穷人,有知识的和有武力的结合起来统治不识字的和种田地的人,来保持豪绅巨室们的既得利益。结果,自然而然,和出自明教的诸将,形成地主与贫民、儒生和武将的对立局面。元璋也存心利用豪绅巨室的合作,孔孟儒术的理论粉饰,来建立自己的基业。他在红军实力还在,对元朝的强大军力进攻还得靠红军掩护牵制的时候,是小明王的臣下,发命令办事都用“皇帝圣旨”,开口大宋,闭口圣宋,像煞是宋家的忠臣良将;一到小明王军力完全被元军消灭以后,就公开倾向儒生这一边,开口“妖寇”,闭口“妖贼”,好像从来没有当过“妖寇”“妖贼”似的。谈孔说孟,引经据

①《明太祖实录》卷八,《国初礼贤录》,《明史》卷一二八《刘基传》《宋濂传》《叶琛传》《章溢传》。

② 徐勉:《保越录》;陈基:《夷白斋稿·精忠庙碑》;王逢:《梧溪集》。

典，自命为恢复旧秩序、保存旧文化的卫道者了。从此以后，他受了这批儒生的影响，思想作风和“大宋”日益疏远，和儒家日益接近。[①]

一个红军小头目的亲兵，十年前还是红布包头，穿着战裙战袄，手执大刀，听战鼓一擂，就得冲锋砍杀的，如今居然长袍大袖，八字步走路，斯斯文文，满嘴三皇五帝、四书五经，谈今说古，写对联、发手令，成为继承尧、舜、禹、汤、文、武、周公、孔子道统的说教人了。这变化有多大！

① 吴晗：《明教与大明帝国》，《清华学报》十三卷一期。

第三章

从吴国公到吴王

一、 鄱阳湖决战

弥勒教徒彭莹玉从元顺帝至元四年(公元 1338 年)袁州起义失败以后,在淮西一带秘密传布教义,组织民众。这人信仰坚定,有魄力,胆子大,又会说老百姓自己的话,给苦难的人以希望和信心,得到了农民的深深敬爱。辛辛苦苦工作了十四年,成千成万人的指望到底开花结果了。至正十一年(公元 1351 年),他和铁工麻城邹普胜、渔人黄陂倪文俊发动号召,组织西系红军,举起革命的旗帜。

彭莹玉可以说是典型的职业革命家,革命是一生志业,勤勤恳恳播种、施肥、浇水、拔草。失败了,研究失败的教训,从头做起,绝不居功,绝不肯占有所播种的果实。第一次起义称王的是周子旺,第二次做皇帝的是徐寿辉,虽然谁都知道西系红军是彭和尚搞的,彭祖师的名字会吓破元朝官吏的胆,但是,起义成功以后,彭莹玉就像烟一样消失了,回到人民中间去了,任何场所以至记载上,再找不到这个人的名字了。[①] 十五年后，罗田还有人假借他的名义，铸印章、设官吏，结众起事，可见影响人心之深。

徐寿辉是罗田的布贩子，又名真逸、真一。生得魁梧奇伟，一脸福相。彭莹玉推其为首领。这年九月间起兵，占领蕲水和黄州路。建蕲水做都城，取意于西方净土莲台，号为莲台省。[②] 立寿辉为皇帝，国号天完，年号治平。不久，疆域就扩充到湖南、江西，东边一直到杭州。天完军队纪律极好，不杀百姓，不奸淫掳掠，口念弥勒佛号。归附的人民登记姓名，单运走政府官库里的金帛，极得人民拥护。相反的，元军军纪坏到极点，打胜仗抢一阵，打败仗更抢，克复城池，大杀大抢大烧。尤其厉害的是从湖广调来的苗军，无恶不作，抢得干净，杀得尽兴，见女人不管老少贵贱有夫无夫都不放手，驻防过的地方比经过战争还惨。[③] 民间有民谣形容道："死不怨泰州张（士诚），生不谢宝庆杨（完者，苗军统帅）。"[④]军队如此腐败，政治呢？蒙古政府恨汉人、南人，尤其是南人不肯服从，时常反抗，故有意压迫。民间地主为了保身家产业，组织义军，保卫地方。反抗革命势力的，即使立了功，即使守住了地方，甚至全家战死，因为是南人，不提赏功做官的事，连安慰激励的话也没有一句。也有地主带了盘缠到大都去钻一官半职的，不但落个没趣回来，还被挖苦奚落，给起外号叫"腊鸡"——腊鸡是南边土产，带到北边做人事的。一心一意帮元朝的，冷落得寒透了心。[⑤] 真正造反叛乱的像方国珍、张士诚，政

① 权衡《庚申外史》，叶子奇《草木子》，俞本《皇明纪事录》，《明太祖实录》卷七五。编者注：在1965年第四版《朱元璋传》中，吴晗对彭莹玉革命成功后去向问题做了修正。

②《草木子·克谨篇》。

③ 陶宗仪：《辍耕录》卷二八。

④ 姚桐寿：《乐郊私语》。

⑤《草木子·克谨篇》。

府军打不过，招降安抚，许做大官，照样带兵，反一次，官爵便高一次，不用几年便到极品了。一面是种族的歧视，一面又欺软怕硬。穷苦人早已参加反抗，而这样的措施，又使一些只知有身家财产，甘心做屠杀人民刽子手的地主们，也学方平章、张丞相的榜样。东一丛，西一股，像火烧荒山一样，到处都是。

徐寿辉忠厚老实，无见识，也没有整个的计划。所占的地方虽大，却守不住，打过来，打过去，拉锯战只苦了老百姓。蕲水位置不够好，迁都到汉阳，丞相倪蛮子（文俊）兵权在手，被寿辉给制住了，动弹不得。治平七年（元至正十七年，公元1357年）九月，文俊谋杀寿辉不成功，出奔黄州。部将沔阳人陈友谅，家世打鱼营生，在县里当贴书，不甘心埋没，投奔红军，立了战功，做了领兵元帅，怀着一肚子野心，没处施展。文俊逃到黄州，正是陈友谅的防区，陈友谅就用计杀了文俊，夺过军队，自称平章，向东侵占安庆、池州、南昌诸地，和朱元璋接境。两军常起战事，互有胜负。龙凤六年（元至正二十年）五月攻下太平，大军进驻采石，陈友谅以为克日可以占领应天，使部将杀了寿辉。他是急性子人，也等不及择日子、拣地方，就以采石五通庙做行殿，暴风雨里，即皇帝位。国号汉，改年号为大义，尽有江西湖广之地。①

群雄中陈友谅的军队最精锐，疆土最广，野心最大。朱元璋在应天，在友谅看来是碗里的肉，伸手就能拿到。陈友谅使人和张士诚相约，东西夹攻，亲自带领水陆大军从江州（今江西九江）顺流东下。水军大舰名为混江龙、塞断江、撞倒山、江海鳌等，共一百多艘，战舸几百条，真是“投戈断流，舳舻千里”。消息一传到应天，大家都

① 钱谦益:《国初群雄事略》卷三《天完徐寿辉》,《明史·陈友谅传》。

慌了，有人主张投降为上策；有人说不如放弃应天，躲过风头再看；主战的提出主动出击太平，牵制友谅兵力。七嘴八舌，乱成一团。胆子小的竟背地收拾细软，盘算城破后的去处了。①

元璋沉住气，单独和刘基在卧室内决策。投降不是办法，逃走更不是办法，目前的出路只有抵抗。抵抗有两种战略：一种是两线同时作战，东西兼顾，兵力一分，必败无疑；一种是迅速集中全力，看准敌人弱点，作致命的一击，然后再回师来对付另一线——这还是两线作战，不过有个先后缓急。问题焦点在于争取主动。第一种打法很现成，等着就是了，不过很吃亏。第二种打法当然好，可是第一，先打谁；第二，如何抓住有利机会来打；第三才是如何打。一句话，是要争取主动。研究两线形势，主敌是陈友谅，张士诚是配角。兵力陈强张弱，士气陈骄张馁，水军陈多张少。那么，就看得出来，只要有办法先打击陈军，造成一次大胜利，张军势孤，连进攻都不可能了。②

如何使陈友谅先来进攻呢？元璋部将康茂才和陈友谅相熟，茂才的老门房也侍候过陈友谅。茂才受命使老门房偷跑到友谅军中，带了茂才的亲笔降书，告诉许多军事情报，自愿里应外合，劝友谅分兵三路取应天。友谅喜极，问康将军现在何处，说现守江东桥；问是石桥还是木桥，答是木桥。约好友谅亲自进军江东桥，以喊“老康”做信号。③

陈友谅的进军路线明白了，军力分配也清楚了。元璋一面调胡大海进取信州（今江西上饶），捣友谅的后路，一面按友谅进军路线

---

①《明太祖实录》卷八。

② 宋濂：《平汉录》；《国初礼贤录》。

③《平汉录》，《明太祖实录》卷八。

设下埋伏，并连夜把江东木桥改成石桥。一切准备停当，只等友谅自投罗网。

元璋亲自在山顶指挥，规定信号，发现敌人举红旗，伏兵出击举黄旗。友谅兴冲冲地赶到江东桥，一看是大石桥，就觉得不对头，再使劲连喊“老康”，嗓子都哑了也无人答应。山上黄旗招展，四周伏兵齐声呐喊，团团围住，在山上打，在水里打，这一仗把友谅的主力全部歼灭，杀死淹死不计其数，单俘虏就有两万多。元璋军乘胜收复太平，下安庆，取信州（今上饶）、袁州（今宜春）。①

龙凤七年（元至正二十一年，公元 1361 年）正月，小明王封元璋为吴国公。②

友谅吃了败仗，不服输，七月间又遣将攻下安庆。元璋气极，开了一个军事会议，决定溯江西伐。龙骧巨舰上竖立大旗，写着“吊民伐罪，纳顺招降”八个大字。

友谅为人嫉能护短，从杀徐寿辉后，寿辉的将帅至今不服，此时纷纷投降元璋。部下骁将双刀赵（普胜）又被元璋使反间计，友谅一怒把他杀了，其他将官兔死狐悲，不肯出死力作战。元璋研究敌情，断定趁友谅将帅不安，军心离散，大举进攻，要比等着被攻有利。于是亲自统军顺风溯流，一举攻下安庆、江州，守将丁普郎、傅友德全军归附。友谅逃奔武昌，江西州县和湖北东南角，都归元璋版图。一个扩大，一个缩小，几年来的局面，完全倒转过来，元璋的兵力已经可以和友谅一决雌雄了。③

当江南朱陈两军血战正酣的时候，江北的军事局面也起了极大

---

①《平汉录》，《国初礼贤录》。

② 俞本：《皇明纪事录》。

③《明太祖实录》卷九。

的变化，红军接连失败，形势很危急。元朝大将察罕帖木儿收复关陇，平定山东，招降红军丞相花马王田丰，军威极盛——几年来山东在宋朝大帅毛贵管治下，礼贤下士，开辟田土，治绩斐然。原来在濠州的赵均用和彭早住，驻军淮泗一带，早住病死，均用北上和毛贵合伙。二人作风不同，大闹意见，均用杀了毛贵，毛贵部将又杀了均用。杀来杀去，军力衰减，造成察罕的胜利机会。——山东失去后，不惟小明王的都城安丰保不住，连元璋的根本重地应天也岌岌可危。元璋几年来的安定和发展，全靠小明王大军在北边掩护，隔离元朝主力，如今局面突变，要直接和元朝大军接触，估计军力对比，相差太远，实在抵挡不住。元璋两次派代表去见察罕，送上重礼和亲笔信，要求通好，预伏一笔，以为将来打算。这时察罕正在围攻益都(今山东益都)，红军拼死抵抗，元璋料益都一时不致失陷，察罕在肃清山东之前还没有余力来进攻安丰，才敢趁这间隙，西攻陈友谅。察罕的代表户部尚书张昶带了御酒、八宝顶帽和任命元璋为荣禄大夫、江西等处行中书省平章政事的宣命诏书，于龙凤八年(元至正二十二年，公元1362年)十二月由江西到应天。其时察罕已被田丰刺杀，子扩廓帖木儿继为统帅。不久又得到情报，扩廓和另一大将孛罗帖木儿在抢地盘，打得正热闹。元璋眼见得元军不会南伐了，越发定下心，断了投降的念头，仍然做宋朝的吴国公。①

当察罕的代表带着元朝官诰到应天的时候，宁海人叶兑写信给元璋，劝其不要受元朝官爵，要自创局面，立基业，并且指出军略步骤说：

---

① 刘辰：《国初事迹》；《皇明纪事录》；《明太祖实录》卷九；《国初群雄事略》卷一《宋小明王》。

愚闻取天下者必有一定之规模，韩信初见高祖，画楚、汉成败；孔明卧草庐，与先主论三分形势者是也。今之规模，宜北绝李察罕，南并张九四（士诚），抚温、台，取闽、越，定都建康，拓地江、汉，进则越两淮以北征，退则画长江而自守。夫金陵古称龙蟠虎踞，帝王之都，借其兵力资财，以攻则克，以守则固，百察罕能如吾何哉！江之所备，莫急上流，今义师已克江州，足蔽全吴，况自滁、和至广陵（今江苏江都），皆吾所有，匪直守江，兼可守淮矣。张氏倾覆，可坐而待，淮东诸郡，亦将来归。北略中原，李氏可并也。今闻察罕妄自尊大，致书明公，如曹操之招孙权，窃以元运将终，人心不属，而察罕欲效操所为，事势不侔。宜如鲁肃计，鼎足江东，以观天下之衅。此其大纲也。

至其目有三：张九四之地，南包杭、绍，北跨通、泰，而以平江（今江苏吴县）为巢穴。今欲攻之，莫若声言掩取杭、绍、湖、秀，而大兵直捣平江。城固难以骤拔，则以锁城法困之：于城外矢石不到之地，别筑长围，分命将卒，四面立营，屯田固守，断其出入之路；分兵略定属邑，收其税粮以赡军中。彼坐守空城，安得不困？平江既下，巢穴已倾，杭、越必归，余郡解体，此上计也。张氏重镇在绍兴，绍兴悬隔江海，所以数攻而不克者，以彼粮道在三斗江门也。若一军攻平江，断其粮道，一军攻杭州，绝其援兵，绍兴必拔。所攻在苏、杭，所取在绍兴，所谓多方以误之者也。绍兴既拔，杭城势孤，湖、秀风靡，然后进攻平江，犁其心腹，江北余孽随而瓦解，此次计也。

方国珍狼子野心，不可驯狎。往年大兵取婺州，彼即奉书纳款。后遣夏煜、陈显道招谕，彼复狐疑不从。顾遣使从海道报元，谓江东委之纳款，诱令张昶赍诏而来，且遣韩叔义为说

> 客，欲说明公奉诏。彼既降我而反欲招我降元，其反复狡狯如是，宜兴师问罪。然彼以水为命，一闻兵至，挈家航海，中原步骑，无如之何。夫上兵攻心——彼言宁越（即婺州）既平，即当纳土，不过欲款我师耳。——攻之之术，宜限以日期，责其归顺。彼自方国璋之没，自知兵不可用。又叔义还称义师之盛，气已先挫。今因陈显道以自通，正可胁之而从也。事宜速，不宜缓。宣谕之后，更置官吏，拘其舟舰，潜收其兵权，以消未然之变，三郡可不劳而定。
>
> 福建本浙江一道，兵脆城陋，两浙既平，必图归附，下之一辩士力耳。如复稽迟，则大兵自温、处入，奇兵自海道入，福州必克。福州下，旁郡迎刃解矣。声威既震，然后进取两广，犹反掌也。①

叶兑指出张昶赍诏，是方国珍假托元璋名义请来，斥为“反复狡狯”，其实是冤枉的。千真万确，请张昶来的是元璋自己，“反复狡狯”的不是别人，恰恰是叶兑叫作明公的朱元璋。不过他所计划的攻取计略，倒是面面俱到，确有见识。元璋心服，要请做官，叶兑推却不肯，辞回家乡。后来几年平定东南和两广的规模次第，果然和他所说的差不多。

小明王从称帝以后，凡事由刘太保做主张。领兵在外的大将，原来都是福通的同伴平辈，不大听调度，军队数量虽多，军令不一。占的地方虽大，不久又被元军收复。有的大将打了败仗，不愿受处分，索性投降敌人，翻脸打红军；有的前进太远太突出了，完全被敌人消灭；其余又被察罕帖木儿和孛罗帖木儿两支地主军打垮了。只

---

①《明史》卷一三五《叶兑传》。

剩下山东一部军力，做安丰的掩护。到益都被扩廓包围以后，刘福通亲自率军救援，大败逃回。益都陷落后，安丰孤立。龙凤九年（元至正二十三年，1363 年）二月，张士诚的大将吕珍乘机攻围安丰，城里粮食吃完，粮道断绝，不但人吃人，甚至吃腐烂的尸首，和人油炸泥丸子。刘太保情势危急，派人到元璋处征兵解围。

在元璋出兵之前，刘基极力阻止，以为大兵不宜轻出，如果救驾出来，做何安置？不如让吕珍解决了，借刀杀人，落得省事。而且陈友谅在背后，万一乘虚来攻，便进退无路。元璋则以为安丰失守，应天失去屏蔽，从军事观点说，不能不救，遂亲自统兵出发。刘太保趁黑夜大雨突围逃出，元璋摆设銮驾伞扇，迎小明王暂住滁州，临时建造宫殿，把皇宫里的左右宦侍都换上自己人，供养极厚，防护极严。小明王名为皇帝，其实是俘虏，受元璋的保护。①

三月十四日，小明王内降制书，封赠元璋三代：曾祖九四资德大夫、江西等处行中书省右丞、上护军、司空、吴国公，曾祖母侯氏吴国夫人；祖初一光禄大夫、江南等处行中书省平章政事、上柱国、司徒、吴国公，祖母王氏吴国夫人；考五四开府仪同三司、上柱国、军国重事、中书右丞相、太尉、吴国公，妣陈氏吴国夫人。②

当元璋出兵安丰的时候，陈友谅果然乘机进攻，以大兵包围洪都（今江西南昌），占领吉安、临江、无为州。这回倒真正是两线夹攻，虽然张士诚还不明白。汉军规模比上次更大：友谅看着疆土日渐减小，气愤不过，特造大舰，高几丈，簇新的丹漆，上下三层，每层有走马棚，上下层说话都听不见，载着家小百官，空国而来，号称六

①《国初事迹》《皇明纪事录》。

②《国初群雄事略》卷一引《龙凤事迹》。郎瑛：《七修类稿》卷七引《朱氏世德碑》，作“淮南等处中书省左丞相”“江西等处中书省右丞相”“录军国重事平章右丞相”。余同。

十万。洪都守将朱文正死守，友谅用尽攻城的方法，文正也用尽防御的方法。八十五天的激战，城墙攻破了几次，敌兵涌进，都被火铳击退，连夜赶修工事，攻城守城的人都踩着尸首作战。一直到七月，元璋亲统二十万大军来救，友谅才解围，掉过头来，到鄱阳湖迎战。

这一次水战，也许是中国有史以来规模最大的一次。两军主力苦战三十六天之久。这一战的结局，决定了两雄的命运。

在会战开始前四天，元璋留下伏兵，把鄱阳湖到长江的出口封锁，堵住敌人的归路，关起门来打。两军的形势，一边号称六十万，一边是二十万。水军船舰，友谅的又高又大，联舟布阵，一连串十几里。元璋的都是小船，要仰着头才能望见敌人，两下比较，就显得渺小可怜。论实力和配备，都是元璋方面居劣势。但是，他也有便宜处。就士气说，友谅大军在南昌顿挫了三个月，寸步进不得，动摇了必胜的信心；元璋方面则千里救危城，生死关头决于一战，情绪大不相同。就船舰说，数十条大舰连在一起，转动不便；小船进退自如，运用灵活，在体积方面是劣势，运动方面却占优势。就指挥而论，元璋有经验丰富的幕僚，作战勇敢的将帅，上下一心；友谅性情暴躁多疑，将士不敢贡献意见，内部发生裂痕。更重要的是补给，元璋军队数量少，有洪都和后方源源接济；友谅军的后路被切断了，粮尽士疲，失去斗志。

元璋军的主要战术是火攻，用火炮焚烧敌方的大舰，用火药和芦苇装满几条船，敢死队驶着冲入敌阵，点起火来，和敌方几百条战舰同归于尽。接战时分水军为十二队，火铳长弓大弩分作几层，先发火铳，再射弓弩，最后是白刃战。短兵相接，喊杀震天，从这船跳到那船，头顶上火箭炮石交飞，眼睛里一片火光，一团刀影，湖面上是漂流着的尸首、挣扎着的伤兵，耳朵里是轰隆的石炮声、噼啪的火铳声。友谅船红色，元璋船白色，一会儿几十条白船围着红船，一会儿又是红船围着白船，一会儿红船白船间杂追赶。有几天白船像是占了上风，有几天红船又得优势。元璋激励将士苦战，多少次身边的卫士都战死了，坐舰被炮石打碎，换了船搁浅动不得，险些被俘。一直打到最后几天，友谅军已经绝粮，右金吾将军建议烧掉船，全军登陆，直走湖南，左金吾将军主张再战，友谅同意走陆路的办法。左金吾将军怕得罪友谅，领军投降，右金吾将军看情形撑不住了，也跟着投降。友谅军力益发减削，决定退兵，打算冲出湖口，不料迎面又是白船，前后受敌。友谅正要亲自看明情势，决一死战，头才伸出船窗外，被飞箭射死，全军溃败。部将保着友谅尸首和太子陈理，连夜逃回武昌。①

战事的胜利，取决于最后一分钟，造成陈军溃败的是友谅的战死。元璋虽然胜利，可是也险极了，始终弄不清是谁射死友谅的。第二天，元璋焚香拜天，慰劳将士，答应将来天下一家，和巴都儿②们共享富贵，做大官。③ 后来又对刘基说："我真不该到安丰去，假如友谅趁我远出，应天空虚，顺流而下，我进无所据，退无所依，大势去矣。幸而他不直攻应天，反而去围南昌，南昌守了三个月，给了我充分的时间和机会。这一仗虽然打胜，可是真够侥幸的了。"④

运气特别照顾元璋，他怕察罕帖木儿的兵威，正接洽投降，察罕就被刺杀了。扩廓准备南征，又和孛罗帖木儿抢地盘，打得难解难分。陈友谅第一次约张士诚夹攻，张士诚迟疑误了事。第二次张士

---

①《明太祖实录》卷一二；宋濂：《平汉录》；《国初群雄事略》卷四《汉陈友谅》；《明史》卷一二三《陈友谅传》。

② 即拔都，巴图鲁，蒙古话勇士的意思。

③ 俞本：《皇明纪事录》。

④《国初事迹》。

诚围安丰,陈友谅不取应天而围南昌,又被流矢射死。上天真是太眷顾了!他这样想着,越想越有理,再发展下去,就想成"天命有归"了,从此一心一意秉承上天的托付,做长远而广大的计划。[①] 计划的第一步是称王,称王是不成问题的,小明王在保护之下,写一道圣旨派人送去盖印就成。问题是称什么王呢,张士诚在九月间已经自立为吴王了,应天正是孙权吴国的都城,而且几年前民间就有一个童谣说:"富汉莫起楼,贫汉莫起屋。但看羊儿年,便是吴家国。"[②]为着这句话,非称吴王不可。龙凤十年(元至正二十四年,公元 1364 年)正月,元璋自立为吴王,设置百官,以李善长为右相国,徐达为左相国,常遇春、俞通海为平章政事,立长子标为世子。[③] 发布号令,用"皇帝圣旨,吴王令旨"的名义。[④] 同时有了两个吴王,民间叫士诚作东吴,元璋作西吴。[⑤] 军队服装原先只是用红布做记号,穿得五颜六色,也给划一了。规定将士战袄、战裙和战旗都用红色,头戴阔檐红皮壮帽,插猛烈二字小旗。攻城系拖地棉裙,取其虚胖,箭射不进去。箭镞开头是铜做的,现在疆土广了,有了铁矿,改用铁的。并且大批制造铁甲、火药、火铳、石炮,武器越发犀利耐用。[⑥]

二月,元璋亲率水陆大军征武昌,陈理请降,立湖广行中书省。到年底,友谅疆土,汉水以南,赣州(今江西赣县)以西,韶州(今广东曲江)以北,辰州(今湖南沅陵)以东,都为元璋所有,够得上说是"广土众民"了。[⑦]

---

①《国初事迹》。

②《庚申外史》上,《元史》卷五一《五行志二》,《太祖实录辨证》卷一。

③《明太祖实录》卷一四。

④ 陶安:《陶学士文集》;祝允明:《九朝野记》。

⑤《国初群雄事略》卷七引《月山丛谈》。

⑥《国初事迹》。

⑦《明太祖实录》卷一四。

二、取东吴

陈友谅兵强地广，雄踞长江上流，用全力狮子搏兔，要吞并朱元璋，结果反被消灭。西线无战事了，元璋的第二个目标，便是东吴张士诚。

元末群雄，分作两个系统：一是红军系，一是非红军系。红军系分东西两支，东支以淮水流域做中心，小明王是东支的共主，郭子兴是濠、泗、滁、和一带的头目。子兴死，朱元璋代起，日渐强大。西支以汉水流域做中心，从徐寿辉到陈友谅，以及寿辉部将割据川陕的明玉珍。非红军系如东吴张士诚、浙东方国珍。红军系有政治目标，有民族思想，和蒙古政府无法妥协，势不两立（当然，这只是指领导的集团而言，朱元璋的动摇、投机，乃由于他不但不是领导集团的人，而且根本对革命没有明确的认识）。非红军系便不同了，起事的动机是个人的，无原则，也无终极的目标，蒙古政府招抚的条件合适就投降，不满意再背叛，每反复一次，地位就更高，地盘更扩大，向蒙古政府讨价钱的资本也愈大。

张士诚反反复复，元至正十三年（公元 1353 年）请降，授以元淮南江北行省官职，不久又反。十四年自称诚王，国号大周。十七年八月又降元朝，授官太尉。元朝招降士诚，是为了粮运，大都缺食，支持不下去。几年来元江浙右丞相达识帖木儿，千方百计派人劝士诚归附。一直到士诚西线连失长兴、常州、江阴、常熟等重要军略据点，弟士德为元璋所擒（士德有勇有谋，礼贤下士，帮助士诚创基立业,被俘后,秘密带话劝士诚降元,被杀),东边苗军杨完者在嘉兴,也不好惹。士诚两面受敌,才不得已受元朝官爵。① 达识帖木儿做主,士诚出粮,方国珍出船,接济大都。两人心里都怀着鬼胎,一个怕方国珍吞没粮食,一个怕船出海去了,张士诚乘虚进攻,互相猜疑。达识两面解释,费了多少事,从二十年到二十三年算是每年运了十几万石。杨完者军队纪律极坏,仗着有兵,不听达识约束,达识和士诚暗地定计,攻杀完者,苗军将士大部投降元璋。完者一死,达识没有军队支持,政权也跟着失去了,事事受士诚挟制。士诚名虽为元,却一意扩充地盘,接收苗军防区,逐出称雄淮西的赵均用,六七年工夫,疆域南到杭州、绍兴,北到济宁(今山东济宁),西达汝、颍、濠、泗,东边到海,有地二千余里。二十三年九月又自立为吴王,毒杀达识,元朝征粮,再也不肯答应了。②

士诚所占地方是粮食产地,又有渔盐之利,人口众多,最为富庶。他生性迟重,不多说话,待人诚恳宽大,没有一定主见,大将大臣们都是当年兄弟,有福同享,做错事打败仗,不忍心十分责备。大家都盖大房子,修园池、养女优、搜古董,成天宴会歌舞,懒得管事。甚至出兵时,也带着妓女清客解闷,损兵失地,反正落不到什么罪过。从龙凤二年(元至正十六年,公元 1356 年)起和元璋接境,便互相攻伐,士诚要抢回失地,元璋进攻杭州、绍兴,都占不到便宜,边境上没有一时安闲。直到朱元璋从武昌凯旋以后,集中军力,进攻东吴,局面才发生变化。③

元璋对士诚的攻势,分作三个步骤:第一步攻势起于龙凤十一

① 陶宗仪:《辍耕录》卷二九;《元史》之《达识帖木儿传》《忠义传》。

②《辍耕录》卷八;《明太祖实录》卷二;吴宽:《平吴录》。

③《明太祖实录》卷二十;《平吴录》;逸名:《农田余话》。

年十月，攻击目标是东吴北境淮水流域。到十二年四月间，半年工夫完成预定任务，使东吴的军力局促于长江之南。

第二步攻势起于十二年八月，分兵两路进攻湖州、杭州，切断东吴的两只臂膀。到十一月间湖、杭守军投降，造成北西南三面包围平江的局势。

第三步攻势是平江的攻围战。从十二年十二月到吴元年九月，前后一共十个月，才攻下平江，俘执士诚，结束了十年来的拉锯战。

除掉战场上刀枪的厮杀，还有笔墨的战争。元璋于尽占淮水各城之后，龙凤十二年五月，以檄文列举士诚罪状，骂敌人如何如何不好。照古例总是二十四或十大罪状，这里勉勉强强凑成八条，而且有七条是骂不忠于元、诈降、不贡钱粮、害达识丞相和杨完者，只有第八条才是正文，"诱我叛将，掠我边民"。其实西吴对东吴，岂止诱叛将、掠边民而已，还派遣过大批间谍诈降，图谋里应外合呢。[1] 元璋数说的罪状，不看上下文，读者一定会误解为元朝政府的讨伐令。更有意思的是，替敌人骂敌人的敌人倒也罢了，檄文中还详细说明元末形势和自己起兵经过。这里不但攻击元朝政府，连他自己的红军也破口大骂，指斥为妖术、妖言，否定弥勒佛，打击烧香党了。檄文[2]说：

---

① 俞本《皇明纪事录》："龙凤五年，上选卫士三十侍左右，选得十三人，佯称得罪于上，私降张氏，士诚配以妻，抚之甚厚。不逾月同行周海首之，俱斩于虎丘山下。吴元年克苏州，擒海归，凌迟以祭方德成等十三人。"

② 檄文全文见吴宽《平吴录》，祝允明《前闻记》，《野记》卷一，陆深《续停骖录》四书。《明太祖实录》和《明史·太祖本纪》都不载。《前闻记》和《平吴录》的文字不同处很多，有事后窜改的，如元璋在发此檄文时为吴王，皇帝指小明王，《前闻记》元璋自称朕，《平吴录》称予、称我，显然《平吴录》是比较可靠的。也有些地方如红军，《前闻记》作香军，《平吴录》作乡军，今据《前闻记》。各本异文，并校注于后，以便参考。

皇帝圣旨，吴王令旨[①]，总兵官准中书省咨，敬奉令旨：盖闻[②]伐罪救民，王者之师，考之往古，世代昭然。轩辕氏诛蚩尤，殷汤[③]征葛伯，文王伐崇，三圣人之起兵也，非富天下，本为救民。近睹有元之末，主居深宫，臣操威福，官以贿成[④]，罪以情免，宪台[⑤]举亲而劾仇，有司差贫而优富。庙堂不以为虑[⑥]，方添冗官，又改钞法，役数十万民[⑦]，湮塞黄河。死者枕藉于道，哀苦声闻于天。致使愚民[⑧]误中妖术，不解偈言[⑨]之妄诞，酷信弥勒之真有，冀其治也，以苏困苦[⑩]，聚为[⑪]烧香之党，根据汝、颍，蔓延河、洛。妖言既行，凶谋遂逞，焚荡城郭，杀戮士夫，荼毒生灵，千端[⑫]万状。元以天下兵马钱粮大势而讨之[⑬]，略无功效，愈见猖獗，然而终不能济世安民[⑭]，是以有志之士，旁观熟虑，乘势而起[⑮]，或假元氏为名，或托香军[⑯]为号，或以孤兵自立[⑰]，皆欲自为，由是天下土崩瓦解。

---

①《平吴录》《续停骖录》无此二句。

②《续停骖录》《野记》作“予闻”，《平吴录》无此二字。

③《续停骖录》作“成汤”。

④《野记》作“贿求”。

⑤《野记》《续停骖录》《平吴录》作“台宪”。

⑥《续停骖录》作“忧”。

⑦《平吴录》作“役四十万人”，《野记》作“役数十万人”。

⑧《野记》《前闻记》作“不幸小民”。

⑨《野记》《前闻记》作“其言”。

⑩《续停骖录》作“以苏其苦”，《平吴录》作“以甦其苦”。

⑪《野记》作“聚其”。

⑫《续停骖录》《野记》《平吴录》作“无端”。

⑬《续停骖录》作“钱粮兵马”，《平吴录》作“元以天下钱粮兵马而讨之”。

⑭《续停骖录》无“然而”二字，《野记》《前闻记》作“然事终不能济世安民”。

⑮《平吴录》无此四字。

⑯《野记》《平吴录》作“乡军”。

⑰《续停骖录》作“孤军独立”，《平吴录》作“孤兵独立”。

予①本濠梁之民，初列行伍，渐至提兵。灼见妖言，不能成事②，又度胡运，难与立功③，遂引兵④渡江。赖天地祖宗之灵，及将帅⑤之力，一鼓而有江左，再战而定浙东。陈氏⑥称号，据我上游⑦，爰⑧兴问罪之师。彭蠡交兵，元恶授首。父子兄弟⑨，面缚舆榇，既待以⑩不死，又封以列爵⑪。将相皆置于朝班，民庶各安于田里。荆襄湖广，尽入版图。虽德化未及，而政令颇修。

惟兹姑苏张士诚，为民则私贩盐货，行劫于江湖，兵兴⑫则首聚凶徒，负固于海岛，其罪一也。又恐海隅一区，难抗天下全势，诈降于元，坑其参政赵琏，囚其待制孙扮，其罪二也。厥后掩袭浙西，兵不满万数，地不足千里，僭号改元，其罪三也。初寇我边，一战生擒其亲弟，再犯浙省，扬矛⑬直捣其近郊，首尾畏缩，乃又诈降于元，其罪四也。阳受元朝之名，阴行假王之令，挟制达丞相，谋害杨左丞，其罪五也。⑭ 占据江浙⑮钱粮，十年

①《前闻记》作“朕”，《续停骖录》作“余”。
②《平吴录》作“终不能成事”。
③《平吴录》作“成功”。
④《平吴录》作“令兵”。
⑤《平吴录》作“将帅”，其他三本作“将相”。
⑥《前闻记》作“陈氏”。
⑦《野记》作“爰据上游”。
⑧《续停骖录》无“爰”字。
⑨《续停骖录》《平吴录》作“其父子兄弟”。
⑩《前闻记》作“待之”。
⑪《平吴录》作“官爵”。
⑫《续停骖录》作“兴兵”。
⑬《续停骖录》《野记》作“杨苗”。
⑭《平吴录》此款作第六罪，下条作第五罪。
⑮《续停骖录》《平吴录》作“浙江”。

不贡，其罪六也。知元纲已坠，公然害其丞相[①]达识帖木儿、南台大夫普化帖木儿，其罪七也。恃其地险食足[②]，诱我叛将，掠我边民，其罪八也。凡此八罪，有甚于[③]蚩尤、葛伯、崇侯，虽黄帝、汤、文与之同世，亦所不容，理宜征讨，以靖天下，以济斯民[④]。爰命中书左丞相徐达率领马步官军舟师，水陆并进，[⑤]攻取浙西诸处城池。已行戒饬军将[⑥]，征讨所到，歼厥渠魁，胁从罔治，备有条章[⑦]。凡我[⑧]逋逃居民，被陷军士，悔悟来归[⑨]，咸宥其罪。其尔张氏臣寮，果能明识天时[⑩]，或全城附顺，或弃刃投降，名爵赏赐，予所不吝。[⑪] 凡尔百姓，果能安业不动，即我良民，旧有田产房舍，仍前为主[⑫]。依额纳粮，[⑬]余无科取，使汝等永保乡里，以全室家。此兴师之故也。敢有千百相聚，抗拒王师者，即当移兵剿灭，迁徙宗族于五溪、两广，永离乡土，以御边戎[⑭]。凡予之言，信如皎日，咨尔臣庶，毋或自疑。敬此[⑮]，除敬遵外，咨请施行。准此，合行备出文榜晓谕，故依令旨事意施

---

①《平吴录》作“江浙丞相”。

②《平吴录》无此句。

③《续停骖录》作“尤甚于”，《野记》作“又甚于”。

④《续停骖录》作“以安斯民”，《平吴录》作“以拯天下”，《野记》作“以济生民”。

⑤《前节记》《野记》作“左相国”，《续停骖录》《前闻记》作“总率马步舟师，分道并进”。

⑥《平吴录》作“尝戒军士”。

⑦《平吴录》无此四字。

⑧《前闻记》《野记》作“凡有”。

⑨《平吴录》无此四字。

⑩《续停骖录》作“明哲识时”。

⑪ 自“其尔”至“不吝”一段，《平吴录》无，但在下文“以御边戎”后，作“果有贤哲，或全城归附，或弃职来降，予赍赏赐，非所敢吝”。

⑫《续停骖录》作“为生”。

⑬《平吴录》作“其尔人民，果能复业，即我良民，旧有房舍田土依额纳粮”。

⑭《平吴录》作“边疆”。

⑮《野记》作“钦此”，是后来人删改的。《平吴录》作“故榜”。

行。所有文榜，须议出给者。①

龙凤十二年五月二十二日本州判官许士杰赍到。②

和这篇著名的檄文同时，还有性质相同的一道宣谕徐州吏民的文告说：

近自胡元失政，兵起汝、颍，天下之人以为豪杰奋兴，太平可致。而彼惟以妖言惑众，不能上顺天意，下悦民心，是用自底灭亡。及元兵云集，其老将旧臣，虽有握兵之权，皆无戡乱之略，师行之地，甚于群盗。致使中原板荡，城郭丘墟，十有余年，祸乱极矣。③

综合说来，一笔抹杀红军的革命意义，骂他们"凶谋"放火""杀人"，尤其是杀戮士大夫，千条万条罪状，简直是罪大恶极。正式声明对红军的看法，郑重否定自己今天以前的全部事业，更引经据典，拿轩辕、成汤、文王来比附，解释起兵是为了救民，戴上为人民的帽子——就这点而论，朱元璋真正不愧是明教的叛徒。从对元朝的态度来说，惋惜元军戡乱之略无功效；倒过来，元朝以天下兵马钱粮大势，再加上有戡乱之略的老将旧臣，上顺天意，下悦民心，他是会替胡元"立功"，共同戡乱的——就这点而论，文字上的轻重抑扬，留下一个地步，万一情况不利，胡运复兴，借这由头倒到蒙古大汗脚下，还可不失富贵，表现了他是个不折不扣的骑墙主义者。两篇文字，充满了儒家的色彩，可以明白看出这是刘基、宋濂等人的策略，甚至可能是出于他们的手笔。这一地主儒生群几年来的作用，到这时才

① 这一段，《续停骖录》作"除敬遵外，仓备榜晓谕通知，须至榜者"。

② 《平吴录》《续停骖录》无此。

③ 《明太祖实录》卷一六。

具体化，红军的将领都已死亡，军队没有了，小明王成为应天的傀儡，甚至被拘囚了，自然应该一脚踢开红军招牌，自己建立新系统，来争取地主巨绅的支持，士大夫的同情拥护。这两篇文字把元璋的一生切作两截，前半截是贫农和穷人的头目，此后则摇身一变，成为地主巨绅的保护人、儒家的护法；过去要破坏现存秩序，此后则一转而为最保守、最顽强的现状维持派了。

这年年底，元璋派大将廖永忠到滁州迎接小明王、刘太保，到瓜洲渡江，在江心把船凿沉，永忠径回应天复命，小明王、刘福通死，宋亡。① 从此以后，元璋不再提龙凤的话，连当年镇江西城的打败东吴记功碑，因为有龙凤年号，也捶毁了。② 文书上的龙凤史料，更是销毁得一干二净。元璋死后所编的《明太祖实录》，不提元璋和龙凤臣属关系一字。这一段历史被湮灭、被篡改了几百年，成为最有启发性的历史公案。

元璋对东吴的第二步攻势，动员了二十万大军。统帅是大将军徐达，副将军常遇春。在出师前商讨战略，常遇春坚决主张直取平江，以为巢穴既破，其余诸郡可以不费力气占领。元璋却决定采用叶兑的决策，指出："士诚出身盐枭，和湖、杭诸郡守将都是愍不畏死之徒，同甘共苦。如先攻平江，湖、杭守军必然齐心并力，来救老家，军力集中，不易取胜。不如想法分散他的兵力，先取湖、杭，士诚无法援救，个别击破，枝叶一去，根本动摇，使士诚来回兜圈，疲于奔命，必然可以成功。"遂分兵攻围湖州、杭州，元璋亲自誓师，叮咛嘱咐，攻进城时不要烧房子，不要杀掠，不要挖坟，尤其是张士诚母亲

---

①《庚申外史》；朱权：《通鉴博论》；高岱：《鸿猷录·宋事始末》；潘柽章：《国史考异》卷一六。

②《国初事迹》。

的坟，千万不可侵毁，免得刺激东吴人民，增加抵抗心理。①

第三步攻势，应用叶兑的锁城法，筑长围把平江围困住，用火铳、襄阳炮日夜轰击。士诚外无救兵，内无粮草，突围又失败了。元璋送信招降，再使说客劝告，士诚一概不理。城破时亲自率兵巷战，看到实在无办法了，一把火烧死妻子眷属，饮鸩自杀，被侍者劝阻。西吴兵已到府中，俘送应天。士诚在船上闭眼不说话，不肯进饮食。元璋问话不理，李善长问话，挨了骂。元璋气极，一顿乱棍打死，连尸首都烧成灰。②

李伯昇是士诚十八兄弟之一，同时起事，官为司徒，平江危急，使说客说降的是他，首先投降的是他，把士诚交给常遇春的也是他。平江人记住这个故事，凡是出卖朋友的就叫作“李司徒”。③

士诚晚年不大管事，国事全由其弟丞相士信主持。士信荒淫无见识，信用姓黄、姓蔡、姓叶的三个参谋，弄权舞弊，政治军事弄得一团糟。元璋听得这情形，对人说：“我一向无一事不经心，尚被人欺，张九四一年到头不出门理事，岂有不败的道理！”东吴的百姓有一个民谣道：“丞相做事业，专靠黄蔡叶，一朝西风起，干瘪！”④

平江合围后，元璋又遣将攻讨方国珍。

方国珍在群雄中最先起事，最后被解决，在浙东称雄了二十年。

台州黄岩（今浙江黄岩）靠近海边，人多地少，田主极神气，佃户碰见田主，连作揖都不敢，让路站在旁边，等田主走过才敢行动。贵

---

①《明太祖实录》卷一六。

② 俞本：《皇明纪事录》；《明太祖实录》卷二〇；《平吴录》。

③《国初群雄事略》卷七引《冶城客论》。

④《明太祖实录》卷二〇，《平吴录》，《明史》卷三〇《五行志》。《实录》文字有不同：“黄蔡叶，作齿颊，一夜西风来，干瘪。”

贱等分一点也不能错失。方国珍四兄弟，父亲是佃户，看父亲对田主毕恭毕敬的样子，非常气愤。到长大了，他问父亲："田主也是人呀！为什么要怕他，恭谨到这步田地！"父亲告诉他们："靠了田主的田，才能养活你们。怎么敢失礼?"国珍很不服气。父亲死后，他靠着人力兴旺，成天劳作，漂海贩盐，家道日渐宽裕。酿好酒等田主来讨租米，一天，田主果然带着一群管事的来了，国珍殷勤管待，大碗酒，大块肉，把客人灌醉了，乱刀切成肉酱，胡乱丢在酒缸里。日子久了，漏出风声，官府派人来拘捕，国珍把来人扫数杀光。地方官急了，亲自领人来拿，国珍索性把地方官也杀了。他闯下大祸，一家子逃入大海，结集了几千人，四处抢劫。① 打败官军，连将官都俘虏了。受招安做定海尉，不久又反，俘获元朝大将，又投降做大官。如此时降时反，到至正十七年(公元 1357 年)，他一直做到浙东行省参知政事海道运粮万户，以庆元(今浙江宁波)为根据地，兼领温州、台州，占有浙东沿海一带，水军千艘，靠着渔盐的丰富资源，兄弟子侄全做大官，心满意足，只想保住这份产业。②

元璋攻取婺州后，和国珍邻境相望。国珍兵力弱小，北有张士诚，南有陈友定，都不大和洽，见元璋兵盛，不敢得罪，送金银送绸缎，受官诰，送儿子做人质，愿献出三郡，只是不肯奉龙凤正朔。同时又替元朝运粮，两面讨好。到元璋得杭州后，国珍更加害怕，北通扩廓帖木儿，南联陈友定，打算结成犄角的形势，来抵抗元璋。万一敌不过，好在有多数的海船，载着金银财宝，奔入大海，也还够一辈子享用。

元璋的攻势分水陆两路，陆路军进占台州、温州，直取庆元。国

---

① 黄溥:《闲中今古录》。

②《国初群雄事略》卷八《方国珍》。

珍逃入海中，又为水军所败，走投无路，哀辞求降。元璋从进攻到凯旋，前后不过三个多月。①

这一年，韩林儿已死，不能再用龙凤年号，也犯不着用元至正二十七年来纪年。照甲子说是丁未年，未年属羊，童谣不是说“但看羊儿年，便是吴家国”吗？东吴已在包围中了，为着再一次应童谣，元璋创立了一个新办法，下令以吴纪年，叫这年为吴元年。

三、南征北伐

朱元璋出军征服方国珍，同时决定了南征和北伐的大计。

吴元年（元至正二十七年，公元 1367 年）九月间，元璋保有的疆土，大体上据有现在的湖北、湖南、河南东南部和江西、安徽、江苏、浙江，包括汉水流域和长江下游，是全中国最富庶繁盛、人口密度最高的区域。

南部除元璋以外，分作几个军事单位。以四川为中心的是夏国明玉珍。玉珍本来是西系红军徐寿辉的部将，奉命入川略地。寿辉被弑，他自立为陇蜀王，以兵守住瞿塘，和陈友谅断绝来往。至正二十二年（公元 1362 年）即皇帝位于重庆，建国为夏，年号天统。二十六年病死，子明昇继位。②

云南有元宗室梁王镇守。两广也是元朝的势力。福建陈友定虽然跋扈，仍然向元朝效忠。

---

①《草木子·克谨篇》，《国初事迹》，《明史》卷一二三《方国珍传》。

② 黄标：《平夏录》；杨学可：《明氏实录》；《明太祖实录》卷一六；《明史·明玉珍传》。

元璋见夏国主幼兵弱，云南太远，暂时可以放开。最近的目标是福建和两广。

北部在表面上属于元朝，情形更复杂。粗枝大叶地分析，山东是王宣的防地，河南属扩廓帖木儿，关内陇右则有李思齐、张良弼诸军。扩廓和李张二将不和，元璋用兵江浙，元朝几个大将正在起劲内斗，拼个你死我活。道理说不上，无非是争军权、抢地盘。打得发昏，谁也管不到大局，再加上宫廷阴谋政变，越发纠缠不清。双方都在打算先安内而后攘外，势均力敌，谁也得不到便宜。得便宜的是他们的公敌朱元璋，正应了古人"鹬蚌相争，渔翁得利"的话。元璋趁元朝内部打得火热，便东征西讨，扩大地盘，充实军力。等到元璋北伐大军兵临城下，这几个"英雄"才肯放手，停止互相残杀，却又不肯也不甘心合作，眼看着友军一个个被击破，终于同归于尽，大家完事。

元军内讧的故事可以追溯到几年以前。

红军起事后，元朝正规军队完全无用，真正肯打仗的是义军，由地主巨绅所组织的保卫私家财产生命的地方民兵。义军中最强大的有两支，一支是起自沈丘（今河南沈丘）的察罕帖木儿和李思齐，几年来连败红军，重占河北、关陕，克汴梁，定河南，号令达江浙，屯重兵于太行山，正预备大举攻取山东时，和另一支义军发生了冲突。①

另一支是以义丁和刘福通作战有功，重占襄阳、亳州的答失八都鲁。答失八都鲁死，子孛罗帖木儿代其掌兵，移镇大同。山西晋冀之地都由察罕帖木儿平定，察罕东征，孛罗帖木儿强占晋冀，两军

---

①《庚申外史》《元史·察罕帖木儿传》。

交战几年，元政府着急，屡次派人调停讲和，到至正二十一年（公元1361年）双方才答应停战。察罕被刺，子扩廓帖木儿领兵平山东，孛罗又领兵来争晋冀，内讧又起。①

同时，还夹着元政府和宫廷的阴谋政变。

脱脱丞相贬死后，哈麻代为宰相。地位高了，想想从前进西天僧，劝皇帝行秘密法，都是丑事，见不得人，说不出口，阴谋废顺帝立皇太子，事泄被杀。太子生母高丽奇皇后和太子都不喜欢顺帝，仍旧阴谋废立，使宦官朴不花和丞相太平接头。太平不肯，太子怀恨，把太平也害死了。宫廷里自然而然分为两派，丞相搠思监和朴不花帮太子，贵臣老的沙帮皇帝。太子派靠扩廓做外援，皇帝派只好拉拢孛罗。

老的沙怕皇太子暗害，逃奔孛罗军中。皇太子怨孛罗收容仇人，搠思监、朴不花就诬害孛罗和老的沙图谋不轨。至正二十四年（公元1364年）四月，诏命扩廓出兵讨伐。孛罗知道圣旨是假的，先下手为强，竟带大军进向大都，顺帝杀搠思监、朴不花谢罪，孛罗才回师大同。太子失败了，不甘心，逃出大都，再征扩廓兵打孛罗，攻大同。孛罗还是老文章，又举兵进攻大都，太子战败，逃到太原。孛罗入都，做中书右丞相。二十五年，太子又调扩廓和诸路兵进攻，孛罗战败，被刺死于宫中，战事结束，扩廓入都代为丞相。

太子奔太原时，要仿效唐肃宗灵武故事，自立为皇帝，扩廓不依。到扩廓入大都，奇皇后又使人来说，要扩廓带重兵拥太子进宫，逼顺帝让位，扩廓又不肯。这样，太子母子都恨死了扩廓，结下深仇。扩廓在军中久了，做不惯丞相，朝中大臣嫌他不是根脚官人（世

①《庚申外史》。

代贵族),有点另眼相看,扩廓没趣,自愿出外带兵。顺帝封他为河南王,代皇太子亲征。[①]

至正二十六年,扩廓回到河南,调度各处军马,用檄文调关中四将军会师。李思齐得调兵札,大怒,骂说:"乳臭小儿,黄发还没退,敢来调我!我跟你父亲同乡里,同起义兵,你父亲进酒,还三拜才喝,你在我面前连站脚处都没有,居然称总兵,敢命令我!"下令各部,一戈一甲不许出武关,王保保(扩廓原名)来见,则整兵杀之。张良弼、孔兴、脱列伯三军也不受节制。扩廓军令不行,勃然大怒,把南征一事暂且放下,进军关中攻李思齐。思齐等四人也会兵,盟于含元殿,合力抵抗。两军相持连年,数百战,不分胜负。顺帝再三令扩廓停战,一意南征,扩廓不听。扩廓部将貊高带的是孛罗旧部,这些旧部半路上计议:"朝廷调我们打妖贼,如今却去打李思齐。李思齐是官军,官军杀官军,可不糊涂透顶?"逼貊高倒戈声讨扩廓。顺帝也心忌扩廓兵权太重,不听调度,又太子从中挑拨,大臣们全说他坏话,遂决策,下诏书解除扩廓兵权,部兵分归诸将统率。特设抚军院,以太子统率全国军马,专防扩廓。[②]

元璋特别看重间谍机构,训练了大批人员,又舍得花钱,侦探得上面说的详细情形,决定利用时机,南征北伐同时并进。十月,以徐达为征虏大将军,常遇春为副将军,率师二十五万,由淮入河,北伐中原。胡廷瑞为征南将军,何文辉为副将军,取福建。湖广行省平章杨璟、左丞周德兴,取广西。

取福建兵分三路,胡廷瑞、何文辉率步骑从江西度杉关为正兵,汤和、廖永忠由明州(今浙江宁波)以舟师取福州为奇兵,李文忠由

---

①《元史·顺帝本纪》《明史·扩廓帖木儿传》《庚申外史》。

②《庚申外史》,《明史·扩廓帖木儿传》,《国初群雄事略》卷九《扩廓帖木儿》。

浦城攻建宁为疑兵。陈友定的根据地延平(今福建南平)和福州犄角,建宁(今福建建瓯)则为延平外线据点,驻有重兵。三路大军分别出动,正兵使敌人以主力应战,奇兵使敌人不测所以,疑兵分敌人兵力。

陈友定,福建人,农人出身,为人沉着勇敢,讲义气,好打抱不平,在地方上很有点声望。西系红军进福建,友定站在地主方面,投效做民兵。立下战功,升为小兵官,占领很多城池,积官到福建行省平章,镇守闽中八郡。虽然威福自擅,刑赏在手,对元朝极为恭顺,年年运粮到大都。朱元璋占婺州后,和友定接境。至正二十五年二月,友定进攻处州,为西吴大将胡深所败。胡深乘胜追击,元璋调发江西驻军南下,准备两路会师,一举攻下延平。吃亏的是胡深孤军深入,太突出了,中伏被俘,为友定所杀。平闽计划受了挫折,暂时搁起。

方国珍投降,西吴水师乘胜南下。友定和元朝本部隔绝,孤立无援。福州、建宁先后失守,延平被围。城破,友定和僚属诀别,服毒自杀不死,被俘到应天。元璋责备他攻处州、杀胡深的罪过,友定不屈,厉声回答:“国破家亡,死就算了,何必多说!”元璋发明一种刑罚叫铜马,就是古代炮烙之刑,拿友定来试验,伏上一会儿全身都化成灰。友定的儿子也同时被杀。①

西吴从出兵到克服延平,费时四月,从克服延平到平定全闽,又费了八个月工夫。

平定两广的战略,也是分兵三路:第一路杨璟、周德兴由湖南取广西;第二路陆仲亨由韶州(今广东曲江)捣德庆;第三路是平闽的

① 郭造卿:《陈友定传》;《明史·陈友定传》;《国初群雄事略》卷一二《陈友定》;《明太祖实录》卷二五。

水师，由海道取广州。第一路军于吴元年十月出发，第二、三路军于洪武元年（公元1368年）二月出发。所遇抵抗以第一路军为最大。从衡州到广西的进军路线，第一个名城永州（今湖南零陵），第二个全州（今广西全州），都经过激烈血战，才能占领，进围靖江（今广西桂林）。第二路军于三个月内平定北江和西江三角地带，隔断广州和靖江的交通。第三路军几乎是没有作战，廖永忠的使者向元江西分省左丞何真劝降，大军到潮州，何真就送上印章图籍户口，奉表归附，广州附近州县不战而下。廖沿西江入广西，北上会合第一军攻围靖江。两个月后，洪武元年六月，靖江城破。七月广西平定。两广全归元璋版图。①

福建、两广平定后，南部除四川、云南以外，都连成一气了。大后方的人力和财力，供给北伐军以无限的助力。

北伐军的出发，事前元璋和刘基仔细商定了作战计划，再和诸将在军事会议上研究决定。常遇春提出的作战方案，是攻坚战术，以为南方都平安了，兵力有余，直取元都，以我百战的精兵，来消灭元朝疲惫的兵力，非胜不可，到都城攻下后，分兵扫荡，其他城池也可以不战而下。元璋的看法正好相反，指出直攻大都的危险性，以为元朝建了上百年的都城，防御工事一定很坚固。假定大军孤军深入，前有坚城，后边补给线被切断，元朝的援兵四面八方赶到，进不了，退不得，岂不坏事？不如用斫树的法子，先去枝叶，再挖老根，先取山东，撤掉大都的屏风，回师下河南，断掉它的羽翼，进据潼关，占领了它的门户，军事要点都拿到手了，再进围大都，那时势孤援绝，自然不战可取了。常遇春还是坚持上次直取平江的见解，以为巢穴

① 《明太祖实录》卷二八，《明史》之《太祖本纪》《何真传》。

根本一下，枝干自然不成问题，但没有计较到孤军深入，后方的交通线如何保持，万一被切断了，兵员和粮食的补充便陷入绝境，固然可以侥幸成功，但是太冒险了，非万全之计。元璋的战术是稳扎稳打，步步扩大，占领地和后方连在一起，补给线在自己的兵力控制之下，立于不败之地，确是胜算。诸将都同声说好。①

北伐军的统帅部，也经过严密慎重的组织。在平陈友谅以前，诸将直接由元璋亲自指挥，不相统率。有一次打了大胜仗，常遇春把汉的降兵全部杀死，徐达阻止不住，才派定徐达做大将军，节制诸将。这次北伐大军，关系更重大，徐达用兵持重，有纪律，尤其要紧的，是生性小心谨慎，听话服从，靠得住，放得下心，任为征虏大将军，统率全军。常遇春冲锋陷阵，所向无敌，当着百万大军，决不气馁，勇敢先登，任为副将军。元璋担心他健斗轻敌，特别约束告诫，如大敌当前，以遇春做前锋，和参将冯胜分左右翼，将精锐进击。右丞薛显、参政傅友德勇冠诸军，使独当一面。大将军专主中军，责任是决定战略，策励诸将，不可轻动。②

元璋再三申明纪律，告谕将士以北伐意义，战争目的不只是略地攻城，重要的是推翻这个坏政府，解除人民痛苦。所经地方和打下的城子，不可乱杀人，不可抢财物，不要毁坏房屋、破损农具，勿杀耕牛，勿掠人子女，如今是堂堂正正的大军了，以前的作风都得改掉。如有收留下的遗弃儿女，父母亲戚来讨，得立刻还，不可掯勒，坏了名气。③

元璋是懂得宣传的好处的，文字上、口头上的好话有时比刀枪

---

①《明太祖实录》卷二一，《明史》之《徐达传》《常遇春传》，《平胡录》。

②《明太祖实录》卷二一；高岱：《鸿猷录》卷五《北伐中原》。

③《明太祖实录》卷二一。

还有力量。要使北方人民明白大军北伐的意义，要解除北方官僚地主对红军的恐惧心理，瓦解元军的军心士气，火铳石炮没有作用，有用的是宋濂的文章。宋濂奉命写的告北方官吏人民的檄文说：

自古帝王临御天下，皆中国居内以制夷狄，夷狄居外以奉中国，未闻以夷狄居中国治天下者也。自宋祚倾移，元以北狄入主中国，四海内外，罔不臣服，此岂人力，实乃天授。彼时君明臣良，足以纲维天下，然达人志士，尚有冠履倒置之叹。自是以后，元之臣子，不遵祖训，废坏纲常，有如大德废长立幼，泰定以臣弑君，天历以弟鸩兄，至于弟收兄妻，子烝父妾，上下相习，恬不为怪，其于父子君臣夫妇长幼之伦，渎乱甚矣。夫人君者斯民之宗主，朝廷者天下之根本，礼义者御世之大防，其所为如彼，岂可为训于天下后世哉！

及其后嗣沉荒，失君臣之道，又加以宰相专权，宪台报怨，有司毒虐，于是人心离叛，天下兵起，使我中国之民，死者肝脑涂地，生者骨肉不相保，虽因人事所致，实天厌其德而弃之之时也。古云"胡虏无百年之运"，验之今日，信乎不谬。

当此之时，天运循环，中原气盛，亿兆之中，当降生圣人，驱逐胡虏，恢复中华，立纲陈纪，救济斯民。今一纪于兹，未闻有治世安民者，徒使尔等战战兢兢，处于朝秦暮楚之地，诚可矜悯。

方今河、洛、关、陕，虽有数雄，乃忘中国祖宗之姓，反就胡虏禽兽之名，以为美称。假元号以济私，恃有众以要君，凭陵跋扈，遥制朝权，此河洛之徒也。或众少力微，阻兵据险，贿诱名爵，志在养力，以俟衅隙，此关陕之人也。二者其始皆以捕妖人为名，乃得兵权。及妖人已灭，兵权已得，志骄气盈，无复尊主①庇民之意，互相吞噬，反为生民之巨害，皆非华夏之主也。

予本淮右布衣，因天下大乱，为众所推，率师渡江，居金陵形势之地，得长江天堑之险，今十有三年。西抵巴蜀，东连沧海，南控闽越，湖湘汉沔，两淮徐邳，皆入版图，奄及南方，尽为我有。民稍安，食稍足，兵稍精，控弦执矢，目视我中原之民，久无所主，深用疚心。予恭承天命②，罔敢自安，方欲遣兵北逐群虏，拯生民于涂炭，复汉官之威仪，虑民人未知，反为我仇，挈家北走，陷溺尤深，故先谕告：兵至，民人勿避。予号令严肃，无秋毫之犯，归我者永安于中华，背我者自窜于塞外。盖我中国之民，天必命我中国之人以安之，夷狄何得而治哉！予恐中土久污膻腥，生民扰扰，故率群雄奋力廓清，志在逐胡虏，除暴乱，使民皆得其所，雪中国之耻，尔民其体之。

如蒙古、色目，虽非华夏族类，然同生天地之间，有能知礼义，愿为臣民者，与中夏之人抚养无异。故兹告谕，想宜知悉。③

这是元璋幕僚中儒生系统的杰作，代表几千年来儒家的正统思想。这篇文字的中心思想有两点：第一是民族革命，特别强调夷夏的分别，特别强调中国应由中国人自己来治理。过去不幸被外族侵入，冠履倒置，现在要“驱逐胡虏，恢复中华”了。这两句响亮动听的口号，比之红军初起时所提出的恢复赵宋政权，已从狭隘的恢复一个已被遗忘的皇家，进而为广泛的恢复民族独立，进步何止千里！以此为号召，自然更能普遍地获得全民的拥护和支持，尤其是打动

① “尊主”，一本作“尊元”。

② 《明太祖实录》作“恭天成命”。

③ 宋濂：《宋学士文集》；《明太祖实录》卷二一；《鸿猷录·北伐中原》。

儒生士大夫的心。第二是复兴道统，亦即旧有的文化思想系统之恢复。文中指出“礼义者御世之大防”，也就是说“父子君臣夫妇长幼之伦”“朝廷者天下之根本”是纲是纪，这一套正是儒家的中心思想，也就是多少年来维持统治的金科玉律。大之治国，小之修身，从政治到生活，都套在这一个模子中。蒙古人入主中国，开头君明臣良，还能够纲维天下，中期以后，这模子被破坏了，弄得乱七八糟。如今北伐，目的在“立纲陈纪，救济斯民”，重建旧模子，恢复这个世世相传的传统文化和生活习惯。这比之红军初起时所宣传的弥勒佛和明王出世的空幻理想世界，已进而为更切实、具体的文化生活习惯的正常化，自然高明得多，能广泛地获得那苦于社会动荡的小民的拥护和支持，更能吸引儒生士大夫的深切同情。

骂元朝，说他破坏传统文化，说他政治贪污腐化，营私毒虐，是个坏政府，上天已经厌弃他了。

骂元朝将军，河洛指扩廓帖木儿，扩廓原来是汉人，名王保保，为母舅色目人察罕帖木儿养子，元帝赐以蒙古名，是抬举他算蒙古人的意思。关陕指李思齐等四将军。骂扩廓用外族名字，以夷变夏，跋扈要君。骂李思齐说他制造内乱，不忠于国。这两批有实力的人都要不得，不能做华夏之主。那么，谁应该来治理中国呢？下一段指出当然是出身“淮右布衣”的朱元璋。淮右布衣这一身份，以后极为元璋所喜爱，有时也稍变花样，说成“江左布衣”“淮西布衣”，等等。[1] 无论对内对外的诏令文告，有理无理都要插进这一句，成为卖弄成就的口头禅了。

妖人当然是指韩林儿。此地插进这一称呼，等于秃子骂和尚，

① 读朱元璋的诏令，很难发现有几篇文字没有卖弄他出身“布衣”的。

用意是撇清，告诉北方人民，我在骂妖人，可见我绝非妖人，我说“妖人已灭”，更可见我绝非妖人。你们也许有怕红军的，我并非妖人，你们不必害怕。这说法是表白他正面是讲礼义的，不同于元朝，也不同于红军，反面替自己洗刷，勾销了过去十七年来他红军头目这一事实。

临了，说明要“拯生民于涂炭，复汉官之威仪”，揭出逐虏雪耻的使命。

最后，为了缓和蒙古人、色目人的反抗心理，声明只要他们知礼义，加入中国文化系统，也就承认是中国公民，和中国人民一样看待。

前一年讨张士诚的檄文，只是消极地踢开红军，空洞地骂元政府。到这时候，才鲜明地、具体地、积极地提出民族革命的口号和保持传统文化的政纲。这是元璋幕府里儒生群的再次胜利，也是朱元璋的再次转变。

这一宣传文告的作用，使北方儒生士大夫放心了，因为已经不再是被毁灭的对象了。北方的农民也明白了，吴军之来，是为了恢复秩序，安定生活。官吏们不害怕了，只要投降就可保全。蒙古人、色目人也不像以前那样死命作战了，因为檄文说只要愿为臣民，就可得到保护。除了蒙古皇帝和贵族，全被宣传感动了。投降的、放下武器的，以至倒过枪尖来杀鞑子的，一天天加多，北伐军因之得以顺利进军，在很短的时间内，收复已经沦陷了四百三十年的土地，平定西北，统一全国。

北伐军徐达一军由淮入河是主力，征戍将军邓愈由襄阳北略南阳以北州郡是偏师，目的在分散元军兵力。

从军事进展情形看，徐达是按照预定的全盘计划，完美执行，一点没有差失的。这个计划如上文所说，要点是步步推进。第一步，从出师这天算起，到洪武元年（公元1368年）正月，前后三个多月，平定山东。

第二步由山东取河南。一路由南面取归德（今河南商丘）、许州（今河南许昌），和邓愈军会师，抄汴梁（今河南开封）的后路。一路南下，由郓城渡黄河直达陈桥，像两个钳子夹住，汴梁不战而降。进败元军于洛水，河南（今河南洛阳）降，河南全境平定。别将冯胜克潼关，李思齐、张良弼遁走。这是洪武元年三、四两个月间的事。

鲁、豫既定，潼关一军堵住元关中军的出路，三面包围大都的局势已定。五月，元璋亲自到汴梁，大会诸将，重新检讨战局和决定战略。

当北伐军以雷霆万钧之势，席卷中原，各地告急的羽书，雪片似飞向大都的时候，元军正忙于内讧，杀声震动大地，政局反复和军权转移，交会错综，缠夹不清。扩廓被解除兵权后，退兵据泽州（今山西晋城），威风一倒，部将关保投向政府。顺帝以为扩廓势孤，诏李思齐等军东出关，和貊高合军围攻扩廓，令关保以所部戍守太原。扩廓愤极，引军据太原，尽杀朝廷所置官吏。顺帝也急了，下诏书削扩廓在身官爵，令诸军四面讨伐。元璋大军就趁这时机，下山东，取汴梁，元将望风降附，无一人抵抗，无一军堵截，小城降，大城也降，汉官汉将弃城逃走，蒙古、色目官将也弃城逃走，真正是“土崩瓦解”“势如破竹”。

到了潼关失守，貊高、关保又为扩廓所擒杀，顺帝才害怕发急，不好转圜，末了还是把一切过错都算是太子做的，取消抚军院，尽复扩廓官爵，令其和李思齐分道南征。两人也才着慌，正准备调遣军队，整装出发，可是太晚了，北伐军已经向大都推进，挽救不及了。

第三步攻势的目标才是大都。闰七月，徐达大会诸将于临清，马步舟师沿运河直上，连下德州、通州。元军连吃败仗，毫无斗志。顺帝怕被俘虏，蹈徽、钦二帝和瀛国公的覆辙，二十八日夜三鼓，率后妃太子逃奔上都（开平，今察哈尔多伦县地[①]）。[②] 八月初二，北伐军进入大都，沦陷了四百三十年的名都，到这一天才算光复旧物。从宋太祖到宋神宗以来，没有能够实现的民族愿望，算是达到了，历史的错误、污点，算是湔雪了。自古以来对北方蛮族的国防线——长城，从这一天起，再度成为中华人民的自卫堡垒了。蒙古政府——成吉思汗后人君临中国的政权，从火金算起，有一百三十四年，从灭宋算起，有九十年，到这一天，结束了！

元大都虽下，顺帝在上都依然可以发号施令，元军实力依然强大完整。徐达、常遇春移师进取山西、陕西，从洪武元年（公元1368年）八月到第二年八月，整整一年，才完成第四步的战果。在这一年内，元军不但坚持抵抗，而且还有力量做几次大规模反攻。在整个北伐战役中，可说是最艰苦的一段。

西征军从河北进入山西南部，扩廓遣将以兵来争泽州，大败西征军，又乘北平（元璋改大都为北平府）空虚，亲出雁门关偷袭。徐达得到情报，也不回救，径率大军直捣扩廓的根本太原。扩廓进军才到半路，回军援救，半夜被袭击，不知所措，以十八骑北走，山西平。

洪武二年三月，西征军入奉元路（今陕西西安），李思齐逃奔凤翔，又奔临洮，大军进逼，势穷力竭，只好投降。元军又乘虚攻通州，

① 编者注：今内蒙古自治区锡林郭勒盟多伦县。

②《庚申外史》，《明史·太祖本纪》，《明太祖实录》卷三〇。

北平无重兵，常遇春、李文忠率步骑九万还救，直捣元上都（开平），元顺帝北逃沙漠，北平也转危为安。遇春暴卒，李文忠领兵会合大军并力西征，大败围攻大同的元军，生擒脱列伯，杀孔兴。顺帝见几次计划都已失败，知道不行了，叹一口气，从此打消了南下反攻的想法，定下心，重新回到他祖宗时幕天席地，跟水草转徙的生活。中国皇帝虽然做不成了，也还是称雄漠北的蒙古可汗。徐达大军继续西进，张良弼逃奔宁夏，为扩廓所执。其弟良臣以庆阳降，不久又反，城破被杀，陕西平定。

李思齐、孔兴、脱列伯、张良弼兄弟，降的降，死的死，元朝大将只剩扩廓帖木儿还拥大兵驻屯宁夏，不时出兵攻掠，边境守军不得安逸。刘基警告元璋说："不可轻看扩廓，此人真是将才。"洪武三年又命大将军徐达总大兵征沙漠，扩廓方围兰州，解围回救，大败，奔和林（今蒙古库伦西南①）。五年，又动员大军分道进攻，到岭北为扩廓所大败。二十五年后元璋想起这次失败，还非常伤心，写信告诫他儿子朱棡、朱棣说："吾用兵一世，指挥诸将，未尝败北，致伤军士。正欲养锐，以观胡变。夫何诸将日请深入沙漠，不免疲兵于和林，此盖轻信无谋，以致伤生数万。"据同时人记载，连同过去几次的损失，合计死亡有四十多万人，元璋竟把责任推给诸将了。其实元璋对扩廓最不放心，曾说："如今天下一家了，尚有三事未了，挂在心头：一件少传国玺，一件王保保未擒，一件元太子无音问。"到洪武八年，扩廓死，西北的守军才得休息，元璋和他的将军们背地里都长出了一口气。②

察罕死后，扩廓继掌兵权，元璋曾打发人去通好，七次去信，好

① 编者注：今蒙古国乌兰巴托市西南，处于蒙古高原中心位置。

②《草木子余录》，《庚申外史》，《明史·扩廓帖木儿传》，《国初群雄事略》卷九。

说歹说，求通商，求助讨孛罗，求两下互不侵犯，各守封疆，送锦绮纱罗，送马匹，吊丧，问候，全做到了，使者都被扣留，也不回信。扩廓孤军出塞以后，家属被俘，又使人送信去劝降，娶他妹子做第二子秦王妃，还是不理。最后派李思齐去，见面时扩廓以礼相待，辞回时还派骑士送到交界地方，正要分别，骑士说："奉总兵令，请留一点东西做纪念。"思齐答："我为公差远来，无以留赠。"骑士直说："我要你的一只手臂。"思齐知不可免，只好砍掉一只手臂，回来后不几天就死了。① 元璋以此益发心敬扩廓，一天大会诸将，问道："我朝谁为奇男子？"都说："常遇春将不过万人，横行无敌，真奇男子。"元璋笑说："遇春虽然是人杰，我还可以臣服他。可是王保保就绝不肯，这人才是奇男子！"②

北方平定，洪武四年正月出兵伐夏。汤和为征西将军，周德兴、廖永忠为副将军，率舟师由瞿塘攻重庆；傅友德为征虏前将军，顾时为副将军，率步骑由秦陇取成都。

明玉珍，随州（今湖北随县）人。农人出身，身长八尺，目重瞳，性刚直，为乡里所服。徐寿辉起兵，玉珍招集乡人，结寨栅以保乡里，被推作屯长。寿辉使人招降，不得已加入红军，做统兵征虏大元帅。据蜀称帝后，保境安民，礼聘名士，专务节俭，开进士科，求雅乐，赋税十分取一，下令去释道二教，只奉弥勒，普遍建立弥勒佛堂。天下大乱，四川独能休兵息民，百姓安居乐业。在位五年，死时才三十六岁。子明昇以十岁孩子继位，诸将争权，互相残杀，大权旁落，国势日渐衰弱。③

---

① 俞本：《皇明纪事录》，《明史·扩廓帖木儿传》。

② 姚福：《青溪暇笔》；《明史·扩廓帖木儿传》。

③《明太祖实录》卷一六。

夏国见大军压境，倚仗瞿塘天险，以铁索横断关口，凿两岸石壁，引绳做飞桥，以木板置炮石、木杆、铁铳，两岸置炮，层层布防，以为舟师绝不能过。汤和水军果然被阻，三个月不能前进一步。

夏人把重兵都配置在东线，北边防务空虚，傅友德趁机南下，连据名城，以克复城池日子写木牌，投在汉江。廖永忠得到消息，从间道绕过敌后，两面夹攻，断飞桥，烧铁索，水陆并进。夏兵抵挡不住，明昇乞降。傅友德进攻成都，成都知重庆已失，也降。十月，汤和等全定川蜀郡县，夏亡。①

陈友谅的儿子陈理和明昇，后来一起被送到高丽去住，两家子孙到明朝中期还有人看到过。②

①《明史·明玉珍传》,《国初群雄事略》卷五。

②《朝鲜李朝实录》。

第四章

大皇帝的统治术

一、大明帝国和明教

吴元年(元至正二十七年,公元 1367 年)十二月,朱元璋的北伐大军已平定山东,南征军已降方国珍,移军福建,水陆两路都势如破竹。一片捷报声使应天的文武臣僚欢天喜地,估量军力、人事和元政府的无能腐败,加上元朝将军疯狂的内讧,荡平全国已经是算得出日子的事情了。苦战了十几年,为的是什么?无非是为做大官,拜大爵位,封妻荫子,大庄园,好奴仆,数不尽的金银钱钞,用不完的锦绮绸罗,风风光光,体体面面,舒舒服服过日子,如今这个日子来了。吴王要是升一级做皇帝,王府臣僚自然也进一等做帝国将相了。朱元璋听了朱升的话,"缓称王",好容易熬了这多年才称王,称呼从主公改成殿下,如今眼见得一统在望,再也熬不住了,立刻要过皇帝瘾。真是同心一意,在前方砍杀声中,应天的君臣在商量化家为国的大典。

自然,主意虽然打定,自古以来做皇帝的一套形式,还是得照样搬演一下。照规矩，是臣下劝进三次，主公推让三次，文章都是刻板的滥调。于是，文班首长中书省左丞相宣国公李善长率文武百官奉表劝进："开基创业，既宏盛世之舆图，应天顺人，宜正大君之宝位……既膺在躬之历数，必当临御于宸居，伏冀俯从众请，早定尊称。"不用三推三让，只一劝便答应了。十天后，朱元璋搬进新盖的宫殿，把要做皇帝的意思，祭告于上帝皇祇说："惟我中国人民之君，自宋运告终，帝命真人于沙漠，入中国为天下主，其君父子及孙百有余年，今运亦终。其天下土地人民，豪杰分争。惟臣帝赐英贤，为臣之辅，遂戡定诸雄，息民于田野。今地周回二万里广，诸臣下皆曰生民无主，必欲推尊帝号，臣不敢辞，亦不敢不告上帝皇祇。是用明年正月四日于钟山之阳，设坛备仪，昭告帝祇，惟简在帝心。如臣可为生民主，告祭之日，帝祇来临，天朗气清。如臣不可，至日当烈风异景，使臣知之。"①

即位礼仪也决定了，这一天先告祀天地，再即皇帝位于南郊，丞相率百官以下和都民耆老拜贺舞蹈，连呼万岁三声。礼成，具皇帝卤簿威仪导从，到太庙追尊四代祖父母、父母都为皇帝皇后，再祭告社稷。于是皇帝服衮冕，在奉天殿受百官贺。天地社稷、祖先百官和都民耆老都承认了，朱元璋成为合法的皇帝。

皇帝的正殿命名为奉天殿，皇帝诏书的开头也规定为奉天承运。原来元时皇帝白话诏书的开头是"长生天气力里，大福荫护助里"，文言译作"上天眷命"，朱元璋以为这口气不够谦卑奉顺，改作奉作承，为"奉天承运"，表示他的一切行动都是奉天而行的，他的皇朝是承方兴之运的，谁能反抗天命？谁又敢于违逆兴运？

---

①《明太祖实录》卷二四。

洪武元年正月初四，朱元璋和文武臣僚照规定的礼仪节目，逐一搬演完了，定天下之号曰大明，建元洪武，以应天为京师。上年年底，接连下雨落雪，阴沉沉的天气，到大年初一雪停了，第二天天气更好，到行礼这一天，竟是大太阳，极好的天气，元璋才放了心。回宫时忽然想起陈友谅采石矶的故事，做皇帝这样一桩大事，连日子也不挑一个，闹得拖泥带水，衣冠污损，不成体统，实在好笑，怪不得他没有好下场。接着又想起这日子是刘基拣的，真不错，开头就好，将来会更好，子子孙孙都会好，越想越喜欢，不由得在玉辂里笑出声来。

奉天殿受贺后，立妃马氏为皇后，世子标为皇太子，以李善长、徐达为左右丞相，各文武功臣也都加官晋爵。皇族不管死的活的，全部封王。一霎时闹闹嚷嚷，欣欣喜喜，新朝廷上下充满了蓬勃的气象，新京师里添了几千家新贵族，历史上也出现了一个新朝代。①

皇族和其他家族组织成功一个新统治集团，代表这集团执行统治的机构是朝廷，这朝廷是为朱家皇朝服务的，朱家皇朝的建立者朱元璋，给他的皇朝起的名号是大明。

大明这一朝代名号的决定，事前曾经过长期的考虑。

历史上的朝代称号，都有其特殊的意义。大体上可以分作四类：第一类用初起时的地名，如秦，如汉。第二类用所封的爵邑，如隋，如唐。第三类用特殊的物产，如辽（镔铁），如金。第四类用文字的含义，如大真、大元。② 大明不是地名，也不是爵邑，更非物产，应该归到第四类。

大明这一国号出于明教。明教有明王出世的传说，主要的经典

① 《明太祖实录》卷二五。

② 赵翼：《廿二史札记》卷二九《元建国号始用文义》条。

有《大小明王出世经》。经过了五百多年公开的、秘密的传播，明王出世成为民间所熟知、所深信的预言。这传说又和佛教的弥勒降生说混淆了，弥勒佛和明王成为二位一体的人民救世主。韩山童自称明王起事，败死后，他的儿子韩林儿继称小明王，西系红军别支的明昇也称小明王。朱元璋原来是小明王的部将，害死小明王，继之而起，国号也称大明。[1] 据说是刘基提出的主意。[2]

朱元璋部下分红军和儒生两个系统，这一国号的采用，使两方面人都感觉满意。就红军方面说，大多数都起自淮西，受了彭莹玉的教化，其余的不是郭子兴的部属，就是小明王的余党，天完和汉的降将，总之，都是明教徒。国号大明，第一，表示新政权还是继承小明王这一系统，所有明教徒都是一家人，应该团结在一起，共享富贵；第二，告诉人"明王"在此，不必痴心妄想，再搞这一套花样子；第三，使人民安心，本本分分来享受明王治下的和平合理生活。就儒生方面说，固然和明教无渊源，和红军处于敌对地位，用尽心机，劝诱朱元璋背叛明教，遗弃红军，暗杀小明王，另建新朝代，可是，对于这一国号，却用儒家的看法去解释。"明"是光亮的意思，是火，分开是日月，古礼有祀"大明"朝"日"夕"月"的说法，千百年来"大明"和日月都算是朝廷的正祀，无论是列作郊祭或特祭，都为历代皇家所看重，为儒生所乐于讨论。而且，新朝是起于南方的，和以前各朝从北方起事平定南方的恰好相反。拿阴阳五行之说来推论，南方为火，为阳，神是祝融，颜色赤，北方是水，属阴，神是玄冥，颜色黑，元朝建都北平，起自更北的蒙古大漠，那么，以火制水，以阳消阴，以明

① 孙宜：《洞庭集·大明初略四》："国号大明，承林儿小明号也。"吴晗：《明教与大明帝国》，《清华学报》卅周年纪念号。

② 祝允明：《野记》卷一。

克暗，不是恰好？再则，历史上的宫殿名称有大明宫、大明殿，古神话里，“朱明”一名词把国姓和国号连在一起，尤为巧合。因此，儒生这一系统也赞成用这国号。一些人是从明教教义，一些人是从儒家经说，都以为合适、对劲。①

元朝末年二十年的混战，宣传标榜的是“明王出世”，是“弥勒降生”的预言。朱元璋是深深明白这类预言、这类秘密组织的意义的。他自己从这一套得到机会和成功，成为新兴的统治者，要把这份产业永远保持下去，传之子孙，再也不愿意、不许别的人也来要这一套，危害治权。而且，“大明”已经成为国号了，也应该保持它的尊严。为了这，建国的第一年就用诏书禁止一切邪教，尤其是白莲社、大明教和弥勒教。接着把这禁令正式公布为法律，《大明律·礼律·禁止师巫邪术》条规定：“凡师巫假降邪神，书符咒水，扶鸾祷圣，自号端公、太保、师婆，妄称弥勒佛、白莲社、明尊教、白云宗等会，一应左道乱正之术，或隐藏图像，烧香集众，夜聚晓散，佯修善事，煽惑人民，为首者绞，为从者各杖一百，流三千里。”句解：“端公、太保，降神之男子；师婆，降神之妇人。白莲社如昔远公修净土之教，今奉弥勒佛十八龙天持斋念佛者。明尊教谓男子修行斋戒，奉牟尼光佛教法者。白云宗等会，盖谓释氏支流派分七十二家，白云持一宗如黄梅、曹溪之类也。”明尊教即明教，牟尼光佛即摩尼。《昭代王章·条例》：“左道惑众之人，或烧香集徒，夜聚晓散，为从者及称为善友，求讨布施，至十人以上，事发，属军卫者俱发边卫充军，属有司者发口外为民。”善友也正是明教教友称号的一种。招判枢机定师巫邪术罪款说：“有等捏怪之徒，罔顾明时之法，乃敢立白莲社，自号端公，

① 吴晗：《明教与大明帝国》。

拭清风刀，人呼太保。尝云能用五雷，能集方神，得先天，知后世，凡所以煽惑人心者千形万状，小则人迷而忘亲忘家，大即心惑而丧心丧志，甚至聚集成党，集党成祸，不测之变，种种立见者，其害不可胜言也。”①何等可怕，不禁怎么行？温州、泉州的大明教，从南宋以来就根深蒂固地流传在民间，到明初还“造饰殿堂甚侈，民之无业者咸归之”。因为名犯国号，教堂被毁，教产被没收，教徒被逐归农。② 甚至宋元以来的明州，也改名为宁波。③ 明教徒在严刑压制之下，只好再改换名称，藏形匿影，暗地里活动，成为民间的秘密组织了。

事实是，法律的条款和制裁，并不能、也不可能阻止人民对政治的失望。朱元璋虽然建立了大明帝国，但并没有替人民解除痛苦、改善生活，故二十年后，弥勒教仍在农村里传播，尤其是江西。朱元璋在洪武十九年年底告诫人民说：“元政不纲，天将更其运祚，而愚民好作乱者兴焉。初本数人，其余愚者闻此风而思为之，合共谋倡乱。是等之家，吾亲目睹……秦之陈胜、吴广，汉之黄巾，隋之杨玄感、僧向海明，唐之王仙芝，宋之王则等辈，皆系造言倡乱者，致干戈横作，物命损伤者既多。比其事成也，天不与首乱者，殃归首乱，福在殿兴。今江西有等愚民，妻不谏夫，夫不戒前人所失，夫妇愚于家，反教子孙，一概念诵南无弥勒尊佛，以为六字，又欲造祸，以殃乡里……今后良民凡有六字者即时烧毁，毋存毋奉，永保己安，良民戒之哉！”特别指出凡是造言首事的都没有好下场，“殃归首乱”，只有自己是跟从的，所以“福在殿兴”。劝人民不要首事肇祸，脱离弥勒教，翻来覆去地说，甚至不惜拿自己做例证，可以看出当时民间对现

---

① 以上并据“玄览堂丛书”本《昭代王章》。

② 宋濂：《芝园续集》卷四《故岐宁卫经历熊府君墓铭》；何乔远：《闽书》卷七《方域志》。

③ 吕毖：《明朝小史》卷二。

实政治的不满意和渴望光明的情形。

政府对明教的压迫虽然十分严厉，小明王在西北的余党却仍然很活跃。从洪武初年到永乐七年(公元 1409 年)四十多年间，王金刚奴自称四天王，在沔县西黑山天池平等处，以佛法惑众，其党田九成自称后明皇帝，年号还是龙凤，高福兴自称弥勒佛，帝号和年号都直承小明王，根本不承认这个新兴的朝代。前后攻破屯寨，杀死官军。[①] 同时西系红军的根据地蕲州，永乐四年“妖僧守座聚男女，成立白莲社，毁形断指，假神煽惑”被杀。永乐七年在湘潭，十六年在保定新城县，都曾爆发弥勒佛之乱。[②] 以后一直下来，白莲教、明教的教徒在不同时期、不同地点传播以至起义，可以说是史不绝书。虽然都被优势的武力所平定了，也可以看出这时代，人民对政府的看法和愤怒的程度。[③]

二、 农民被出卖了！

朱元璋经过二十几年的现实教育，在流浪生活中，在军营里，在作战时，在后方，随处学习，随时训练自己，更事事听人劝告，征求专家的意见。他在近代史上，不但是一个以屠杀著名的军事统帅，也是一个最阴险残酷的政治家。

他的政治才能表现在所奠定的帝国规模上。

---

①《明成祖实录》卷九〇；沈德符：《野获编》卷二〇《冉僭龙凤年号》。

②《明成祖实录》卷五六、九六、二〇〇。

③ 本节参看吴晗：《明教与大明帝国》。

在红军初起时，标榜复宋，韩林儿诈称是宋徽宗的子孙，固然可以暂时地产生政治刺激作用，可是这时距宋朝灭亡已经七十年了，宋朝的遗民故老死亡已尽，七十年后的人民对历史上的皇朝，对一个被屈辱的家族，并不感觉到亲切、怀念、依恋。而且，韩家父子是著名的白莲教世家，突然变成赵家子孙，谁都知道是冒牌，真的都不见得有人理会，何况是假货？到朱元璋北伐时，严正地提出民族独立自主的新号召，汉人应该由汉人自己治理，应该用自己的方式生活，保存原有的文化系统。这一崭新的主张，博得了全民族的热烈拥护，瓦解了元朝治下汉官汉兵的敌对心理。在檄文中，更进一步提出，蒙古人、色目人只要参加这一文化系统，就一同保护，认其为皇朝的子民。这一举措，不但减少了敌人的抵抗和挣扎行为，并且也吸引过来一部分敌人，化敌为友。到开国以后，这同化的主张仍然被尊为国策，对于参加华族文化集团的外族，并不歧视，蒙古、色目的官吏和汉人同样登用，在朝廷有做到尚书、侍郎大官的，地方做知府、知县，一样临民办事。① 在军队里更多，甚至在亲军中也有蒙古军队和军官。② 由政府编制勘合(合同文书)，给赐汉人姓名，和汉人一无分别。③ 婚姻则制定法令，准许和汉人通婚，务必要两厢情愿，如汉人不愿，许其同族自相嫁娶。④ 这样，蒙古人、色目人陶育融冶，几代以后，都同化为中华民族的成员了。内中有十几家军人世家，替明朝立下不可磨灭的功绩。对于塞外的外族，则继承元朝的抚育政策，告诉他们新朝仍和前朝一样，尽保护提携的责任，各安生

---

①《明太祖实录》卷一九九、二〇二，《明史》卷一三八《周祯传》、卷一四〇《道同传》。

②《明太祖实录》卷七一、一九〇。

③《明太祖实录》卷五〇，《明成祖实录》卷三三。

④《大明律》卷六《户律》。

理，不要害怕。

相反的，下诏书恢复人民的衣冠，如唐朝的式样；蒙古人留下的习俗，辫发、椎髻、胡服（男子着裤褶窄袖及辫线腰褶，妇女衣窄袖短衣，下服裙裳）、胡语、胡姓一切禁止。[①] 蒙古习俗丧葬作乐娱尸，礼仪官品座位以右手为尊贵，也逐一改正。[②] 复汉官之威仪，参酌古代礼经和事实需要，规定了各阶层的生活服、用、房舍、舆从种种规范和标准，使人民有所遵守。

红军之起，最主要的目的是要实现经济的、政治的、民族的地位平等。在民族方面说，大明帝国的建立已经使汉族成为统治民族，有压迫少数民族的特权，而无被异族压迫的痛苦了。可是，在经济政治方面，虽然推翻了异族对汉族的特权，但就中华民族本身而言，地主对农民的剥削压迫特权，并没有因为胡人被逐走而有所改变。

元末的农民，大部分参加红军，破坏旧秩序和旧的统治机构。地主恰好相反，他们要保全自己的生命财产，就不能不维持旧秩序，就不能不拥护旧政权。在战争爆发之后，地主们用全力来组织私军，称为民军或义军，建立堡寨，抵抗农民的袭击。这一集团的组成分子，包括现任和退休的官吏、乡绅、儒生和军人，总之，都是丰衣足食、面团团的地主阶层人物。这些人受过教育，有知识，有组织能力，在地方有号召的威望。虽然各地方的地主各自作战，没有统一的指挥和作战计划，战斗力量也有大小强弱之不同，却不可否认是一个比元朝军队更为壮大、更为顽强的力量。他们绝不和红军妥协，也不和打家劫舍的草寇或割据一隅的群雄合作。可是，等到有一个新政权建立，而这一个新政权是有足够的力量保护地主利益、

①《明太祖实录》卷三〇。

②《明史・太祖本纪》。

维持地方秩序的时候，也就毫不犹豫地拥戴这一属于他们自己的新政权了。[1] 同时，新朝廷的一批新兴贵族、官僚，也因劳绩获得大量土地，成为新的地主。（洪武四年十月的公侯佃户统计，六国公二十八侯，凡佃户三万八千一百九十四户。）[2]新政府对这两种地主的利益，是不敢，也不能不特别尊重的。这样，农民的生活问题，农民的困苦，就被搁在一边，无人理睬了。

朱元璋和大部分臣僚都是农民出身的，过去曾亲身受过地主的剥削和压迫。但在革命的过程中，本身的武装力量不够强大，眼看着小明王是被察罕帖木儿、李思齐和孛罗帖木儿两支地主军打垮了的，为了要成事业，不能不低头赔小心，争取地主们的人力、财力的合作。又恨又怕，在朱元璋的心坎里，造成了微妙的、矛盾的、敌对的心理，产生了对旧地主的两面政策。正面是利用有学识、有社会声望的地主，任命为各级官吏和民间征收租粮的政府代理人，建立他的官僚机构。原来经过元末多年的战争，学校停顿，人才缺乏，将军们会打仗，不会做办文墨的事务官。有些读书人，怕朱元璋的残暴、侮辱，百般逃避，抵死不肯做官，即使立了“士人不为君用”就要杀头的条款，还是逼不出够用的人才。没奈何，只好拣一批合用的地主，叫作税户人才，任为地方县令长、知州、知府、布政使，以至朝廷的九卿。另外，因为地主熟悉地方情形，收粮和运粮都比地方官经手方便且省事，而且可以省去一层中饱，乃规定每一收粮万石的地方，派纳粮最多的大地主四人做粮长，管理本区的租粮收运。这样，旧地主做官、做粮长，加上新贵族、新官僚的新地主，构成了新的

① 吴晗：《元帝国之崩溃与明之建国》，《清华学报》十一卷二期。

②《明太祖实录》卷六八。

统治集团。[1] 反面则用残酷的手段，消除不肯合作的旧地主。一种惯用的方法是强迫迁徙，使地主离开原有土地，集中到濠州、京师（今江苏南京）、山东、山西等处，釜底抽薪，根本削除了他们在地方的势力。另一种是用苛刑诛灭，假借种种政治案件，株连牵及，一网打尽，灭门抄家。洪武朝的几桩大案，如胡惟庸案、蓝玉案、空印案，屠杀了几万家，不用说了，甚至地方上一个皂隶的逃亡，就屠杀抄没了几百家。洪武十九年，朱元璋公布这案子说："民之顽者，莫甚于溧阳、广德、建平、宜兴、安吉、长兴、归安、德清、崇德蒋士鲁等三百七户。且如潘富系溧阳县皂隶，教唆官长贪赃枉法，自己挟势持权，科民荆杖。朕遣人按治，潘富在逃，自溧阳节次递送至崇德豪民赵真胜奴家。追者回奏，将豪民赵真胜奴并二百余家尽行抄没，持杖者尽皆诛戮，沿途节次递送者一百七十户，尽行枭令，抄没其家。"[2] 豪民尽皆诛戮，抄没的田产当然归官，再由皇帝赏赐给新贵族、新官僚，用屠杀的手段加速改变土地的持有人。据可信的史料，三十多年中，浙东浙西的故家巨室几乎到了被肃清的地步。[3]

为了增加政府的收入，实现财力和人力的充分利用，朱元璋用二十年的工夫，大规模举行土地丈量和人口普查，六百年来若干朝代若干政治家所不能做到的事情，算是划时代地完成了。丈量土地的原因，是因为过去六百年没有实地普遍调查，土地簿籍和实际情形完全不符合，而且连不符合的簿籍大部分都已丧失，半数以上的土地不在簿籍上，逃避政府租税；半数的土地面积和负担轻重不一样，极不公平。地主的负担转嫁给贫农，土地越多的交租越少，土地

① 吴晗：《明代之粮长及其他》，《云南大学学报》第一期，1938 年。

②《大诰三编·递送潘富第十八》。

③ 吴晗：《明代之粮长及其他》。

越少的交租越多，由之，富的愈富，穷的更穷。经过实际丈量以后，所有过去逃税的土地登记完粮。全国土地，记载田亩面积方圆，编列字号和田主姓名，制成文册，名为鱼鳞图册。政府据以定赋税标准。洪武二十六年（公元1393年），全国水田总数八百五十万七千六百二十三顷①，夏秋二税收麦四百七十余万石，米二千四百七十余万石，和元代全国岁入粮数一千二百十一万四千七百余石比较，增加了一倍半。②

人口普查的结果，编定了赋役黄册，把户口编成里甲，以一百一十户为一里，推丁粮多的地主十户做里长，余百户为十甲，每甲十户，设一甲首。每年以里长一人、甲首一人，管一里一甲之事，先后次序根据丁粮多少，每甲轮值一年。十甲在十年内先后轮流为政府服义务劳役。一甲服役一年，有九年的休息。每隔十年，地方官以丁粮增减重新编定黄册，使之合乎实际。洪武二十六年统计，全国有户一千六百五万二千六百八十，口六千五十四万五千八百十二③，比之元朝极盛时期——世祖时期的户口，户一千一百六十三万三千二百八十一，口五千三百六十五万四千三百三十七④，户增加了四百四十万，口增加了七百万。

表面上，派大批官吏核实全国田土，定其赋税，详细记载原坂、坟衍、下隰、沃瘠、沙卤的区别，凡置卖田土，必须到官府登记税粮科则，免去贫民产去税存的弊端；十年一次的劳役，轮流休息，又似乎

①《明史·食货志一·田制》。

②《明史·食货志二·赋役》。《明太祖实录》卷二三〇作“粮储三千二百七十八万九千八百余石”。《元史》卷九三《食货志·税粮》。

③《明史·食货志·户口》。《明太祖实录》卷二一四：“洪武二十四年十二月，天下郡县更造赋役黄册成，计人户一千六十八万四千四百三十五，口五千六百七十七万四千五百六十一。”

④《元史》卷九三《食货志·农桑》。

是替一般穷人着想的。其实，穷人是得不到好处的，因为执行丈量的是地主，征收租粮的还是地主，里长甲首依然是地主，地主是绝不会照顾小自耕农和佃农的利益的。而且，愈是大地主，愈有机会让子弟受到教育，通过科举成为官僚绅士，官僚绅士享有非法的逃避租税、合法的免役之权。前一例子，朱元璋说得很明白："民间洒派、包荒、诡寄、移丘、换段，这等俱是奸顽豪富之家，将次没福受用财富田产，以自己科差洒派细民。境内本无积年荒田，此等豪猾，买嘱贪官污吏，及造册书算人等，当科粮之际，作包荒名色，征纳小户。书算手受财，将田洒派，移丘换段，作诡寄名色，以此靠损小民。"①后一例子，洪武十年（公元 1377 年）朱元璋告诉中书省官员："食禄之家，与庶民贵贱有等，趋事执役以奉上者，庶民之事也。若贤人君子，既贵其身，而复役其家，则君人野人无所分别，非劝士待贤之道。自今百司见任官员之家，有田土者，输租税外，悉免其徭役。著为令。"②不但见任官，乡绅也享受这特权。洪武十二年又著令："自今内外官致仕还乡者，复其家终身无所与。"③连在学的学生、生员之家，除本身外，户内也优免二丁差役。④ 这样，现任官、乡绅、生员都逃避租税、豁免差役，完粮当差的义务便完全落在自耕农和贫农的身上了。他们不但出自己的一份，连官僚绅士地主的一份，也得一并承担下来。统治集团所享受的特权，造成了更激烈的、加速度的兼并。土地愈集中，人民的负担愈重，生活愈困苦。这负担据朱元璋说是"分"，即应尽的义务，洪武十五年他叫户部出榜晓谕两浙江西之民

---

①《大诰续编·洒派包荒第四五》。

②《明太祖实录》卷一一一。

③《明太祖实录》卷一二六。

④ 张居正：《太岳集》卷三九，《请申旧章饬学政以振兴人才疏》。

说："为吾民者当知其分，田赋力役出以供上者，乃其分也。能安其分，则保父母妻子，家昌身裕，为忠孝仁义之民。"不然呢？"则不但国法不容，天道亦不容矣！"应该像"中原之民，惟知应役输税，无负官府"。只有如此，才能"上下相安，风俗淳美，共享太平之福"①！

里甲的组织，除了精密动员人力以外，最主要的任务是布置全国性的特务网，严密监视并逮捕危害统治的人物。

朱元璋发展了古代的传、过所、公凭这一套制度，制定了路引（通行证或身份证）。法律规定："凡军民人等往来，但出百里即验文引。如无文引，必须擒拿送官。仍许诸人首告，得实者赏，纵容者同罪。天下要冲去处，设立巡检司，专一盘诘往来奸细及贩卖私盐犯人、逃囚、无引面生可疑之人。"②处刑的办法："凡无文引，私度关津者杖八十。若关不由门，津不由渡而越度者杖九十。若越度缘边关塞者，杖一百，徒三年；因而出外境者绞。"军民的分别："若军民出百里之外不给引者，军以逃军论，民以私度关津论。"这制度把人民的行动范围，用无形的铜墙铁壁严密圈禁。路引是要向地方官请领的，请不到的，便被禁锢在生长的土地上，行动不能出百里之外。

要钳制监视全国人民，光靠巡检司是不够的，里甲于是被赋予了辅助巡检司的任务。朱元璋在洪武十九年手令"要人民互相知丁"，知丁是监视的意思。

诰出，凡民邻里互相知丁。互知务业，俱在里甲，县府州务必周知。市村绝不许有逸夫。若或异四业而从释道者，户下除名。凡有夫丁，除公占外，余皆四业，必然有效。

---

①《明太祖实录》卷一五〇。

② 弘治《太明会典》卷一一三。

一、知丁之法：某民丁几，受农业者几，受士业者几，受工业者几，受商业者几。且欲士者志于士，进学之时，师友某氏，习有所在，非社学则入县学，非县必州府之学，此其所以知士丁之所在。已成之士为未成士之师，邻里必知生徒之所在。庶几出入可验，无异为也。

一、农业者不出一里之间，朝出暮入，作息之道互知焉。

一、专工之业，远行则引明所在，用工州里，往必知方。巨细作为，邻里采知。巨者归迟，细者归疾，出入不难见也。

一、商本有巨微，货有重轻，所趋远近水陆，明于引间。归期艰，限其业，邻里务必周知。若或经年无信，二载不归，邻里当觉(报告)之询故。本户若或托商在外非为，邻里勿干。

逸夫指的是无业的危险分子。如不执行这命令：

一里之间，百户之内，仍有逸夫，里甲坐视，邻里亲戚不拿，其逸夫或于公门中，或在市闾里，有犯非为，捕获到官，逸夫处死，里甲四邻化外之迁，的不虚示。①

又说：

此诰一出，自京为始，遍布天下。一切臣民，朝出暮入，务必从容验丁。市井人民，舍客之际，辨人生理，验人引目。生理是其本业，引目相符而无异，犹恐托业为名，暗有他为。虽然业与引合，又识重轻巨微贵贱，倘有轻重不伦，所赍微细，必假此而他故也，良民察焉。②

---

①《大诰续编·互知丁业第三》。

②《大诰续编·辨验丁引第四》。

异为，非为，他为，他故，都是法律术语，即不轨、不法的意思。前一手令是里甲邻里的连坐法，后一手令是旅馆检查规程，再三叮咛训示，把里甲和路引制度关联成为一体，不但圈禁人民在百里内，而且用法律、用手令强迫每一个人都成为政府的代表，执行调查、监视、告密、访问、逮捕的使命。①

三、 新官僚养成所

专制独裁的君主，用以维持和巩固皇权的两套法宝，一是军队，二是官僚机构。用武力镇压，用公文统治，皇权假如是车子，军队和官僚便是两个车轮，缺一不可。

朱元璋从亲兵爬到宋朝的丞相国公，做吴王，一直做到皇帝，本来是靠武力起的家，有的是军队，再加上刘基的组织方案——军卫法，一个轮子有了。

另一个轮子可有点麻烦，从朝廷到地方，从部院省寺府监到州县，各级官僚十几万人，白手起家的朱元璋，从哪儿去找这么些听话的、忠心的、能干的文人？

用元朝的旧官僚吧？经过二十年战争的淘汰，生存的已为数不甚多，会办事有才力的一批，早已来投效了。不肯来的，放下脸色一吓唬，说是："您不来，敢情在打别的主意？"②也不敢不来。剩下的不

① 吴晗：《传・过所・路引的历史》，《中国建设》月刊第五卷第四期。

② 《明史》卷二八五《张以宁传》附《秦裕伯传》。

是贪官污吏，便是老朽昏庸；不是眷怀旧国的恩宠，北迁沙漠，[①]便是厌恶新朝的暴发户派头，恐惧新朝的屠杀侮辱，遁迹江湖，埋名市井。[②] 尽管新朝用尽了心机，软说硬拉，要凑齐这个大班子，人数还差得太远。

第二想到的是元朝的吏。元朝是以吏治国的。从元世祖以后，甚至执政大臣也用吏来充当，造成风气。[③] 朱元璋深知法令愈繁冗，条格愈详备，一般人不会办，甚至不能懂，吏就愈方便舞文弄弊，闹成吏治代替了官治，代替了君治，这是万万要不得的。[④]

第三只好起用没有做过官的读书人了。读书人当然想做官，可是也有顾忌。顾忌的是失身份："海岱初云扰，荆蛮遂土崩。王公甘久辱，奴仆尽同升。"[⑤]和奴仆同升也许还不大要紧，要紧的是这个政权还不大巩固，对内未统一；对外，北边蒙古还保有强大力量。顾忌的是这个政权是淮帮，大官位都给淮人占完了："两河兵合尽红巾，岂有桃源可避秦？马上短衣多楚客，城中高髻半淮人。"[⑥]更顾忌的是恐怖的屠杀凌辱，做官一有差跌，不是枭首种诛，便是戴斩罪镣足办事，"以鞭笞捶楚为寻常之辱，以屯田工役为必获之罪"。[⑦] 不是不得已，又有谁敢做官？

第四是任用地主做官，称为荐举。有富户、耆民、孝弟力田、税户人才（纳粮最多的大地主）等名目。有一出来便做朝廷和地方的

---

①《明史》卷一二四《扩廓帖木儿传》附《蔡子英传》，《明太祖实录》卷一一〇《蔡子英传》。

②《明史》卷二八五《杨维桢传》《丁鹤年传》。

③ 余阙：《青阳先生文集》卷四《杨君显民诗集序》。

④《明太祖实录》卷二六、一二六。

⑤ 贝琼：《清江贝先生诗集》卷八《黄湾述怀二十二韵寄钱思复》。

⑥《清江贝先生诗集》卷五《秋思》。

⑦《明史》卷一三九《叶伯巨传》。

大官的，最多的一次到过三千七百多人。[①] 可是，还不够用，而且，这些地主官僚的作风，也不完全适合新朝统治的需要。

旧的人才不够用，只好想法培养新的了。朱元璋决心用自己的方法，新造一个轮子——国子监，来训练大量的新官僚。[②]

国子监的教职员，从祭酒（校长）、司业、博士、助教、学正到监丞，都是朝廷命官，任免都出于吏部，国子监官到监是上任做官，学校是学校官的衙门。政治和教育一体，官僚和师儒一体。祭酒虽然是衙门首长，“严立规矩，表率属官”，但是，并无聘任教员之权，因为一切教职员都是吏部派的。监丞品位虽低，却参领监事，凡教官怠于师训，生员有戾规矩，课业不精，并从纠举。不但管学生规矩课业，还兼管教员教课成绩。办公处叫绳愆厅，特备有行扑红凳二条，拨有直厅皂隶二名，“扑作教刑”，刑具是竹篦，皂隶是行刑人，红凳是让学生伏着挨打的。照规定，监丞立集愆册一本，各堂生员敢有不遵学规，即便究治。初犯记录（记过），再犯决竹篦五下，三犯决竹篦十下，四犯发遣安置（开除，充军，罚充吏役）。监丞对学生，不但有处罚权，而且有执行刑讯之权，学校、法庭、刑场合而为一。当然，判决和执行都是片面的，学生绝对没有辩解申说和要求上诉的权利。膳夫由朝廷拨死囚服役，如三遍不听使令，即处斩刑，学校又变作死囚的苦工场了。[③]

学校的教职员全是官，学生呢？来源有两类，一类是官生，一类是民生。官生又分两等，一等是品官子弟，一等是外夷子弟（包括日本、琉球、暹罗和西南土司子弟）。官生是由皇帝指派分发的，民生

---

①《明史》卷七一《选举志》。

② 黄佐：《南雍志》卷九《学规本末》。

③《南雍志》卷十《谟训考》。

是由各地地方官保送府州县学的生员。[1] 原来立学的目的，是为了训练官生如何去执行统治，名额是一百五十名，民生只占五十名。[2] 后来官生入学的日少，民生依法保送的日多，以洪武二十六年(公元1393年)的在学人数为例，总数八千一百二十四名，里面官生只有四名。国子监已经失去原来的用意，成为广泛训练民生做官的机构了。

功课内容分御制《大诰》、《大明律令》、四书五经、刘向《说苑》等书。[3] 最重要的是《大诰》。《大诰》是朱元璋自己写的，还有《续编》《三编》《大诰武臣》，一共四册。主要的内容是列举所杀官民罪状，使官民知所警戒，和教人民守本分，纳田租，出夫役，老老实实听朝廷当差的训话。洪武十九年以《大诰》颁赐监生，二十四年令"今后科举岁贡生员，俱以《大诰》出题试之"。礼部行文国子监正官，严督诸生熟读讲解，以资录用，有不遵者，以违制论。[4] 违制是违抗圣旨的法律术语，这罪名是非同小可的。至于《大明律令》，因为学生的出路是做官，当然是必读书。四书五经是儒家的经典，治国平天下的大道理都在里面。孔子的思想是没有问题的，尊王正名，君君臣臣父父子子这一大套，最合帝王的脾胃，所以朱元璋面谕国子博士："一以孔子所定经书诲诸生。"[5]至于《孟子》就不同了，洪武三年，他开始读这本书，读到好些对君上不客气的地方，大发脾气，对人说："这老头要是活到今天，非严办不可！"下令国子监撤去孔庙中的孟

①《南雍志》卷一五。

②《大明律令》。

③《南雍志》卷一，《皇明太学志》卷七。

④《南雍志》卷一。

⑤《南雍志》卷一。

子牌位，把孟子逐出孔庙。后来虽然迫于舆论，恢复孟子配飨，对于这部书还是认为有反动毒素，得经过严密检查。洪武二十七年(公元1394年)，特别敕命组织《孟子》审查委员会，执行检删职务的是当时的老儒刘三吾。把《尽心》篇的“民为贵，社稷次之，君为轻”，《梁惠王》篇“国人皆曰贤，国人皆曰可杀”一章，“时日曷丧，予及汝偕亡!”和《离娄》篇“桀纣之失天下也，失其民也。失其民者，失其心也”一章，《万章》篇“天与贤则与贤”一章，“天视自我民视，天听自我民听”“君有大过则谏，反覆之而不听，则易位”，以及类似的“闻诛一夫纣矣，未闻弑君也”“君之视臣如草芥，则臣视君如寇仇”，一共八十五条，以为这些话，不合“名教”，太刺激了，全给删节掉了。只剩下一百七十几条，刻板颁行全国学校。这部经过凌迟碎割的书，叫作《孟子节文》。所删掉的一部分，“课士不以命题，科举不以取士”。[①] 至于《说苑》，是因为“多载前言往行，善善恶恶，昭然于方册之间，深有劝戒”，是作为修身或公民课本被指定的。此外，也消极地指定一些不许诵读的书，例如“苏秦张仪，繇战国尚诈，故得行其术，宜戒勿读”。[②] 由此可见学校功课的项目，内容的去取，必读书和禁读书，学校教官是无权说话的，一切都由皇帝御定。有时高兴，他还出题目，所谓“圣制策问”，来考问学生呢!

学生日课，规定每日写字一幅，每三日背《大诰》一百字，五经一百字，四书一百字，每月作文六篇，违者都是痛决(打)。低年级生只通四书的，入正义、崇志、广业三堂，中等文理条畅的升入修道、诚心

---

①《明史》卷一三九《钱唐传》、卷五四《礼志》；李之藻：《叛宫礼乐疏》卷二；全祖望：《鲒琦亭集》卷三五《辨钱尚书争〈孟子〉事》；北京图书馆藏洪武二十七年刊本《孟子节文》；刘三吾：《孟子节文题辞》，《读书与出版》二卷四期；容肇祖：《明太祖的〈孟子节文〉》。

②《南雍志》卷一。

二堂，在学满七百天，经史兼通的入率性堂。率性堂生一年内考试满八分的予出身(做官)。①

监生的制服叫襕衫，也是御定的。膳食全公费，阁校会馔。有家眷的特许带家眷入学，每月支食粮六斗。监生和教员请假或回家，都要经皇帝特许。②

管制学校的监规，是钦定的，极为严厉。前后增订一共有五十六款。学生对课业有疑问，必须跪听。绝对禁止对人对事的批评，禁止团结组织，甚至班与班之间也禁止来往，又不许议论饮食美恶，不许穿常人衣服。有事先于本堂教官处通知，毋得径行烦紊。凡遇出入，务要有出恭入敬牌。还有无病称病，出入游荡，会食喧哗，点闸(名)不到，号房(宿舍)私借他人住坐，酣歌夜饮等二十七款，下文都是违者痛决。最最严重的一款是"敢有毁辱师长，及生事告讦者，即系干名犯义，有伤风化，定将犯人杖一百，发云南地面充军"。③ 朱元璋寄托培养官僚的全部责任于国子监，这一条的法意就是授权监官，用刑法清除所有不服从和敢于抗议的监生。毁辱师长的含义是非常广泛的，无论是语言、文字、行动、思想上的不同意，以至批评，都可任意解释。至于生事告讦，更可随便应用，凡是不遵从监规的，不满意现状的，要求对教学及生活有所改进的，都可以援用这条款片面判决之，执行之。国子监第一任祭酒宋讷是这条监规的起草人，极其严酷。在他的任内，监生走投无路，经常有人被强制饿死，被迫缢死。祭酒连尸首也不肯放过，一定要当面验明，才许收殓。④

---

①《南雍志》卷九。

②《南雍志》卷一。

③《南雍志》卷九《学规本末》。

④《廿二史札记》卷三一《〈明史〉立传多存大体》条引叶子奇《草木子》。晗按：通行本《草木子》无此条。

后来他的儿子宋复祖当司业，也学父亲的办法，“诫诸生守讷学规，违者罪至死”。[①] 学录金文征反对宋讷的过分残暴，想法子救学生，向皇帝控诉说：“祭酒办学太严，监生饿死了不少。”朱元璋不理会，说是祭酒只管大纲，监生饿死，罪坐亲教之师。文征又设法和同乡吏部尚书余熂商量，由吏部出文书令宋讷以年老退休。这年宋讷七十五岁，照规定是该告老的，不料宋讷在辞别皇帝时，说出并非真心要辞官。朱元璋大怒，追问缘由，立刻把余熂、金文征和一些关联的教官都杀了，还把罪状榜示在监前，也写在《大诰》里头。这次反迫害的学潮，在一场屠杀后被压平。[②]

洪武二十七年，第二次学潮又起，监生赵麟受不了虐待，出壁报提出抗议。照监规是杖一百充军，为了杀一儆百，朱元璋法外用刑，把赵麟杀了，并且在监前立一长竿，枭首示众。二十八年，他又颁行《赵麟诽谤册》和《警愚辅教》二录于国子监。到三十年七月二十三日，又召集祭酒和本监教官监生一千八百二十六名，在奉天门当面训话整顿学风，他说：

> 恁学生每听着：先前那宋讷做祭酒呵，学规好生严肃，秀才每循规蹈矩，都肯向学，所以教出来的个个中用，朝廷好生得人。后来他善终了，以礼送他回乡安葬，沿路上着有司官祭他。
>
> 近年着那老秀才每做祭酒呵，他每都怀着异心，不肯教诲，把宋讷的学规又改坏了，所以生徒全不务学，用着他呵，好生坏事。
>
> 如今着那年纪小的秀才官人每来署学事，他定的学规，恁

① 《明史》卷一三七《宋讷传》。

② 《南雍志》卷一、卷十，《明史·宋讷传》。

> 每当依着行。敢有抗拒不服，撒泼皮，违犯学规的，若祭酒来奏着恁呵，都不饶，全家发向武烟瘴地面去，或充军，或充吏，或做首领官。
>
> 今后学规严紧，若无籍之徒，敢有似前贴没头帖子，诽谤师长的，许诸人出首，或绑缚将来，赏大银两个。若先前贴了票子，有知道的，或出首，或绑缚将来呵，也一般赏他大银两个。将那犯人凌迟了，枭令在监前，全家抄没，人口迁发烟瘴地面。钦此！①

和统制监生一样，国子监的教官也是在严刑重罚的约束之下的。以祭酒为例，三十多年来的历任祭酒，只有以残酷著名的宋讷是善终在任上，死后的恩礼也特别隆重，可以说是例外，其他的不是得罪被放逐，便是被杀。②

痛决、充军、罚充吏役、枷镣终身、饿死、自缢死、枭首示众、凌迟，一大串刑罚名词，明初的国子监与其说是学校，不如更合适地说是集中营，是刑场。不只是学生，也包括教官在内，在受死亡所威胁的训练下，造成的是绝对服从的、无思想的、奴性的官僚。

从洪武二年到三十一年这一时期监生任官的情形来看，第一，监生并没有一定的任官资序，最高的有做到地方大吏从二品的布政使，最低的做正九品的县主簿，以至无品级的教谕。第二，监生也没有固定的任官性质，朝廷的部院官、监察官，地方最高民政财政官、司法官，以至无所不管的亲民的府州县官和学校官，监生万能，几乎无官不可做。第三，除做官以外，在学的监生，有奉命出使的，有奉

---

①《南雍志》卷十《谟训考》。

②《南雍志》卷一。

命巡行列郡的，有稽核百司案牍的，有到地方督修水利的，有执行丈量、记录土地面积、定粮的任务的，有清查黄册的（每年一千二百人），有写本的，有在各衙门办事的，有在各衙门历事的（实习），几乎无事不能做。第四，三十年来监生的任官，以洪武二年和二十六年为最高（洪武二年擢监生为行省左右参政、各道按察司佥事及知府等官，二十六年以监生六十四人为行省布政、按察两使及参政、参议、副使、佥事等官），十九年为最多（命祭酒、司业择监生千余人送吏部，除授知州、知县等职），“故其时布列中外者，太学生最盛”。①大体说来，从十五年以后，监生的出路，已渐渐不如初年，从做官转到做事，朝廷利用大批监生做履亩定粮、督修水利、清查黄册等基层技术工作。至于为什么洪武二年和二十六年，大量利用监生做高官呢？理由是：第一，刚开国人才不够，如上文所说过的，没有别的人可用，只能以受过训练的监生出任高官。第二，洪武二十六年二月蓝玉被杀，牵连致死的文武官僚、地方大吏为数极多，许多衙门都缺正官，监生因之大走官运。至于为什么洪武十九年监生任官的竟有千余人之多呢？那是因为上年闹郭桓贪污案，供词牵连到直省官吏，因而系死者有几万人，下级官吏缺得太多的缘故。至于为什么从洪武十五年以后，监生做官的出路一天不如一天呢？那是因为从十五年以后，会试定期举行，每三年一次，进士在发榜后即刻任官，要做官的都从进士科出身，甚至监生也多从进士科得官，官僚从科举制度里出来。国子监失去了培养官僚的独占地位。进士释褐授官，这些官原来都是监生的饭碗，进士日重，监生日轻，只好去做基层技术工作和到诸司去历事了。

---

①《南雍志》卷一，《明史》卷六九《选举志》。

地方的府州县学和国子监一样，生员都是供给廪膳（公费）的，从监生到生员都享有免役权，法律规定“免其家差徭二丁”。

洪武十五年，颁发禁例十二条于全国学校，镌立卧碑，置于明伦堂之左，不遵者以违制论。禁例中最重要的是：“生员家若非大事，毋轻至于公门。”“生员父母欲行非为，则当再三恳告。”前一条不许生员交结地方官，后一条要使生员为皇家服务，替朝廷消弭“非为”。另一条“军民一切利病，并不许生员建言。果有一切军民利病之事，许当该有司，在野贤才，有志壮士，质朴农夫，商贾技艺，皆可言之，诸人毋得阻当，惟生员不许！”[①]重复地说“不许生员建言”，“惟生员不许”。为什么单单剥夺了生员讨论政治的权利呢？因为他害怕群众，害怕组织，尤其害怕有群众基础、有组织能力的知识分子。

地方学校之外，洪武八年又诏地方立社学——乡村小学。

府州县学和社学都以《御制大诰》和《大明律令》作主要必修科。

在官僚政治之下，地方学校只存形式，学生不在学，师儒不讲论。社学且成为官吏迫害、剥削人民的手段，“有愿读书无钱者不许入学；有三丁四丁不愿读书者，受财卖放，纵其愚顽，不令读书。有父子二人，或农或商，本无读书之暇，却乃逼令入学。有钱者又纵之，无钱者虽不暇读书，又不肯放，将此凑生员之数，欺诳朝廷”。[②]朱元璋虽然要导民为善，却对官僚政治无办法，叹一口气，只好把社学停办，省得“逼坏良民不暇读书之家”。[③]

除国子监以外，政府官吏的来源是科举制度。国子监生可以不由科举，直接任官，而从科举出身的人则必须是学校的生员（俗称秀

---

① 《大明会典》卷七八《学校》。

② 《大诰·社学第四十四》。

③ 吴晗：《明初的学校》，参看《清华学报》十四卷二期。

才），每三年在省城会考一次，称为乡试，及格的为举人。各布政司举人的名额是一定的，除直隶（今江苏、安徽）百人最多，广东、广西二十五人最少，其他布政司都是四十人。第二年全国举人会考于京师，称为会试。会试及格的再经一次复试，地点在殿廷，叫作廷试，亦称殿试。这复试是形式上的，主要意义是让皇帝自己来主持这抡才大典，选拔之权，出于一人，及格的是天子门生，自然应该死心塌地替皇家服务。发榜一二三甲（等），一甲只有三人，状元、榜眼、探花，赐进士及第。二甲若干人，赐进士出身。三甲若干人，赐同进士出身。状元、榜眼、探花的名号是御定的，民间又称乡试第一名为解元，会试第一名为会元，二三甲第一名为传胪。乡试由布政使司主持，会试由礼部主持。状元授翰林院修撰，榜眼、探花授编修，二三甲考选庶吉士的为翰林官，其他或授给事御史、主事中书、行人评事。太常国子博士，或授府推官、知州、知县等官。举人、贡生会试不及格，改入国子监，也可选做小京官，或做府佐和州县正官以及学校教官。

科举各级考试，专用四书五经来出题目。文体略仿宋经义，要用古人口气说话，只能根据几家指定的注疏发挥，绝对不许有自己的见解。体裁排偶，叫作八股，也称制义。这制度是朱元璋和刘基商量决定的。十五年以后，定制子、午、卯、酉年乡试，辰、戌、丑、未年会试，乡试在八月，会试在二月。每试分三场，初场试四书义三道，经义四道；二场试论一道，判一道，诏诰表内科（选）一道；三场试经史时务策五道。①

学校和科举并行，学校是科举的阶梯，科举是学生的出路。学

① 《明史》卷七十《选举志》。

生通过科举便做官，不但忘了学校，也忘了书本，于是科举日重，学校日轻。学校和科举都是制造和选拔官僚的制度，所学和考试的范围完全一样，都是四书五经，不但远离现实，也绝对不许接触到现实。诚如当时人宋濂所说："自贡举法行，学者知以摘经拟题为志，其所最切者，惟四子一经之笺，是钻是窥，余则漫不加省。与之交谈，两目瞪然视，舌木强不能对。"[①]学校呢？"稍励廉隅者不愿入学，而学行章句有闻者，未必尽出于弟子员。"[②]到后来甚至弄到"生徒无复在学肄业，入其庭不见其人，如废寺然"。[③] 科举人才不读书，不知时事，学校没有学生，加上残酷的统治管理，严格的检查防范，学校生员除了尊君和盲从古人之外，不许有新的思想、言论，于是整个学术文化界、思想界、政治界，从童生到当国执政，都向往三王，服膺儒术，都以为"天王圣明，臣罪当诛"。挨了打是"恩谴"，被斫头是"赐死"，挨了骂不消说，有资格才能挨得着。天下无不是的父母，更不会有不是的皇帝，君权由此巩固，朱家万世一系的统治也安如泰山了。

四、 皇权的轮子——军队

皇权的另一个轮子是军队。

朱元璋在攻克集庆以后，厉行屯田政策，广积粮食，供给军需。

① 宋濂：《銮坡集》卷七《礼部侍郎曾公神道碑铭》。

② 宋濂：《翰苑别集》卷一《送翁好古教授广州序》。

③ 陆容：《菽园杂记》。

和刘基研究古代的兵制:征兵制的好处是全国皆兵,有事召集,事定归农,兵员素质好,来路清楚,政府在平时无养兵之费。坏处是兵员都出自农村,如有长期战争,便影响到农村的生产。而且兵源有限制,不适合大规模作战。募兵制呢?好处是应募的多为无业游民,当兵是职业,数量和服役的时间,可以不受农业生产的限制。坏处是政府经常要维持大量数目的常备军,军费负担太重,而且募的兵来路不明,没有宗族乡党的挂累,容易逃亡,也容易叛变。理想的办法是折中于两者之间,有两者的好处,而避免各自的坏处。主要的原则是要使战斗力量和生产力量一致。

刘基创立的办法是卫所制度。①

卫所的兵源有四种:一种是从征,即起事时所统的部队,也就是郭子兴的基本队伍。一种是归附,包括削平群雄所得的部队和元朝的投降军。一种是谪发,指因犯罪被谪发当兵的,也叫恩军。一种叫垛集,即征兵,照人口比例,一家有五丁或三丁出一丁为军。前两种是定制时原有的武力,后两者则是补充的武力。这四种来源的军人都是世袭的,为了保障固定员额的维持,规定军人必须娶妻,世代继承下去,如无子孙继承,则由其原籍家属壮丁顶补。种族绵延的原则,被应用到武装部队里来,兵营成为武装的家庭群了。②

军有特殊的社会身份,单独有"军籍"。在明代户口中,军籍和民籍、匠籍平行,军籍属于都督府,民籍属于户部,匠籍属于工部。军不受普通行政官吏的管辖,在身份上、法律上和经济上的地位,都和民不同,军和民是截然分开的。民户有一丁被垛为军,政府优免原籍老家一丁差徭,作为优恤。军士到戍所时,由宗族治装。在卫

①《明史》卷一二八《刘基传》。

②《明史》卷九一《兵志》。

的军士除本身为正军外，其子弟称为余丁或军余，将校的子弟则称为舍人。日常生活概由政府就屯粮支给，按月发米，称为月粮，马军月支米二石，步军总旗一石五斗，小旗一石二斗，步军一石（守城的照数支给，屯田的支半）。恩军家四口以上一石，三口以下六斗，无家口的四斗。衣服岁给冬衣、棉布、棉花，夏衣、夏布，出征时依例给胖袄、鞋裤。①

军队组织分作卫所两级：大体上以五千六百人为卫，卫有指挥使。卫分五个千户所，所一千一百二十人，有千户（长官）。千户所分十个百户所，所一百一十二人，有百户（长官）。百户下有总旗二，小旗十；总旗领小旗五，小旗领军十人。大小联比以成军。卫所的分布，根据地理险要：小据点设所，关联几个据点的设卫。集合一个军区的若干卫所，又设都指挥使司，作为军区的最高军事机构，长官是都指挥使。洪武二十五年（公元1392年）全国共有十七个都指挥使司，内外卫三百二十九，守御千户所六十五。

首都和地方的兵力分配如下：

	武官（员）	军士（人）	马（匹）
在京	2747	206280	4751
在外	12742	992154	40329②

这十七个都指挥使司又分别隶属于五军都督府。

军食出于屯田。大略是学汉朝赵充国的办法，在边塞开屯，一部分军士守御，一部分军士受田耕种。目的在于省去运输费用和充裕军食，减轻国库的负担，战斗力和生产力协调一致。跟着内地卫所也先后开屯耕种，以每军受田五十亩为一分，官给耕牛农具。开

① 吴晗：《明代的军兵》，《中国社会经济史集刊》五卷二期。

② 《明太祖实录》卷二二三。

头几年是免纳田租的,到成为熟地后,每亩收税一斗。规定边地守军十分之三守城、七分屯种,内地是二分守城、八分屯种,希望能达到自给自足的地步。①

军队里也和官僚机构一样,清廉的武官是极少见的,军士经常被苛敛剥削。朱元璋曾经愤恨地指出:

> 那小军每一个月只关得一担儿仓米,若是丈夫每(们)不在家里,他妇人家自去关呵,除了几升做脚钱,那害人的仓官又斛面上打减了几升。待到家里岲(音伐)过来呵,止有七八斗儿米,他全家儿大大小小要饭吃,要衣裳穿,他那里再得闲钱与人?②

正军本人的衣着虽由官家支给,家属的却得自己制备,一石米在人口多的家庭,连吃饭都不够,如何还能孝敬上官?如何还能添置衣服?军士活不了,只好逃亡,只好兼营副业,做苦力、做买卖全来,军营就空了,军队的士气战斗力也就差了。

除军屯外,还有商屯。边军粮食发生困难时,政府用“开中法”来接济。开中法是把运输费用转嫁给商人。政府有粮食有盐,困难的是运输费用过大,商人有资本也有人力,却无法得到为政府所专利的盐。开中法让商人运一定数量的粮食到边境,拿到收据,可以向政府领到等价的盐,自由贩卖,从而获取重利。商人会打算盘,索性雇人在边上开屯,就地缴粮,省去几倍的运费。③ 在这一交换过程中,不但边防充实了,政府省运费、省事,商人也发了财,皆大欢喜。

---

① 宋讷:《西隐文稿》卷十《守边策略》;《明史》卷七七《食货志》。

②《大诰武臣·科敛害军第九》。

③《明太祖实录》卷五三、五六,《明史》卷一五〇《郁新传》。

而且，边界荒地开垦了，不但增加了政府的财富，也造成了地方的繁荣。

军权分作两部分：统军权归五军都督府，军令权则属于兵部。武人带兵作战，文人发令决策。平时卫所军务在屯地操练屯田，战时动员令一下，各地卫军集合成军，临时指派都督府官充任将军总兵官，统带出征。战事结束，立刻复员，卫军各回原卫，将军交回将印，也回原任。将不专军，军无私将，上下阶级分明，纪律划一。唐宋以来的悍将跋扈、骄兵叛变的弊端，在这制度下完全根绝了。

朱元璋对军官军士是用十二分的注意来防闲的。除开在各个部队里派义子监军，派特务人员侦伺以外，洪武五年还特地降军律于各卫，禁止军官军人于私下或明里接受公侯所予信宝、金银、缎匹、衣服、粮米、钱物，及非出征时不得于公侯之家门首侍立。其公侯非奉特旨，不得私自呼唤军人役使，违者公侯三犯准免死一次，军官军人三犯发海南充军。[①] 后来更进一步，名义上以公侯伯功臣有大功，赐卒一百十二人做卫队，设百户一人统率，颁有铁册，说明"俟其寿考，子孙得袭，则兵皆入卫"，称为奴军，亦称铁册军；事实上是防功臣有二心，特设铁册军来监视的。功臣行动，随时随地都有报告，证人是现成的，跟着是一连串的告密案和大规模的功臣屠杀。[②]

在作战时，虽然派有大将军统率大军，但指导战争进行的，还是朱元璋自己，用情报、用军事经验来决定前方的攻战，甚至指挥到极琐细的军务。即使最亲信的将领，像徐达、李文忠，也是如此。例如吴元年（公元 1367 年）四月十八日给徐达的手令，在处分军事正文之后，又说："我的见识只是如此，你每（们）见得高处强处便当处，随着

① 宋濂：《洪武圣政记·肃军政第四》。

② 沈德符：《野获编》卷一七《铁册军》。

你每意见行着,休执着我的言语,恐怕见不到处,教你每难行事。”洪武三年四月:“说与大将军知道……这是我家中坐着说的,未知军中便也不便,恁只拣军中便当处便行。”给李文忠的手令:“说与保儿、老儿……我虽这般说,计量中不如在军中多知备细,随机应变的勾当。你也斯活落些儿也,那里直到我都料定!”大体上指导的原则是不能更动的,统帅所有的只是极细微的修正权。

对待俘虏的方针是屠杀,如龙凤十一年十一月初五日的令旨:“吴王亲笔,差内使朱明前往军中,说与大将军左相国徐达、副将军平章常遇春知会:十一月初四日捷音至京城,知军中获寇军及首目人等六万余众,然而俘获甚众,难为囚禁,令差人前去,教你每军中,将张(士诚)军精锐勇猛的留一二万,若系不堪任用之徒,就军中暗地去除了当,不必解来。但是大头目,一名名解来。”十二年三月且严厉责备徐达不多杀人:“吴王令旨,说与总兵官徐达,攻破高邮之时,城中杀死小军数多,头目不曾杀一名。今军到淮安,若系便降,系是泗州头目青幡黄旗招诱之力,不是你的功劳。如是三月已里,淮安未下,你不杀人的缘故,自说将来!依奉施行者。”吴元年十月二十四日因为俘虏越狱逃跑,又下令军前:“今后就阵获到寇军及首目人等,不须解来,就于军中典刑。”洪武三年四月:“说与大将军知道:止是就阵得的人,及阵败来降的王保保头目,都休留他一个,也杀了。止留小军儿,就将去打西蜀了后,就留些守西蜀便了。”则不但俘虏,连投降的头目也一概残杀了。

有一道令旨是关于整饬军纪的,说明了这一举措的军事理由。时间是龙凤十二年三月:“(张军)男子之妻多在高邮被掳,总兵官为甚不肯给亲完聚发来?这个比杀人那个重?当城破之日,将头目军人一概杀了,倒无可论,掳了妻子,发将精汉来,我这里赔了衣粮,又费关防,养不住。杀了男儿,掳了妻小,敌人知道,岂不抗拒?星夜教冯副使(胜)去军前,但有指挥、千户、百户及总兵官的伴当,掳了妇女的,割将首级来。总兵官的罪过,回来时与他说话。依奉施行者。"[①]男子指的是张士诚的部队,被掳指的是被朱元璋自己的部队所掳。把俘虏的妻女抢了,送俘虏来,养不住,白赔粮食,白费事看守。掳了妇女,杀了俘虏,敌人知道了,当然会顽强抵抗。为了这个道理,朱元璋只好派特使去整顿军风军纪了。

五、 皇权的轮子——新官僚机构

由于历史包袱的继承,皇权的逐步提高,隋唐以来的官僚机构,以巩固皇权为目的的三省制度——中书省出命令,门下省掌封驳,尚书省主施行——中书官和皇帝最亲近,接触机会最多,权也最重。宋代后期,门下省不能执行审核诏令的任务,尚书省官只能平决庶务,不能与闻国政,三省事实上只是一省当权。到元代索性取消门下省,把尚书省的官属六部也归并到中书,成为一省执政的局面。地方则分设行中书省,总揽军民大政。其下有路、府、州、县,管理军民。

三省制的形成有它的历史背景和原因,就这制度本身而论,把政权分作三份,一个专管决策,一个负责执行,而又另有一个纠核的机构,驳正违误,防止皇权的滥用和官僚的缺失,从巩固皇权、维持

① 王世贞:《弇山堂别集》卷八六《诏令杂考二》。

现状的意义上说，是很有用的。可是，事实上，官僚政治本身破坏了、瘫痪了这个官僚机构，皇权和相权的冲突，更有目的地摧毁了这个官僚机构。

官僚政治特征之一是做官不做事，重床叠屋，衙门愈多，事情愈办不好，拿薪水的官僚愈多，负责做事的人愈少。例如从唐以来，往往因事设官：尚书省原有户部，专管户口财政，在国计困难时，政府要张罗财帛，供应军需，大张旗鼓，特设监铁使、户部使、租庸使、国计使等官，由宰相或大臣兼任，意思是要提高搜刮的效率，可是这样一来，户部位低权轻，职守都为诸使所夺，便变成闲曹了。兵部专管军政，从五代设了枢密使以后，兵部又无事可做了。礼部专掌礼仪，宋代却又另有礼院。几套性质相同的衙门，新创的抢了旧衙门的职司，本衙门的官照例做和本衙门不相干的事，或者索性不做事。千头万绪，名实不符，十个官僚有九个不知道自己的职司。冗官日多，要官更多，行政效率也就日益低落。① 到元代又添上蒙古的部族政治机构，衙门越发多，越发庞大，混乱复杂，臃肿不灵，瘫痪的病象在显露了。

而且就官僚的服务名义说，也有官、职、差遣之分。官是表明等级、分别薪俸的标志，职以待文学侍从之臣，只有差遣是“治内外之事”的。皇家的赏功酬庸，又有阶、勋、爵、食邑、功臣号等名目。以差遣而论，又有行、守、试、判、知、权知、权发遣的不同，其实除差遣以外，其他都是不大相干的。②

皇权和相权的矛盾，例如宋太宗讨厌中书的政权太重，分中书

---

①《宋史·职官志一》。

② 司马光：《司马文正公传家集》卷二一《乞分十二等以进退群臣上殿札子》；钱大昕：《潜研堂集》卷三四《答袁简斋书》。

吏房置审官院，刑房置审刑院。[①] 为了分权而添置衙门，其实是夺相权归之于皇帝。皇帝的诏令照规矩是必须经过中书门下，才算合法，所谓“不经凤阁鸾台，何谓之敕?”[②]用意是防止皇权的滥用。但是，这规矩只是官僚集团的规矩，官僚的任免生杀之权在皇帝，升沉荣辱甚至诛废的利害超过了制度的坚持，私人的利害超过了集团的利害。唐武后以来的墨敕斜封(手令)，也就破坏了这个官僚制度，摧毁了相权，走上了独裁的道路。

朱元璋继承历代皇权走向独裁的趋势，对官僚机构大加改革，使之更加得心应手地为皇家服务。

元代的行中书省是从中书省分出去的，职权太重，到后期鞭长莫及，几乎没法子控制了。朱元璋要造成绝对的中央集权，洪武九年(公元 1376 年)改行中书省为承宣布政使司，设左右布政使各一人，掌一区的政令。布政使是朝廷派驻地方的代表、使臣，秉承朝廷，宣扬政令。全国分浙江、江西、福建、北平、广西、四川、山东、广东、河南、陕西、湖广、山西十二布政使司，十五年增置云南布政使司。[③] 布政使司的分区，大体上继承元朝的行省，布政使的职权却只掌民政财政，和元朝行中书省的无所不统，轻重大不相同了。而且就地位论，行省是以都省的机构分设于地方，布政使则是朝廷派驻的使臣，前者是中央分权于地方，后者是地方集权于中央，意义也完全不同。此外，地方掌管司法行政的另有提刑按察使司，长官为按

---

① 司马光:《涑水纪闻》卷三;李攸:《宋朝事实》卷九;李焘:《续资治通鉴长编》卷一二五。

②《旧唐书》卷一一七《刘祎之传》。

③ 明成祖永乐元年(公元 1403 年)以北平布政使司为北京，五年置交趾布政使司，十一年置贵州布政使司。宣德三年(公元 1428 年)，罢交趾布政使司，除两京外定为十三布政使司。

察使,主管一区刑名按察之事。布、按二司和掌军政的都指挥使司合称三司,是朝廷派遣到地方的三个特派员衙门。民政、司法、军政三种治权分别独立,直接由朝廷指挥,为的是便于控制,便于统治。布政使司之下,真正的地方政府分两级,第一级是府,长官为知府;有直隶州,即直隶于布政使司的州,长官是知州。第二级是县,长官是知县;有州,长官是知州。州县是直接临民的政治单位。①

中央统治机构的改革,稍晚于地方。洪武十三年(公元1380年)胡惟庸案发②后,废中书省,仿周官六卿之制,提高六部地位;吏、户、礼、兵、刑、工每部设尚书一人,侍郎(分左右)两人。吏部掌全国官吏选授、封勋、考课,甄别人才。户部掌户口、田赋、商税。礼部掌礼仪、祭祀、僧道、宴飨、教育及贡举(考试)和外交。兵部掌卫所官军选授、检练和军令。刑部掌刑名。工部掌工程造作(武器、货币等)、水利、交通。都直接对皇帝负责,奉行政令。

统军机关则改枢密院为大都督府,节制中外诸军。洪武十三年分大都督府为中、左、右、前、后五军都督府,每府以左右都督为长官,各领所属都司卫所,和兵部互相表里。都督府长官虽管军籍军政,却不直接统带军队,在有战事时,才奉令出为将军总兵官,指挥作战。战争结束,便得交还将印,回原职办事。③

监察机关原来是御史台,洪武十五年改为都察院,长官是左右都御史,下有监察御史一百一十人,分掌十二道(按照布政使司政区分道)。职权是纠劾百司,辨明冤枉,凡大臣奸邪、小人构党作威福乱政、百官猥茸贪污舞弊、学术不正和变乱祖宗制度的,都可随时举

---

①《明史·职官志》。

② 吴晗:《胡惟庸党案考》,《燕京学报》十五期;《明史·胡惟庸传》。

③《洪武圣政记·肃军政第四》。

发弹劾。这衙门的官被皇帝看作是耳目，替皇帝听，替皇帝看，有对皇权不利的随时报告。也被皇帝看作是鹰犬，替皇帝追踪、搏击一切不忠于皇帝的官民，是替皇帝监视官僚的衙门，是替皇帝检举反动思想、保持传统纲纪的衙门。监察御史在朝监视各个不同的官僚机构，派到地方的，有巡按、清军、提督学校、巡监、茶马、监军等职务，其中巡按御史算是代皇帝巡狩，按临所部，大事奏裁，小事立断，是最威武的一个差使。

行政、军事、监察三种治权分别独立，由皇帝亲身总其成。官吏内外互用，其地位以品级规定。从九品到正一品，九品十八级，官和品一致，升迁调用都有一定的法度。百官分治，个别对皇帝负责，系统分明，职权清楚，法令详密，组织严紧。而在整套统治机构中，互相钳制，以监察官来监视一切臣僚，以特务组织来镇压威制一切官民。都督府管军不管民，六部管民不管军。大将在平时不指挥军队，动员复员之权属于兵部，供给粮秣的是户部，供给武器的是工部，决定战略的是皇帝。六部分别负责，决定政策的是皇帝。在过去，政事由三省分别处理，取决于皇帝，皇帝是帝国的首领。在这新统治机构下，六部府院直接隶属于皇帝，皇帝不但是帝国的首领，而且是这统治机构的负责人和执行人；历史上的君权和相权到此合一了，皇帝兼理宰相的职务，皇权由之达于极峰。①

历史的教训使朱元璋深切地明白宦官和外戚对于政治的祸害。他以为汉朝、唐朝的祸乱都是宦官作的孽。这种人在宫廷里是少不了的，只能做奴隶使唤，洒扫奔走，人数不可过多，也不可用作耳目心腹；做耳目，耳目坏，做心腹，心腹病。对付的办法，要使之守法，

① 参看《明史·职官志》。

守法自然不会做坏事；不要让他们有功劳，一有功劳就难于管束了。立下规矩，凡是内臣都不许读书识字。又铸铁牌立在宫门，上面刻着："内臣不得干预政事，犯者斩。"又规定内臣不许兼外朝的文武官衔，不许穿外朝官员的服装；做内廷官不能过四品，每月领一石米，穿衣吃饭官家管。并且，外朝各衙门不许和内官监有公文往来。这几条规定招招针对着历史上所曾发生的弊端，使内侍名副其实地做宫廷的仆役。[①] 对外戚干政的对策，是不许后妃干政，洪武元年三月即命儒臣修《女诫》，纂集古代贤德妇女和后妃的故事，刊刻成书，来教育宫人，要她们学样。又立下规程，皇后只能管宫中嫔妇的事，宫门之外不得干预。宫人不许和外间通信，犯者处死，以断绝外朝和内廷的来往以至通信，使之和政治隔离。外朝臣僚命妇按例于每月初一、十五朝见皇后，其他时间，没有特殊缘由，不许进宫。皇帝不接见外朝命妇，皇族婚姻选配良家子女，有私进女口的不许接受。元璋的母族和妻族都绝后，没有外家，后代帝王也都遵守祖训，后妃必选自民家。外戚只是高爵厚禄，做大地主，住大房子，绝对不许与闻政事。[②] 在洪武一朝三十多年中，内臣小心守法，宫廷和外朝隔绝，和前代相比，算是家法最严的了。

其次，元代以吏治国，法令极烦冗，档案堆成山，吏就从中舞弊，无法根究。而且，正因为公文条例过于琐细，不费一两年工夫，无从通晓，办公文、办公事成为专门技术，掌印正官弄不清楚，只好由吏做主张，结果治国治民的都是吏，不是官。小吏们唯利是图，毫不顾及全盘局面，政治（其实是吏治）自然愈闹愈坏。远在吴元年，朱元

---

①《洪武圣政记》，《明史》卷七四《职官志》。

②《明史》卷一〇八《外戚恩泽侯表序》、卷一一三《后妃列传序》、卷三〇〇《外戚传序》。

璋便已注意到法令和吏治的关系，指令台省官立法要简要严，选用深通法律的学者编定律令。经过缜密的商定，去烦减重，花了三十年工夫，更改删定了四五次，编成《大明律》，条例简于唐律，精神严于宋律，是中国法律史上极重要的一部法典。又为简化公文起见，于洪武十二年立案牍减烦式颁示各衙门，使公文明白好懂，文吏无法舞弊弄权。从此吏员在政治上被斥为杂流，不能做官。官和吏完全分开，官主行政，吏主事务，和元代的情形完全不同了。①

和上述相关的是文章的格式。唐宋以来的政府文字，从上而下的制诰，从下达上的表奏，照习惯是骈骊四六文。尽管有多少人主张复古，提倡改革，所谓古文运动，在民间是成功了，政府却仍然用老套头。同一时代用的是两种文字，庙堂是骈偶文，民间是古文。朱元璋很不以为然，以为古人做文章，讲道理，说世务，经典上的话，都明白好懂，像诸葛亮的《出师表》，又何尝雕琢、立意写文章？可是有感情，有血有肉，到如今读了还使人感动，怀想他的忠义。近来的文士，文字虽然艰深，用意却很浅近，即使写得和司马相如、扬雄一样好，别人不懂，又中什么用？以此他要秘书——翰林——做文字，只要说明白道理，讲得通世务就行，不许用浮辞藻饰。② 到洪武六年，又下令禁止对偶四六文辞，选唐代柳宗元《柳公绰谢表》和韩愈《贺雨表》作为笺表法式。③ 这一改革不但使政府文字简单、明白，把庙堂和民间打通，现代人写现代文，对文学的影响也可以说很大，韩愈、柳宗元以后，朱元璋是提倡古文最有成绩的一个人。他自己所做的文章，写得不好，有时不通顺，倒容易懂。信札多用口语，比文

---

①《明太祖实录》卷二六、卷一二六，《明史》卷七一《选举志》。

②《明太祖实录》卷三九。

③《明太祖实录》卷八五。

章好得多,想来是受蒙古白话圣旨的影响,也许是没有念过什么书,中旧式文体的毒比较轻的缘故吧。

唐宋两代还有一样坏风气,朝廷任官令发布以后,被任用的官照例要辞官,上辞官表,一辞再辞,甚至辞让到六七次,皇帝也照例拒绝,下诏敦劝,一劝再劝,甚至六七次劝,到这人上任上谢表才算罢休。辞的不是真辞,劝的也不是真劝,大家肚子里明白,是在玩文字的把戏,误时误事,白费纸墨。朱元璋认为这种做作太无聊,也把它废止了。

六、建都和国防

自称为"淮右布衣",出身于平民而做皇帝的朱元璋,在拥兵扩土、称帝建国之后,最惹其操心的问题,第一是怎样建立一个有力量的政治中心,即建都,建在何处?第二是用什么方法来维持皇家万世一系的独占统治?

远在初渡江克太平时(公元1355年),陶安便建议先取金陵,据形势以临四方。[①] 冯国用劝定都金陵,以为根本。[②] 叶兑上书请定都金陵,然后拓地江广,进则越两淮以北征,退则划长江以自守。[③] 谋臣策士一致主张定都应天,经过长期研究以后,龙凤十二年(元至正二十六年,公元1366年)六月,扩大应天旧城,建筑新宫于钟山之

①《明史》卷一三六《陶安传》。

②《明史》卷一二九《冯胜传》;孙承泽:《春明梦余录》卷一。

③《明史》卷一三五《叶兑传》。

南，到次年九月完工，这是吴王时代的都城。

洪武元年称帝，北伐南征，着着胜利，到洪武二十年辽东归附，全国统一。在这二十年中，个人的地位由王而帝，所统辖的疆域由东南一角落，扩大为大明帝国，局面大不相同。吴王时代的都城是否可以适应这扩大以后的局面，便大成问题。而且，元帝虽然北走沙漠，仍然是蒙古大汗，保有强大的军力，时刻有南下恢复的企图。同时，沿海倭寇的侵扰，也是国防上重大的问题。因此，国都的重建和国防计划的确立，是当时朝野最关心的两件大事。

基于自然环境的限制，从辽东到广东，沿海几千里海岸线的暴露，时时处处都有被倭寇侵掠的危险。东北和西北方面呢？长城以外便是蒙古人的势力，如不在险要处屯驻重兵，则铁骑奔驰，黄河以北便不可守。可是防边要用重兵，如把边境军权托付诸将，又怕尾大不掉，有造成藩镇跋扈的危险。如以重兵直隶中央，则国都必须扼驻国防前线，才能收统辖指挥的功效。东南是全国的经济中心，北方为了国防的安全，又必须成为全国的军事中心。国都如建在东南，依附经济中心，则北边空虚，无法堵住蒙古人的南侵。如建立在北边，和军事中心合一，则粮食仍须靠东南供给，运输费用太大，极不经济。

帝国都城问题以外，还有帝国制度问题。是郡县制呢，还是封建制呢？就历史经验论，秦汉唐宋之亡，没有强大的藩国支持藩卫，是衰亡的原因之一。可是周代封建藩国，又闹得枝强干弱，威令不行。这两个制度的折中办法是西汉初期的郡国制，一面立郡县，设官分治，集大权于朝廷，一面又置藩国，封建子弟，使为皇家捍御。把帝国建都和制度问题一起解决，设国都于东南财富之区，封子弟于北边国防据点，在经济上，在军事上，在皇家统治权的永久维持上，都圆满解决了。

明初定都应天的重要理由是经济。第一因为江浙富庶，不但有长江三角洲的大谷仓，而且是丝织工业、盐业的中心，应天是这些物资的集散地，所谓"财赋出于东南，而金陵为其会"。[①] 第二是吴王时代所奠定的宫阙，不愿轻易放弃，且如另建都城，则又得重加一番劳费。第三从龙将相都是江淮子弟，道地南方人，不大愿意离开乡土。可是在照应北方军事的观点看，这个都城的地理位置是不大合适的。洪武元年取下汴梁后，朱元璋曾亲自去视察，觉得虽然位置适中，但是无险可守，四面受敌，论形势还不如应天。[②] 为了西北未定，要运饷和补充军力，不能没有一个军事上的补给基地，于是模仿古代两京之制，八月以应天为南京，开封（汴梁）为北京。次年八月陕西平定，北方全入版图，形势改变，帝都重建问题再度提出。廷臣中有主张关中险固，金城天府之国；有人主张洛阳为全国中心，四方朝贡距离一样；也有人提议开封是宋朝旧都，漕运方便；又有人指出北平（元大都）宫室完备，建都可省营造费用。七嘴八舌，引经据典。朱元璋批判这些建议都有片面的理由，只是都不适应现状。长安、洛阳、开封过去周秦汉魏唐宋都曾建都，但就现状来说，打了几十年仗，人民还未休息过来，如重新建都，供给力役都出于江南，未免过于和百姓过不去。即使是北平吧，旧宫室总得有更动，还是费事。还不如仍旧在南京，据形势之地，长江天堑，龙蟠虎踞，可以立国。次之，临濠（濠州）前长江后淮水，地势险要，运输方便，也是一个可以建都的地方。[③] 遂定以临濠为中都，动工修造城池宫殿，从洪武二

① 丘濬：《大学衍义补·都邑之建》。
② 刘辰：《国初事迹》。
③ 黄光升：《昭代典则》。

年九月起手，到八年四月，经刘基坚决反对，以为凤阳虽是帝乡，但就种种条件说，都不合适于建都，方才停工，放弃了建都的想头。①洪武十一年（公元1378年）才改南京为京师，踌躇了十年的建都问题，到这时才决心正名定都。②

京师虽已奠定，但是为了防御蒙古，控制北边，朱元璋还是有迁都西北的雄心，选定的地点仍是长安和洛阳。洪武二十四年八月，特派皇太子巡视西北，比较两地的形势。太子回朝后，献陕西地图，提出意见。不料第二年四月太子薨逝，迁都大事只好暂时搁下。③

京师新宫原来是燕尾湖，填湖建宫，地势南面高、北边低，就堪舆家的说法是不合建造法则的。皇太了死后，老皇帝很伤心，百无聊赖中把太子之死归咎于新宫的风水不好，这年年底亲撰《祭光禄寺灶神文》说：

> 朕经营天下数十年，事事按古有绪。维宫城前昂后洼，形势不称，本欲迁都，今朕年老，精力已倦。又天下新定，不欲劳民。且废兴有数，只得听天。惟愿鉴朕此心，福其子孙。④

六十五岁的白发衰翁，失去勇气，只求上天保佑，从此不再谈迁都的话了。

分封诸王的制度，决定于洪武二年（公元1369年）四月初编《皇明祖训》的时候。三年四月封皇第二子到第十子为亲王。可是诸王的就藩，却在洪武十一年定鼎京师之后。⑤ 从封王到就藩前后相隔

---

①《明史》卷一二八《刘基传》、卷二《太祖本纪二》。

②《明史·地理志一》。

③《明史》卷一一五《兴宗孝康皇帝传》、卷一四七《胡广传》；姜清：《姜氏秘史》卷一；郑晓：《今言》卷二七四。

④ 顾炎武：《天下郡国利病书》卷一三《江南一》。

⑤《明史·太祖本纪二》。

九年，原因是诸子未成年和都城未定，牵连到立国的制度也不能决定。到京师奠定后，第二子秦王建国西安，三子晋王建国太原；十三年，四子燕王建国北平，分王在沿长城的国防前线；十四年五子周王建国开封，六子楚王出藩武昌；十五年七子齐王建国青州；十八年潭王到长沙，鲁王在兖州。以后其他幼王逐一成年，先后就国，星罗棋布，分驻在全国各军略要地。

就军事形势而论，诸王国的建立分作第一线和第二线，或者说是前方和后方，第一线诸王的任务在防止蒙古入侵，凭借天然险要，建立军事据点，有塞王之称。诸塞王沿长城线立国，又可分作外内二线：外线东渡榆关，跨辽东，南制朝鲜，北联开原（今辽宁开原），控扼东北诸夷，以广宁（今辽宁北镇）为中心，建辽国；经渔阳（今河北苏县[1]）、卢龙（今河北卢龙），出喜峰口，切断蒙古南侵道路，以大宁（今热河平原）为中心，包括今朝阳、赤峰一带，建宁国；北平天险，是元朝故都，建燕国；出居庸，蔽雁门，以谷王驻宣府（今察哈尔宣化[2]），代王驻大同；逾河而西，北保宁夏，倚贺兰山，以庆王守宁夏；又西控河西走廊，扃嘉峪，护西域诸国，建肃国，从开原到瓜州，连成一气。内线是太原的晋国和西安的秦国。后方诸名城则开封有周王，武昌有楚王，青州有齐王，长沙有潭王，兖州有鲁王，成都有蜀王，荆州有湘王等国。[3]

诸王在其封地建立王府，设置官属。亲王的冕服车旗仅下皇帝一等，公侯大臣见王要俯首拜谒，不许钧礼。地位虽然极高极贵，却没有土地，更没有人民，不能干预民政，王府以外，便归朝廷所任命

① 编者注：今天津市蓟州区。

② 编者注：今河北省西北部，隶属于张家口市。

③ 何乔远：《名山藏·分藩记一》。

的各级官吏统治，每年有一万石的俸米和其他赏赐。唯一的特权是军权。每王府设亲王护卫指挥使司，有三护卫，护卫甲士少者三千人，多的到一万九千人。[①] 塞王的兵力尤其雄厚，如宁王所部带甲八万，革车六千，所属朵颜三卫骑兵，骁勇善战。[②] 秦、晋、燕三王的护卫特别经朝廷补充，兵力也最强。[③]《皇明祖训》规定："凡王国有守镇兵，有护卫兵。其守镇兵有常选指挥掌之，其护卫兵从王调遣。如本国是险要之地，遇有警急，其守镇兵、护卫兵并从王调遣。"而且守镇兵的调发，除御宝文书外，并须得王令旨方得发兵："凡朝廷调兵，须有御宝文书与王，并有御宝文书与守镇官。守镇官既得御宝文书，又得王令旨，方许发兵。无王令旨，不得发兵。"[④]这规定使亲王成为地方守军的监视人，是皇帝在地方的军权代表。平时以护卫军监视地方守军，单独可以应变；战时指挥两军。军权托付给亲生儿子，可以放心高枕了。诸塞王每年秋天勒兵巡边，远到塞外，把蒙古部族赶得远远的，叫作肃清沙漠。[⑤] 凡塞王都参与军务，内中晋、燕二王屡次受命将兵出塞和筑城屯田，大将如宋国公冯胜、颍国公傅友德都受其节制，军中小事专决，大事才请示朝廷，军权独重，立功也最多。[⑥]

以亲王守边，专决军务，内地各大都会，也以皇子出镇，星罗棋布，尽屏藩皇室、翼卫朝廷的任务。国都虽然远在东南，也安如磐

①《明史·兵志二》《明史·诸王传序》。

②《明史·宁王传》。

③《明史·太祖本纪》洪武十年。

④《皇明祖训·兵卫》。

⑤《明史·兵志三·边防》；祝允明：《九朝野记》。

⑥《明史·晋王㭎传》。《明史·太祖本纪三》，二十六年二月："诏二王军务大者始以闻。"本节参看吴晗：《明代靖难之役与国都北迁》，载天津《益世报·史学》第4期，1935年10月。

石，内安外攘，不会发生什么问题了。

七、 大一统和分化政策

朱元璋以洪武元年称帝建立新皇朝，但是大一统事业的完成，却还须等待二十年。

元顺帝北走以后，元朝残留在内地的军力还有两大支：一支是云南的梁王，一支是东北的纳哈出。都用元朝年号，雄踞一方。云南和蒙古本部隔绝，势力孤单，朱元璋的注意力先集中在西南，从洪武四年（公元 1371 年）消灭了割据四川的夏国以后，便着手经营；打算用和平的方式使云南自动归附，先后派遣使臣王祎、吴云招降，都被梁王所杀。到洪武十四年，决意用武力占领，派出傅友德、沐英、蓝玉三将军分两路进攻。

这时云南在政治上和地理上分作三个系统：第一是直属蒙古大汗，以昆明为中心的梁王。第二是在政治上隶属于蒙古政府，享有自治权力，以大理为中心的土酋段氏。以上所属的地域都被区分为路、府、州、县。第三是不在上述两系统下和南部（今思普一带）的非汉族诸部族，就是明代叫作土司的地域。汉化程度以第一为最深，第二次之，第三最浅，或竟未汉化。现在贵州的西部，在元代属于云南行省，其东部则另设八番顺元诸军民宣慰使司，管理罗罗族①及苗族各土司。元至正二十四年（公元 1364 年），朱元璋平定湖南、湖北，

① 编者注：亦称“罗落”“卢鹿”“倮㑩”等，为彝族旧称。

和湖南接界的贵州土人头目思南（今思南县）宣慰，和思州（今思县）宣抚先后降附。到平定夏国后，四川全境都入版图，和四川接境的贵州其他土司大为恐慌，贵州宣慰和普定府总管即于第二年自动归附。贵州的土司大部分归顺明朝，云南在东、北两面便失去屏障了。

明兵从云南的东、北两面进攻，一路由四川南下取乌撒（今云南镇雄、贵州威宁等地）。这区域是四川、云南、贵州三省接壤处，犬牙突出，在军略上可以和在昆明的梁王主力军呼应，并且是罗罗族的主要根据地。一路由湖南西取普定（今贵州安顺），进攻昆明。从明军动员那天算起，不过一百多天的工夫，明东路军便已直抵昆明，梁王兵败自杀。明兵再回师和北路军会攻乌撒，把蒙古军消灭了。附近东川（今云南会泽）、乌蒙（今云南昭通）、芒部（今云南镇雄）诸罗罗族完全降服，昆明附近诸路也都依次归顺。洪武十五年二月，置贵州都指挥使司和云南都指挥使司，建立了军事统治的中心。闰二月，又置云南布政使司，建立了政治中心。① 分别派官开筑道路，宽十丈，以六十里为一驿，把川、滇、黔三省的交通联系起来，建立军卫，“令那处蛮人供给军食”，控扼粮运。② 布置好了，再以大军向西攻下大理，经略西北和西南部诸地，招降麽些、罗罗、掸、僰诸族，分兵勘定各土司。分云南为五十二府、五十四县。云南边外的缅国和八百媳妇（暹罗地）着了慌，派使臣内附，又置缅中、缅甸和老挝、八百诸宣慰司。因为云南太远，不放心，又特派义子西平侯沐英统兵镇守。沐家世代出人才，在云南三百年，竟和明朝的国运相始终。

纳哈出是元朝世将，太平失守被俘获，放遣北还。元亡后拥兵

---

①《明史》卷一二四《把匝剌瓦尔密传》、卷一二九《傅友德传》、卷一二六《沐英传》、卷一三二《蓝玉传》。

② 张纨：《云南机务钞黄》，洪武十五年闰二月廿五日敕。

虎踞金山(在开原西北,辽河北岸),养精蓄锐,等候机会南下,和蒙古大汗的中路军、扩廓帖木儿的西路军互相呼应,形成三路钳制明军的局面。在东北,除金山纳哈出军以外,辽阳、沈阳、开原一带都有蒙古军屯聚。洪武四年(公元1371年),元辽阳守将刘益来降,建辽东指挥使司,接着又立辽东都指挥使司,总辖辽东军马,依次征服沈阳、开原等地。同时又从河北、陕西、山西各地出兵大举深入蒙古,击破扩廓的主力军(元顺帝已于前一年死去,子爱猷识里达腊继立,年号宣光,庙号昭宗),并进攻应昌(今热河经棚县以西察哈尔北部之地),元主远遁漠北。到洪武八年扩廓死后,蒙古西路和中路的军队日渐衰困,不敢再深入到内地侵掠。朱元璋乘机经营甘肃、宁夏一带,招抚西部各羌族和回族部落,给以土司名义或王号,使其分化,各别内向,不能合力入寇,并利用诸部的军力,抵抗蒙军的入侵。在长城以北今内蒙古地方,则就各要害地方建立军事据点,逐步推进,用军力压迫蒙古人退到漠北,不使靠近边塞。西北问题完全解决了,再转回头来收拾东北。

洪武二十年,冯胜、傅友德、蓝玉诸大将奉命北征纳哈出。大军出长城松亭关,筑大宁(今热河[1]黑城)、宽河(今热河宽河)、会州(今热河平泉)、富峪(今热河平泉之北)四城。储粮供应前方,留兵屯守,切断纳哈出和蒙古中路军的呼应。再东向以主力军由北面包围,纳哈出势穷力蹙,孤军无援,只好投降,辽东全部平定。[2] 于是立北平行都司于大宁,东和辽阳、西和大同应援,作为国防前线的三大

---

① 编者注:民国时期行政区划省份之一,省会承德市,简称热,1955年撤销。辖区分布在现内蒙古自治区、河北省、辽宁省。

② 钱谦益:《国初群雄事略》卷一一;《明史》卷一二九《冯胜传》、卷一二五《常遇春传》、卷一三二《蓝玉传》。

要塞。又西面和开平卫(元上都,今察哈尔[①]多伦县地)、兴和千户所(今察哈尔张北县地)、东胜城(今绥远[②]托克托县及蒙古茂明安旗之地)诸据点,连成长城以外的第一道国防线,从辽河以西几千里的地方,设卫置所,建立了军事上的保卫长城的长城。[③] 两年后,蒙古大汗脱古思帖木儿被弑,部属分散。以后经过不断的政变、篡立、叛乱,实力逐渐衰弱,明帝国北边的边防,也因之而获得几十年的安宁。

东北的蒙古军虽然降服,还有女真族的问题亟待解决。女真这一部族原是金人的后裔,依地理分布,大致为建州、海西、野人三种。过去两属于蒙古和高丽,部落分散,不时纠合向内地侵掠,夺取物资,边境军队防不胜防,非常头痛。朱元璋所采取的对策,军事上封韩王于开原、宁王于大宁,控扼辽河两头,封辽王于广宁(今辽宁北镇),作为阻止蒙古和女真内犯的重镇。政治上采取分化政策,把辽河以东诸女真部族,个别用金帛招抚(收买),分立为若干羁縻式的卫所,使其个别自成单位,给予各酋长以卫所军官职衔,并指定住处,许其秉承朝命世袭,各给玺书作为进贡和互市的凭证,满足他们物资交换的经济要求,破坏部族间的团结,使其无力单独进攻。[④] 到明成祖时期,越发积极推行这一政策,大量地、全面地收买,拓地到现在的黑龙江口,增置的卫所连旧设的共有一百八十四卫,立奴儿干都司以统之。现在俄领的库页岛和东海滨省都是当年奴儿干都

---

① 编者注:民国时期行政区划省份之一,1952 年撤销,辖区在今山西、河北省。

② 编者注:民国时期行政区划省份之一,1954 年撤销,辖区今属内蒙古自治区。

③《明史·兵志三》;严从简:《殊域周咨录》卷一七《鞑靼》;方孔炤:《全边略记》卷三;道周:《博物典汇》卷一九。

④ 孟森:《明元清系通纪》《清朝前纪》。

司的辖地。[1]

辽东平定后,大一统的事业完全成功了。和前代一样,这大一统的帝国有属国和许多藩国。从东面算起,洪武二十五年高丽发生政变,大将李成桂推翻亲元的王朝,自立为王,改国号为朝鲜,成为大明帝国最忠顺的属国。藩国东南有琉球国,西南有安南、真腊、占城、暹罗和南洋群岛诸岛国。内地和边疆则有许多羁縻的部族和土司。

藩属和帝国的关系缔结,照历代传统办法,在帝国方面,派遣使臣宣告新朝建立,藩国必须缴还前朝颁赐的印绶册诰,解除旧的臣属关系。相对地重新颁赐新朝的印绶册诰,藩王受新朝册封,成为新朝的藩国。再逐年颁赐大统历,使之尊奉新朝的正朔,永做藩臣。在藩国方面则必须遣使称臣入贡,新王即位,必须请求帝国承认册封。所享受的权利,是通商和皇帝的优渥赏赐;和其他国家发生纠纷,或被攻击时,得请求帝国调解和援助。至于藩国的内政,则可完全自主,帝国从来不加干涉。帝国在沿海特别开放三个通商口岸,主持通商和招待蕃舶的衙门是市舶司:宁波市舶司指定为日本的通商口岸,泉州市舶司通琉球,广州市舶司通占城、暹罗、南洋诸国。

朱元璋接受了元代用兵海外失败的经验,打定主意,不向海洋发展,要子孙遵循大陆政策,特别在《皇明祖训》中郑重告诫说:

> 四方诸夷皆限山隔海,僻在一隅,得其地不足以供给,得其民不足以使令。若其不自揣量,来扰我边,则彼为不祥。彼既不为中国患,而我兴兵轻犯,亦不祥也。吾恐后世子孙倚中国富强,贪一时战功,无故兴兵,致伤人命,切记不可。但胡戎(指

---

① 内藤虎次郎:《明奴儿干永宁寺碑考》,《北平图书馆馆刊》四卷六期。

蒙古)与中国边境互相密迩,累世战争,必选将练兵,时谨备之。

今将不征诸国名列于后:

东北:朝鲜国

正东偏北:日本国(虽朝实诈,暗通奸臣胡惟庸谋为不轨,故绝之)

正南偏东:大琉球国　小琉球国

西南:安南国　真腊国　暹罗国　占城国　苏门答剌国　西洋国　爪哇国　湓亨国　白花国　三弗齐国　渤泥国①

中国是农业国,工商业不发达,不需要海外市场;版图大,用不着殖民地;人口多,更不缺少劳动力。向海外诸国侵掠,“得其地不足以供给,得其民不足以使令”,从经济的观点看,是没有什么好处的;从利害的观点看,打仗要花一大笔钱,占领又得费事,不幸打败仗越发划不来,还是和平相处,保境安民,多一事不如少一事。这样一打算盘,主意就打定了。②

属国和藩国的不同处,在于属国和帝国的关系更密切。在许多场合,属国的内政也经常被过问,经济上的联系也比较强。

内地的土司也和藩属一样,要定期进贡,酋长继承要得帝国许可,内政也可自主。所不同的是藩国使臣的接待衙门是礼部主客司,册封承袭都用诏旨,部族土司则领兵的直属兵部,土府土县属吏部,体统不同。平时有纳税、开辟并保养驿路,战时有调兵从征的义务。内部发生纠纷,或反抗朝廷被平定后,往往被收回治权,直属朝廷,即所谓“改土归流”。土司衙门有宣慰司、宣抚司、招讨司、安抚

①《皇明祖训·箴戒章》。

② 吴晗:《十六世纪前之中国与南洋》,《清华学报》十一卷一期。

司、长官司、土府、土县等名目,长官都是世袭,有一定的辖地和土民,总称土司。土司和朝廷的关系,在土司说,是借朝廷所给予的官位权威,震慑部下百姓,肆意奴役搜刮;在朝廷说,是用空头的官爵,用有限的赏赐,牢笼有实力的酋长,使其倾心内向,维持地方安宁,可以说是互相为用的。

大概说来,明代西南部各小民族的分布,在湖南、四川、贵州三省交界处是苗族活动的中心,向南发展到了贵州;广西则是瑶族(在东部)、壮族(在西部)的根据地;四川、云南、贵州三省交界处则是罗罗族的大本营;四川西部和云南西北部则有麽些族;云南南部有僰族(即摆夷);四川北部和青海、甘肃、宁夏有羌族(番人)。

在上述各区域中,除纯粹由土官治理的土司外,还有一种参用流官的制度。流官即朝廷所任命的有一定任期而非世袭的地方官。大致是以土官为主,派遣流官为辅,事实上是执行监督的任务。和这情形相反,在设立流官的州县,境内也有不同部族的土司存在。以此,在同一布政使司治下,有流官的州县,有土官的土司,有土流合治的州县,也有土官的州县;即在同一流官治理的州县内,也有汉人和非汉人杂处的情形。民族问题错综复杂,最容易引起纷乱以至战争。汉人凭借高度的生产技术和政治的优越感,用武力、用其他方法占取土民的土地物资,土民有的被迫迁徙到山头,过极度艰苦的日子;有的被屠杀消灭;有的不甘心,组织起来以武力反抗,爆发地方性的甚至大规模的战争。朝廷的治边原则,在极边是放任的愚民政策,只要土司肯听话,便听任其作威作福,世世相承,不加干涉。在内地则取积极的同化政策,如派遣流官助理,开设道路驿站,选拔土司子弟到国子监读书,从而使其完粮纳税,应服军役,一步步加强统治，最后是改建为直接治理的州县，扩大皇朝的疆土。[1]

治理西北羌族的办法分两种：一种是用其酋长为卫所长官，世世承袭；一种因其土俗，建设寺院并赐番僧封号，利用宗教来统治边民。羌族的力量分化，兵力分散，西边的国防就可高枕无忧了。[2] 现在的西藏和西康[3]当时叫作乌斯藏和朵甘，是喇嘛教的中心地区，僧侣兼管政事。明廷因仍元制，封其长老为国师法王，令其抚安番民，定期朝贡。又以番民肉食，对茶叶特别爱好，在边境建立茶课司，用茶叶和番民换马，入贡的赏赐也用茶和布匹代替。西边诸族国的酋长、僧侣贪图入贡和通商的利益，得保持世代袭官和受封的权利，都服服帖帖，不敢反抗。明朝三百年，西边比较平静，没有发生什么大的变乱，当然，也说不上开发。从任何方面来说，这一广大地区此后几百年，没有任何进步或改变。

---

①《明史・土司传》。

②《明史・西域传》。

③ 编者注：民国时有西康省，1955 年撤销，原辖属区在今四川省与西藏自治区。

第五章

恐怖政治

一、大屠杀

洪武二十八年(公元1395年),正式颁布《皇明祖训》。这一年,朱元璋已是六十八岁的衰翁了。

在这一年之前,桀骜不驯的元勋、宿将杀光了,主意多端的文臣杀绝了,不顺眼的地方巨室杀得差不多了。连光会掉书袋子搬弄文字的文人也大杀特杀,杀得无人敢说话,无人敢出一口大气了。杀,杀,杀!杀了一辈子,两手都涂满了鲜血的白头刽子手,踌躇满志,以为从此可以高枕无忧,皇基永固,子子孙孙吃碗现成饭,不必再操心了。这年五月,朱元璋特别下一道手令说:“朕自起兵至今四十余年,亲理天下庶务,人情善恶真伪,无不涉历。其中奸顽刁诈之徒,情犯深重,灼然无疑者,特令法外加刑,意在使人知所警惧,不敢轻易犯法。然此特权时措置,顿挫奸顽,非守成之君所用长法。以后嗣君统理天下,止守律与《大诰》,并不许用黥、刺、剕、劓、阉、割之刑。臣下敢有奏用此刑者,文武群臣即时劾奏,处以重刑。"[①]

其实明初的酷刑,黥、刺、剕、劓、阉、割还算是平常的,最惨的是凌迟。凡是凌迟处死的罪人,照例要杀三千三百五十七刀,每十刀一歇一吆喝,慢慢地折磨,硬要被杀的人受长时间的痛苦。[②] 其次有刷洗,把犯人光身子放在铁床上,浇开水,用铁刷刷去皮肉。有枭令,用铁钩钩住脊骨,横挂在竿上。有称竿,犯人缚在竿上,另一头挂石头对称。有抽肠,也是挂在竿上,用铁钩钩人肛门把肠子钩出。有剥皮,贪官污吏的皮放在衙门公座上,让新官看了发抖。此外,还有挑膝盖、锡蛇游种种名目。[③] 也有同一罪犯,加以墨面、文身、挑筋、去膝盖、剁指,并具五刑的。[④] 据说在上朝时,老皇帝的脾气好坏很容易看出来,要是这一天他的玉带高高地贴在胸前,大概脾气好,杀人不会多。要是撳玉带到肚皮底下,便是暴风雨来了,满朝的官员都吓得脸无人色,个个发抖,准有大批人应这劫数。[⑤] 这些朝官,照规矩每天得上朝,天不亮起身梳洗穿戴,在出门以前,和妻子诀别,吩咐后事,要是居然活着回家,便大小互相庆贺,算是又多活一天了。[⑥]

四十年中,据朱元璋自己的著作《大诰》《大诰续编》《大诰三编》和《大诰武臣》的统计,所列凌迟、枭示、种诛有几千案,弃市(杀头)以下有一万多案。三编所定算是最宽容的了。"进士监生三百六十四人,愈见奸贪,终不从命,三犯四犯而至杀身者三人,二犯而诽谤

---

① 《明太祖实录》卷二三九。

② 邓之诚:《骨董续记》卷二十"磔"条引《张文宁年谱》;计六奇:《明季北略》记郑鄤事。

③ 吕毖:《明朝小史》卷一《国初重刑》。

④ 《大诰·奸吏建言第三三》《大诰·刑余攒典盗粮第六九》《大诰续编·相验囚尸不实第四二》《大诰三编·逃囚第十六》。

⑤ 徐祯卿:《翦胜野闻》。

⑥ 赵翼:《廿二史札记》卷三二《明祖晚年去严刑》条引《草木子》。

杀身者又三人，姑容戴斩、绞、徙流罪在职者三十人，一犯戴死罪、徙流罪办事者三百二十八人。”[①]有御史戴死罪，戴着脚镣，坐堂审案的；有挨了八十棍回衙门做官的。其中最大的案件有胡惟庸案、蓝玉案、空印案和郭桓案，前两案株连被杀的四万人，后两案合计有七八万人。[②] 所杀的人，从开国元勋到列侯裨将、部院大臣、诸司官吏到州县胥役、进士监生、经生儒士、富人地主、僧道屠沽，以至亲侄儿、亲外甥，无人不杀，无人不可杀，一个个地杀，一家家地杀，有罪的杀，无罪的也杀，“大戮官民，不分臧否”。[③] 早在洪武七年，便有人控诉，说是杀得太多了，“才能之士，数年来幸存者百无一二”。[④] 到洪武九年，单是官吏犯笞以上罪，谪戍到凤阳屯田的便有一万多。[⑤] 十八年九月朱元璋在给萧安石子孙符上自己也承认：“朕自即位以来，法古命官，列布华夷，岂期擢用之时，并效忠贞，任用既久，俱系奸贪！朕乃明以宪章，而刑责有不可恕。以至内外官僚，守职维艰，善能终是者寡，身家诛戮者多。”[⑥]郭桓案发后，他又说：“其贪婪之徒，闻桓之奸，如水之趋下，半年间弊若蜂起，杀身亡家者，人不计其数。出五刑以治之，挑筋、剁指、刖足、髡发、文身，罪之甚者欤？”[⑦]

政权的维持建立在流血屠杀、酷刑暴行的基础上，这个时代，这种政治，确确实实是名副其实的恐怖政治。

胡惟庸案发于洪武十三年，蓝玉案发于洪武二十六年，前后相

① 《明史》卷九四《刑法志》，《大诰三编·进士监生戴罪办事》。

② 《明史》卷九四《刑法志》。

③ 《明史》卷一三九《周敬心传》：“洪武二十五年，上疏极谏：洪武四年录天下官吏，十三年连坐胡党，十九年逮官吏积年为民害者，二十三年罪妄言者，大戮官民，不分臧否。”

④ 《明史》卷一三九《茹太素传》。

⑤ 《明史》卷一三九《韩宜可传》。

⑥ 《明朝小史》卷二。

⑦ 《大诰三编·逃囚第十六》。

隔十四年。主犯虽然是两个，其实是一个案子。

胡惟庸是初起兵占领和州时的帅府旧僚，和李善长同乡，又结了亲。因李善长的举荐，逐渐发达，洪武三年拜中书省参知政事，六年七月拜右丞相。

中书省综掌全国大政，丞相对一切庶务有专决的权力，统率百官，只对皇帝负责。这制度对一个平庸的、唯唯诺诺、阿附取容的“三旨相公”型的人物，或者对手是一个只顾嬉游逸乐、不理国事的皇帝，也许不会引起严重的冲突。或者一个性情谦和容忍，一个刚决果断，柔刚互济倒也不致坏事。但是胡惟庸干练有为，有魄力，有野心，在中书省年代久了，大权在手，威福随心，兼之十年宰相，门下故旧僚友也隐隐结成一个庞大的力量，这个力量是靠胡惟庸做核心的。拿惯了权的人，怎么也不肯放下。朱元璋呢，赤手空拳建立的基业，苦战了几十年，拼上命得到的大权，平白被人分去了一大半，真是倒持太阿，授人以柄，想想又怎么能甘心！困难的是皇帝和丞相的职权，从来不曾有过清楚的界限，理论上丞相是辅佐皇帝治理天下的，相权是皇权的代表，两者是二而一的，不应该有冲突。事实上假如一切庶政都由丞相处分，皇帝没事做，只能签字画可，高拱无为。反之，如皇帝躬亲庶务，大小事情一概过问，那么，这个宰相除了伴食画诺以外，又有什么可做？

这两个人性格相同，都刚愎，都固执，都喜欢独裁，好揽权，谁都不肯相让。许多年的争执、摩擦，相权和皇权相对立，最后，冲突表面化了。朱元璋有军队，有特务，失败的当然是文官。在胡惟庸以前，第一任丞相李善长小心怕事，徐达经常统兵在外，和朱元璋的冲突还不太明显、严重（刘基自己知道性子太刚，一定合作不了，坚决不干）。接着是汪广洋，碰了几次大钉子，末了还是赐死。中书官有权的如杨宪，也是被杀的。胡惟庸是任期最长、冲突最厉害的一个。被杀后，索性取消中书省，由皇帝兼行相权，皇权和相权合二为一。洪武二十八年手令："自古三公论道，六卿分职，自秦始置丞相，不旋踵而亡。汉、唐、宋因之，虽有贤相，然其间所用者多有小人，专权乱政。我朝罢相，设五府、六部、都察院、通政司、大理寺等衙门，分理天下庶务，彼此颉颃，不敢相压，事皆朝廷总之，所以稳当。以后嗣君并不许立丞相，臣下敢有奏请设立者，文武群臣即时劾奏，处以重刑。"①这里所说的"事皆朝廷总之"的朝廷，指的便是朱元璋自己。胡惟庸被杀在政治制度史上的意义，是治权的变质，也就是从官僚和皇家共治的阶段，转变为官僚成奴才、皇帝独裁的阶段。

胡惟庸之死只是这件大屠杀案的一个引子，公布的罪状是擅权枉法。以后朱元璋要杀不顺眼的文武臣僚，便拿胡案做底子，随时加进新罪状，把它放大、发展。一放为私通日本，再放为私通蒙古。日本和蒙古，"南倭北虏"，是当时两大敌人，通敌当然是谋反。三放又发展为串通李善长谋逆，最后成为蓝玉谋逆案。罪状愈多，牵连的罪人也愈多。由甲连到乙，乙攀到丙，转弯抹角像瓜蔓一样四处伸出去，一网打尽，名为株连。被杀的都以家族做单位，杀一人也就是杀一家。坐胡案死的著名人物有御史大夫陈宁、中丞涂节、太师韩国公李善长、延安侯唐胜宗、吉安侯陆仲亨、平凉侯费聚、南雄侯赵庸、荥阳侯郑遇春、宜春侯黄彬、河南侯陆聚、宣德侯金朝兴、靖宁侯叶升、申国公邓镇、济宁侯顾敬、临江侯陈镛、营阳侯杨通、淮安侯华中，高级军官毛骧、李伯昇、丁玉，和宋濂的孙子宋慎。宋濂也被牵连，贬死茂州。坐蓝党死的除大将凉国公蓝玉以外，有吏部尚书

①《明太祖实录》卷二三九。

詹徽、侍郎傅友文、开国公常升、景川侯曹震、鹤庆侯张翼、舳舻侯朱寿、东莞伯何荣、普定侯陈桓、宣宁侯曹泰、会宁侯张温、怀远侯曹兴、西凉侯濮玙、东平侯韩勋、全宁侯孙恪、沈阳侯察罕、徽先伯桑敬和都督黄辂、汤泉等。胡案有《昭示奸党录》，蓝案有《逆臣录》，把口供和判案详细记录公布，让全国人都知道这些“奸党”的“罪状”。①被杀公侯中，东莞伯何荣是何真的儿子，何真死于洪武二十一年，被帐下旧校捏告生前党胡惟庸，勒索两千两银子。何家子弟到御前分辩，朱元璋大怒说：“我的法，这厮把作买卖！”把旧校绑来处死。到二十三年，何荣弟崇祖回广东时：

> 兄把袂连声：弟弟，今居官祸福顷刻，汝归难料再会日。到家达知伯叔兄弟，勿犯违法事，保护祖宗，是所愿望！

可是，逃过了胡党，还是逃不过蓝党。何家是岭南大族，何真在元明之际保障过一方秩序，威望极高，如何放得过？据何崇祖自述：

> 洪武二十六年，族诛凉国公蓝玉，扳指公侯文武家，名蓝党，无有分别。自京及天下，赤族不知几万户。长兄四兄宏维暨老幼咸丧。三月二十日夜鸡鸣时，家人彭康寿叩门，吾床中闻知祸事，出问故，云：“昨晚申时，内官数员带官军到卫，城门皆闭。是晚有公差出城，私言今夜抄提员头山何族，因此奔回。”……军来甚众，吾忙呼妻封氏各自逃生。

崇祖一房从此山居岛宿，潜形匿迹，一直到三十一年新帝登极大赦，才敢回家安居。②

---

① 参看钱谦益：《太祖实录辨证》；潘柽章：《国史考异》；吴晗：《胡惟庸党案考》，《燕京学报》十五期。

② 何崇祖：《庐江郡何氏家记》（玄览堂丛书续集本）。

李善长死时已经七十七岁了。帅府元僚，开国首相，替主子办了三十九年事，儿子做驸马，本身封国公，富极贵极，到末了却落得全家诛戮。一年后，有人上疏喊冤说：

> 善长与陛下同心，出万死以取天下，勋臣第一，生封公，死封王，男尚公主，亲戚拜官，人臣之分极矣。借今欲自图不轨，尚未可知。而今谓其欲佐胡惟庸者，则大谬不然。人情爱其子，必甚于兄弟之子（善长弟存义子佑是胡惟庸的从女婿），安享万全之富贵者，必不侥幸万一之富贵。善长与惟庸，犹子之亲耳，于陛下则亲子女也。使善长佐惟庸成，不过勋臣第一而已矣，太师国公封王而已矣，尚主纳妃而已矣，宁复有加于今日？且善长岂不知天下之不可幸取？当元之季，欲为此者何限，莫不身为齑粉，覆宗绝祀，能保首领者几何人哉！善长胡乃身见之，而以衰倦之年身蹈之也？凡为此者，必深仇激变，大不得已。父子之间，或至相挟以求脱祸，今善长之子祺，备陛下骨肉亲，无纤芥嫌，何苦而忽为此？若谓天象告变，大臣当灾，杀之以应天象，则尤不可。臣恐天下闻之，谓功如善长且如此，四方因之解体也。今善长已死，言之无益，所愿陛下作戒将来耳。

说得句句有理，字字有理，朱元璋无话可驳，也就算了。①

二案以外，开国功臣被杀的还有谋杀小明王的凶手德庆侯廖永忠，洪武八年以僭用龙凤不法等事赐死；永嘉侯朱亮祖父子于十三年被鞭死；临川侯胡美于十七年犯禁伏诛；江夏侯周德兴于二十五年以帷薄不修、暧昧的罪状被杀；二十七年，杀定远侯王弼、永平侯谢成、颍国公傅友德；二十八年杀宋国公冯胜。周德兴是朱元璋儿

---

①《明史》卷一二七《李善长传》。

时放牛的伙伴，傅友德、冯胜功最高，突然被杀，根本不说有什么罪过，正合着古人说的“飞鸟尽，良弓藏；狡兔死，走狗烹”的话。①

不但列将依次诛夷，甚至坚守南昌七十五日，力拒陈友谅，造成鄱阳湖大捷，奠定王业的功臣，义子亲侄朱文正也以“亲近儒生，胸怀怨望”被鞭死。② 义子亲甥李文忠，十几岁便在军中，南征北伐，立下大功，也因为左右多儒生，礼贤下士，有政治野心被毒死。③ 刘基是幕府智囊，运谋决策，不只有定天下的大功，并且是奠定帝国规模时的主要人物，因为主意多，看得准，看得远，被猜忌最深，洪武元年便被休致回家，④又怕隔得太远会出事，硬拉回南京，终于被毒死。⑤徐达为开国功臣第一，小心谨慎，也逃不过。洪武十八年病了，生背疽，据说这病最忌吃蒸鹅，病重时皇帝却特赐蒸鹅，没办法，流着眼泪当着使臣的面吃，不多日就死了。⑥ 这两个元勋的特别被注意、被防范，满朝文武全知道，给事中陈汶辉曾经上疏公开指出：“今勋旧耆德，咸思辞禄去位，如刘基、徐达之见猜，李善长、周德兴之被谤，视萧何、韩信其危疑相去几何哉！”⑦

武臣之外，文官被杀的也着实不少。有记载可考的有宋思颜、夏煜、高见贤、凌说、孔克仁，这几人都是初起事时的幕府僚属。宋思颜在幕府里的地位仅次于李善长。夏煜是诗人，和高见贤、杨宪、凌说一伙，专替朱元璋“伺察搏击”，尽鹰犬的任务，告密栽赃，什么

① 王世贞：《史乘考误》；钱谦益：《太祖实录辨证》；潘柽章：《国史考异》。
② 刘辰：《国初事迹》；孙宜：《洞庭集·大明初略三》；王世贞：《史乘考误》卷一。
③《史乘考误》卷一，《太祖实录辨证》卷五，《国史考异》卷二。
④《国初事迹》。
⑤《明史》卷三〇八《胡惟庸传》、卷一二八《刘基传》；刘璟：《遇恩录》。
⑥《翦胜野闻》。
⑦《明史》卷一三八《李仕鲁传》附《陈汶辉传》。

事全干，到末了也被人告密，先后送了命。[①] 朝官中有礼部侍郎朱同、张衡，户部尚书赵勉，吏部尚书余熂，工部尚书薛祥、秦逵，刑部尚书李质、开济，户部尚书茹太素，春官王本，祭酒许存仁，左都御史杨靖，大理寺卿李仕鲁，少卿陈汶辉，御史王朴、纪善、白信蹈等。[②] 外官有苏州知府魏观，济宁知府方克勤，番禺知县道同，训导叶伯巨，晋王府左相陶凯等。[③] 茹太素是个刚性人，爱说老实话，几次因为话不投机被廷杖、降官，甚至镣足治事。一天，在便殿赐宴，朱元璋赐诗说："金杯同汝饮，白刃不相饶。"太素磕了头，续韵吟道："丹诚图报国，不避圣心焦！"元璋听了倒也很感动。不多时还是被杀。李仕鲁是朱熹学派的学者，劝皇帝不要太尊崇和尚道士，想学韩文公辟佛，来发扬朱学。料想着朱熹和皇帝是本家，这着棋准下得不错，不料皇帝竟不买朱夫子的账，全不理会。仕鲁急了，闹起迂脾气，当面交还朝笏，要告休回家。元璋大怒，叫武士把他掼死在阶下。陶凯是御用文人，一时诏令、封册、歌颂、碑志多出其手，做过礼部尚书，制定军礼和科举制度，只为了起一个别号叫"耐久道人"，犯了忌讳被杀。员外郎张来硕谏止娶已许配的少女做宫人，说"于理未当"，被碎肉而死。参议李饮冰被割乳而死。[④] 叶伯巨在洪武九年以星变上书，论用刑太苛说：

> 臣观历代开国之君，未有不以仁德结民心，以任刑失民心者，国祚长短，悉由于此。……议者曰宋元中叶，专事姑息，赏

①《明史》卷一三五《宋思颜传》。

②《明史》卷一三六《朱升传》，卷一三七《刘三吾传》《宋讷传》《安然传》，卷一三八《陈修传》《周祯传》《杨靖传》《薛祥传》，卷一三九《茹太素传》《李仕鲁传》《周敬心传》。

③《明史》卷一四〇《魏观传》、卷二八一《方克勤传》、卷一四〇《道同传》、卷一三九《叶伯巨传》、卷一三六《陶凯传》。

④《国初事迹》。

罚无章，以致亡灭。主上痛惩其僘，故制不宥之刑，权神变之法，使人知惧而莫测其端也。臣又以为不然。开基之主，垂范百世，一动一静，必使子孙有所持守，况刑者国之司命，可不慎欤！夫笞、杖、徒、流、死，今之五刑也。用此五刑，既无假贷，一出乎大公至正可也。而用刑之际，多裁自圣衷，遂使治狱之吏，务趋求意志，深刻者多功，平反者得罪，欲求治狱之平，岂易得哉！近者特旨杂犯死罪，免死充军，又删定旧律诸则，减宥有差矣。然未闻有戒敕治狱者，务从平恕之条，是以法司犹循故例，虽闻宽宥之名，未见宽宥之实。所谓实者，诚在主上，不在臣下也。故必有罪疑惟轻之意，而后好生之德洽于民心，此非可以浅浅期也。何以明其然也？古之为士者以登仕为荣，以罢职为辱，今之为士者以溷迹无闻为福，以受玷不录为幸，以屯田工役为必获之罪，以鞭笞捶楚为寻常之辱。其始也，朝廷取天下之士，网罗捃摭，务无余逸，有司敦迫上道，如捕重囚。比到京师，而除官多以貌选，所学或非其所用，所用或非其所学。洎乎居官，一有差跌，苟免诛戮，则必在屯田工役之科，率是为常，不少顾惜。此岂陛下所乐为哉！诚欲人之惧而不敢犯也。窃见数年以来，诛杀亦可谓不少矣，而犯者相踵，良由激劝不明，善恶无别，议贤议能之法既废，人不自励而为善者怠也。有人于此，廉如夷、齐，智如良、平，少戾于法，上将录长弃短而用之乎？将舍其所长苛其所短而置之法乎？苛取其长而舍其短，则中庸之材争自奋于廉智；倘苛其短而弃其长，则为善之人皆曰某廉若是，某智若是，朝廷不少贷之，吾属何所容其身乎？致使朝不谋夕，弃其廉耻，或事掊克，以备屯田工役之资者，率皆是也。若是非用刑之烦者乎！汉尝徙大族于山陵矣，未闻实之以罪人也。今凤阳皇陵所在，龙兴之地，而率以罪人居之，怨嗟愁苦之声，充斥园邑，殆非所以恭承宗庙意也。

朱元璋看了气极，连声音都发抖了，连声说道：这小子敢如此！快逮来！我要亲手射死他！隔了些日子，中书省官趁他高兴的时候，奏请把叶伯巨下刑部狱，不久死在狱中。①

照规定，每年各布政使司和府州县都得派上计吏到户部，核算钱粮军需等账目，数目琐碎畸零，必须府合省，省合部，一层层上去，一直到部里审核报销，才算手续完备。钱谷数字有分毫升合不符合，整个报销册便被驳回，得重新填造。布政使司离京师远的六七千里，近的也是三四千里，册子重造不打紧，要有衙门的印才算合法，为了盖这颗印，来回时间就得一年半载。为了免得部里挑剔，减除来回奔走的麻烦，上计吏照例都带有预先备好的空印文书，遇有部驳，随时填用。到洪武十五年，朱元璋忽然发觉这事，以为一定有弊病，大发雷霆，下令地方各衙门的长官主印者一律处死，佐贰官杖一百充军边地。其实上计吏所预备的空印文书是骑缝印，不能作为别用，也不一定用得着，全国各衙门都明白这道理，连户部官员也是照例默认的，算是一条不成文法律。可是案发后，朝廷上谁也不敢说明详情，有一个不怕死的老百姓，拼着命上书把这事解释明白，也不中用，还是把地方长吏一杀而空。当时最有名的好官济宁知府方克勤（建文朝大臣方孝孺的父亲）也死在这案内，上书人也被罚充军。②

郭桓是户部侍郎。洪武十八年，有人告发北平二司官吏和郭桓

---

①《明史》卷一三九《叶伯巨传》。

②《明史》卷九四《刑法志》、卷一三九《郑士利传》。

通同舞弊，从六部左右侍郎以下都处死刑，追赃七百万。供词牵连到各直省官吏，死的又是几万人。追赃又牵连到全国各地，中产之家差不多全被这案子搞得倾家荡产，财破人亡。这案子惊动了整个社会，也大伤了中产阶级和中下级官僚的心，大家都指斥、攻击告发此案的御史和审判官，议论沸腾，情势严重。朱元璋一看不对，赶紧下手诏条列郭桓等罪状，说是：

> 户部官郭桓等收受浙西秋粮，合上仓四百五十万石，其郭桓等止收（交）六十万石上仓，钞八十万锭入库，以当时折算，可抵二百万石，余有一百九十万石未曾上仓。其桓等受要浙西等府钞五十万贯，致使府州县官黄文等通同刁顽人吏边源等作弊，各分入己。
>
> 其应天等五府州县数十万没官田地，夏秋税粮，官吏张钦等通同作弊，并无一粒上仓，与同户部官郭桓等尽行分受。
>
> 其所盗仓粮，以军卫言之，三年所积卖空。前者榜上若欲尽写，恐民不信，但略写七百万耳。若将其余仓分并十二布政司通同盗卖见在仓粮，及接受浙西等府钞五十万张卖米一百九十万不上仓，通算诸色课程鱼盐等项，及通同承运库官范朝宗偷盗金银，广惠库官张裕妄支钞六百万张，除盗库见在金银宝钞不算外，其卖在仓税粮及未上仓该收税粮及鱼盐诸色等项，共折米算，所废（吞没）者二千四百余万（石）精粮。

意思是追赃七百万还是圣恩宽容，认真算起来该有两千四百万，这几万人死得绝不委屈。话虽如此说，到底觉得有些不妥，只好借审刑官的头来平众怒，把原审官杀了一批，再三申说，求人民的谅解。[①] 一年后，他又特别指出："自开国以来，惟两浙、江西、两广、福建所设有司官，未尝任满一人，往往未及终考，自不免于赃贪。"[②]可见杀这些贪官污吏是不错的，是千该万该的。不过，倒过来说，杀了二十年的贪官污吏，而贪官污吏还是那么多，沿海比较富饶区域的地方官，二十年来甚至没有一个能够做满任期，都在中途犯了贪赃罪，由此可见专制独裁的统治，官僚政治和贪污根本分不开，单用严刑重罚、恐怖屠杀去根绝贪污，是不可能有什么效果的。

在鞭笞、苦工、剥皮、抽筋以至抄家灭族的威胁空气中，凡是做官的，不论大官小官、近臣远官，随时随地都会有不测之祸，人人都在提心吊胆、战战兢兢地过日子。这日子过得太紧张了，太可怕了，有的人实在受不了，只好辞官，回家当老百姓。不料又犯了皇帝的忌讳，说是不肯帮朝廷做事："奸贪无福小人，故行诽谤，皆说朝廷官难做。"[③]大不敬，非杀不可。没有做过官的儒士，怕极了，躲在乡间不敢出来应考做官，他又下令地方官用种种方法逼他们出来，"有司敦迫上道，如捕重囚"。还立下一条法令，说是："率土之滨，莫非王臣，寰中士大夫不为君用，是自外其教者，诛其身而没其家，不为之。"[④]贵溪儒士夏伯启叔侄各剁去左手大指，立誓不做官，被拿赴京师面审。元璋气呼呼地发问："昔世乱居何处？"回说："红寇乱时，避居于福建、江西两界间。"不料"红寇"这名词正刺着皇帝的痛处：

---

①《明史》卷九四《刑法志》，《大诰·郭桓卖放浙西秋粮第二十三》，《大诰·郭桓盗官粮第四十九》。

②《大诰续编》。

③《大诰·奸贪诽谤第六十四》。

④《大诰三编·苏州人才第十三》。

> 朕知伯启心怀愤怒，将以为朕取天下非其道也。特谓伯启曰：尔伯启言红寇乱时，意有他念。今去指不为朕用，宜枭令籍没其家，以绝狂愚夫仿效之风。

特派法司押回原籍处决。[①] 苏州人才姚润、王谟被征不肯做官，也都被处死，全家籍没。[②]

洪武朝朝臣幸免于屠杀的，只有几个例子：一个是大将信国公汤和，原是朱元璋同村子人，一块儿长大的看牛伙伴，比元璋大三岁。起兵以后，诸将地位和元璋不相上下的，都闹别扭，不听使唤，只有汤和规规矩矩，小心听话，服从命令。到晚年，徐达、李文忠已死多年，汤和宿将功高，明白老伙伴脾气，对于诸大将兵权在握心里老大不愿意，苦的是嘴里说不出。他便首先告老交出兵权，元璋大喜，立刻派官给他在凤阳盖府第，赏赐礼遇，特别优厚，算是侥幸老死在床上。[③] 一个是外戚郭德成，郭宁妃的哥哥。一天他陪朱元璋在后苑喝酒，醉了趴在地上去冠磕头谢恩，露出稀稀的几根头发。元璋笑着说："醉疯汉，头发秃到这样，可不是酒喝多了。"德成仰头说："这几根还嫌多呢，剃光了才痛快。"元璋不作声。德成酒醒，才知道闯了大祸，怕得要死，索性装疯，剃光了头，穿上和尚衣，成天念佛。元璋信以为真，告诉宁妃说："原以为你哥哥说笑话，如今真个如此，真是疯汉。"不再在意。党案起后，德成居然漏网。[④] 一个是御史袁凯。有一次朱元璋要杀许多人，叫袁凯把案卷送给皇太子复讯，皇太子主张从宽。袁凯回报，元璋问："我要杀人，皇太子却要宽

---

①《大诰三编·秀才剁指第十》，《明史》卷九四《刑法志》。

②《大诰三编·苏州人才第十三》，《明史》卷九四《刑法志》。

③《明史》卷一二六《汤和传》。

④《明史》卷一三一《郭兴传》。

减，你看谁对？”袁凯不好说话，只好回答：“陛下要杀是守法，东宫要赦免是慈心。”元璋大怒，以为袁凯两头讨好，脚踏两头船，老滑头，要不得。袁凯大惧，假装疯癫。元璋说疯子不怕痛，叫人拿木钻来刺他的皮肤。袁凯咬紧牙齿，忍住不喊痛。回家后，自己拿铁链锁住脖子，蓬头垢面，满口疯话。元璋还是不放心，派使者去召他做官。袁凯瞪眼对使者唱月儿高曲，趴在篱笆边吃狗屎。使者回报果然疯了，才不追究。这一次朱元璋却受了骗，原来袁凯预先叫人用炒面拌砂糖，捏成段段，散在篱笆下，趴着吃了，救了一条命，朱元璋哪里会知道？①

吴人严德珉由御史升左佥都御史，因病辞官，犯了忌讳，被黥面充军南丹（今广西），遇赦放还。布衣徒步做老百姓，谁也不知道他曾做过官，到宣德时还很健朗。一天因事被御史所逮，跪在堂下，供说也曾在台勾当公事，颇晓三尺法度。御史问是何官，回说洪武中台长严德珉便是老夫。御史大惊谢罪，第二天去拜访，他却早已挑着铺盖走了。有一个教授和他喝酒，见他脸上刺字，头戴破帽，问老人家犯什么罪过。德珉说了详情，并说先时国法极严，做官的多半保不住脑袋。说时还北面拱手，嘴里连说：“圣恩！圣恩！”②

元璋有一天出去私访。到一破寺，里边没有一个人，墙上画一布袋和尚，有诗一首：“大千世界浩茫茫，收拾都将一袋藏。毕竟有收还有放，放宽些子又何妨。”墨迹还新鲜，是刚画刚写的，赶紧使人去搜索，已经不见了。③ 这个故事不一定是真实的，不过，所代表的当时人的情绪却是真实的。

---

①《明史》卷二八五《袁凯传》；《翦胜野闻》；陆深：《金台纪闻》。

②《明史》卷一三八《周祯传》。

③《翦胜野闻》。

二、 文字狱

虽然在《大明律》上并没有这一条,说是对皇帝的文字有许多禁忌,违犯了就得杀头,但是,在明初,百无是处的文人,却为了几个方块字,不知道被屠杀了多少人,被毁灭了多少家族。

所谓禁忌,含义是非常广泛的。例如朱元璋从小穷苦,当过和尚,和尚的特征是光头,没有头发,因之不但“光”“秃”这一类字犯忌讳,就连“僧”这个字也被讨厌,推而广之,连和“僧”字同音的“生”字也不喜欢。又如他早年是红军的小兵,红军在元朝政府和地主官僚士大夫的口头上、文字上,是被叫作“红贼”“红寇”的,做过贼的最恨人提起“贼”字,不管说的是谁,总以为骂的是他,推而广之,连和“贼”读音相像的“则”字也看着心虚了。这一类低能的、护短的禁忌心理,在平常人,最多是骂一场、打一架,可是皇帝就不同了,严重了,一张嘴,一个条子,就是砍头、抄家、灭族。法律、刑章,不过为对付老百姓用的,皇帝在法律之上、在法律之外,而且,还可以为自己的方便,临时添进一两款,弄得名正言顺;要不然,做皇帝图的是什么来?

大明帝国的第一代皇帝,从小失学,虽然曾经在皇觉寺混了一些日子,从佛经里生吞活剥认了几个字,后来在行伍里和读书人搞在一起,死命记,刻苦学,到发迹了,索性请了许多文人学者来讲学,更明白往古还有许多大道理。可是,到底根基差,认字不太多,学问不到家,许多字认不真,加上心虚护短的自卑心理,凭着有百万大军的威风，滥用权力，就随随便便糊里糊涂杀了无数文人，造成明初的文字狱。

他的自卑心理，另一现象就是卖弄身份。论出身，既不是像周文王那样的王子王孙，也不是隋文帝那样的世代将门；论祖先，既搬不出尧子舜孙那一套，也不会像唐朝拉李耳、宋朝造赵玄朗那玩意；父亲、祖父是佃农，外祖是巫师，没什么值得夸耀的。为了怕人讪笑，索性强调自己是无根基的、没来头的，不是靠祖宗先人基业起家的。在口头上，在文字上，甚至在正式的诏书上，一张嘴，一动笔，总要插进"朕本淮右布衣"，或者"江左布衣"，以及"匹夫""起自田亩""出身寒微"一类的话；尤其是"布衣"这一名词，仔细研究他的诏书，差不多很难找出不提这两个字的。强烈的自卑感表现为自尊，自尊为同符汉高祖，原来历史上的汉高祖也和他一样，是个平民出身的大皇帝。不断地数说，成为卖弄，卖弄他赤手空拳，每一寸地都是打出来的天下。可是，尽管他左一个"布衣"，右一个"布衣"，以至"寒微"之类，一套口头禅，像是说得很利落，却绝不许人家如此说，一说就以为是挖苦他的根基，又是一场血案。

其实，他又何尝不想攀一个显赫知名的人做祖宗，只是被人点破，不好意思而已。据说，当他和一批文臣商量修玉牒（家谱）的时候，原来打算拉宋朝的朱熹做祖先的。恰好一个徽州人姓朱做典史的来朝见，他打算拉本家，就问："你是朱文公的子孙吗？"这人不明底细，又怕撒谎会闯祸，只好回说不是。他一想，区区的典史尚且不肯冒认别人做祖宗，堂堂大皇帝又怎么可以？而且几代以前也从没有听说和徽州有过瓜葛，万一硬连上，白给人做子孙倒不打紧，被识破了落一个话柄，如何值得？只好打消了这念头，不做名儒的后代，却向他的同志汉高祖去看齐了。①

文字狱的经过如此：

地方三司官和知府、知县、卫所官，逢年过节和皇帝生日以及皇家喜庆所上的表笺，照例委托学校教官代作。虽然都是陈词滥调刻板一套颂圣的话，朱元璋却偏喜欢仔细阅读，挑出恭维话来愉悦自己。他当然也知道这些话只是文字的堆砌，没有真感情，不过，总算综合了文字上的好字眼来歌颂，看了也不由得肌肉发松，轻飘飘有飞上云雾里的快感，紧绷绷的脸腮上有时候也不免浮出一丝丝的笑意来。不料看多了，便出问题：怎么全是说我好的？被屠宰的猪羊会对屠夫讨好感谢？推敲又推敲，总觉得有些字在纸上跳动，在说你这个暴君、这个屠户、穷和尚、小叫花、反贼、强盗，一些不愉快的往事在苦恼他的心灵。

他原来不是使小心眼的人，更不会挑剔文字。从渡江以后，很得到文人的帮忙。开国以后，朝仪制度、军卫、户籍、学校等典章规程又多出于文人的计划，使他越发看重文人，以为治国非用文人不可。百战功高的勋臣们很感觉不平，以为我们流血百战，却让这些瘟书生来当权，多少次向皇帝诉说，都不理会。商量多时，生出主意，一天又向皇帝告状，元璋还是那一套老话，说是世乱用武，世治宜文，马上可以得天下，不能治天下，总之，治天下是非文人不可的。有人就说："不过文人也不能过于相信，太相信了会上当的。一般的文人好挖苦毁谤，拿话刺人，譬如张九四一辈子宠待儒生，好房子，大薪水，三日一小宴，五日一大宴，把文人捧上天。做了王爷后，要起一个官名，有人取为士诚。"元璋说："不错啊，这名字不错。"那人

① 吕毖：《明朝小史》卷一。

说："不然，上大当了。《孟子》上有'士，诚小人也'。把这句话连起来，割裂起来念，就读成'士诚，小人也'，骂他是小人，他哪里懂得，给人叫了半辈子小人，到死还不明白，真是可怜。"①元璋听了这番话，正中痛处，从此加意读表笺，果然满纸都是和尚贼盗，句句都是对着他骂的，有的成语转弯抹角揣摩了半天，也是损他的，一怒之下，叫把这些做文字的文人，一概拿来杀了。

文字狱的著名例子，如浙江府学教授林元亮替海门卫作《谢增俸表》，有"作则垂宪"一句话，北平府学训导赵伯宁为都司作《贺万寿表》，有"垂子孙而作则"一语，福州府学训导林伯璟为按察使撰《贺冬至表》的"仪则天下"，桂林府学训导蒋质为布政使、按察使作《正旦贺表》的"建中作则"，澧州学正孟清为本府作《贺冬至表》的"圣德作则"，他把所有的"则"都念成"贼"。常州府学训导蒋镇为本府作《正旦贺表》，有"睿性生知"，"生"字被读作"僧"。怀庆府学训导吕睿为本府作《谢赐马表》，"遥瞻帝扉"中"帝扉"被读成"帝非"。祥符县学教谕贾翥为本县作《正旦贺表》的"取法象魏"，"取法"读作"去发"。亳州训导林云为本府作《谢东宫赐宴笺》有"式君父以班爵禄"，"式君父"硬被念成"失君父"，说是诅咒。尉氏县教谕许元为本府作《万寿贺表》："体乾法坤，藻饰太平。"更严重了，"法坤"是"发髡"，"藻饰太平"是"早失太平"。德安府县训导吴宪为本府作《贺立太孙表》："永绍亿年，天下有道，望拜青门。""有道"变成"有盗"，"青门"当然是和尚庙了。都一概处死。甚至陈州府学训导周冕为本州作《贺万寿表》的"寿域千秋"，念不出花样来的也是被杀。②

① 黄溥：《闲中今古录》。

② 《廿二史札记》卷三二《明初文字之祸》引《朝野异闻录》。

象山县教谕蒋景高以表笺误被逮赴京师斩于市。① 杭州教授徐一夔贺表有“光天之下，天生圣人，为世作则”。元璋读了大怒说：“‘生’者僧也，骂我当过和尚。‘光’是剃发，说我是秃子。‘则’音近贼，骂我做过贼！”立刻逮来杀了。吓得礼部官魂不附体，求皇帝降一道表式，使臣民有所遵守。② 洪武二十九年七月特派翰林院学士刘三吾、右春坊右赞善王俊华撰庆贺谢恩表笺成式，颁布天下诸司，以后凡遇庆贺谢恩，如式录进。③

文字狱从洪武十七年到二十九年(公元1384—1396年)，前后经过十三年。④ 唯一幸免的文人是翰林编修张某，此人在翰林院时说话太直，被贬作山西蒲州学正，照例作庆贺表。元璋特别记得这人名字，看表词里有“天下有道”“万寿无疆”，发怒说：“这老头还骂我是强盗！”差人逮来面讯，说是：“把你送法司，更有何话可说？”张某说：“只有一句话，说了再死也不迟。陛下不是说过表文不许杜撰，都要出自经典，要有根有据的话吗？‘天下有道’是孔子的格言，‘万寿无疆’是《诗经》里的成语，说臣诽谤，不过如此。”元璋无话可说，想了半天，才说：“这老头还嘴犟，放掉吧！”左右侍从私下谈论：“几年来才见容了这一个人！”⑤

有一个和尚叫来复，巴结皇帝，作一首谢恩诗，有“殊域”和“自惭无德颂陶唐”之句。元璋大生气，以为“殊”字分为“歹朱”，明明骂我，又说“无德颂陶唐”，是说我无德，虽欲以陶唐颂我而不能，又把

① 黄溥：《闲中今古录》。

②《翦胜野闻》。

③ 此据《明太祖实录》卷二四六。赵翼《廿二史札记》卷三二《明初文字之祸》作“帝乃自为之，播天下”，是错的。

④《闲中今古录》。

⑤ 李贤：《古穰杂录》。

这乱讨好的和尚斩首。①

在戡乱建国声中，文人作反战诗也是犯罪的。佥事陈养浩有诗云："城南有嫠妇，夜夜哭征夫。"元璋恨他动摇士气，取到湖广，投在水里淹死。② 甚至作一首宫词，也会被借题处死。翰林编修高启作《题宫女图》诗，有云："小犬隔花空吠影，夜深宫禁有谁来？"元璋以为是讽刺他的，恨在心头。苏州知府魏观改修府治被杀后，元璋知道《上梁文》又是高启写的，旧仇新罪都发，把高启腰斩。③ 地方官报告就本身职务有所陈请，一字之嫌，也会送命。卢熊做兖州知州，具奏州印"兖"字误类"衮"字，请求改正。元璋极不高兴，说："秀才无理，便道我兖哩！"原来又把"兖"字缠作"滚"字了。不久，卢熊终于以党案被诛。④

从个人的避忌进一步便发展为广义的避忌了。洪武三年禁止小民取名用天、国、君、臣、圣、神、尧、舜、禹、汤、文、武、周、汉、晋、唐等字。洪武二十六年榜文禁止百姓取名太祖、圣孙、龙孙、黄孙、王孙、太叔、太兄、太弟、太师、太傅、太保、大夫、待诏、博士、太医、太监、大官、郎中字样，并禁止民间久已习惯的称呼，如医生只许称医士、医人、医者，不许称太医、大夫、郎中；梳头人只许称梳篦人或称整容，不许称待诏；官员之家火者，只许称阍者，不许称太监，违者都处重刑。⑤

不只是文字，甚至口语也有避忌。传说有一次他便装出外察

---

①《廿二史札记》卷三二《明初文字之祸》。

②《国初事迹》。

③ 朱彝尊：《静志居诗话》；《明史》卷二八五《高启传》。

④ 叶盛：《水东日记摘钞》卷二。

⑤《明太祖实录》卷五二；顾起元：《客座赘语》卷十《国初榜文》。

访，有一老婆子和人谈话，提起上位（明初人对皇帝的私下称呼）时，左一个老头儿，右一个老头儿。当时不好发作，走到徐达家，绕着屋子踱来踱去，气得发抖，后来打定主意，传令五城兵马司带队到那老婆子住的地方，把那一带民家都给抄没了。回报时他还哑着嗓子说："张士诚占据东南，吴人到现在还叫他张王，我做了皇帝，这地方的老百姓居然叫我老头儿，真气死人，气死人！"①

其他文人被杀的如处州教授苏伯衡以表笺误论死；太常丞张羽曾代撰《滁阳王庙碑》，坐事投江死；河南左布政使徐贲下狱死；苏州经历孙蕡坐曾为蓝玉题画，泰安州知州王蒙尝谒胡惟庸，在胡家看画，王行曾做蓝玉家馆客，都以党案论死。苏伯衡和王行都连两个儿子同命，一家杀绝。郭奎曾参朱文正大都督府军事，文正被杀，奎也论死。王彝曾修《元史》，坐魏观案和高启同死。同修《元史》的山东副使张孟兼、博野知县傅恕和福建佥事谢肃，都坐事死。何真幕府里的人物，岭南五先生之一的赵介，死在被逮途中。初定金华时，罗致幕中讲述经史的戴良，坚决不肯做官，得罪自杀。不死的，如曾修《元史》的张宣，谪徙濠梁；杨基被谪罚做苦工，一直到死；乌斯道谪役定远；唐肃谪佃濠梁；顾德辉父子在吴平后，并徙濠梁，都算是万分侥幸的了。②

明初的著名诗人吴中四杰：高启、杨基、张羽、徐贲，没有一个是善终的。

元璋晚年时，所最喜欢的青年才子解缙，奉命说老实话，上万言书说：

---

①《翦胜野闻》。

②《明史》卷二八五《苏伯衡传》，《高启传》，《王冕传》附《郭奎传》，《孙蕡传》，《王蒙传》，《赵壎传》，《陶宗仪传》附《顾德辉传》；《廿二史札记》卷三二《明初文人多不仕》。

> 臣闻令数改则民疑，刑太繁则民玩。国初至今将二十载，无几时不变之法，无一日无过之人。尝闻陛下震怒，锄根剪蔓，诛其奸逆矣，未闻褒一大善，赏延于世，复及其乡，终始如一者也。陛下进人不择贤否，授职不量重轻。建“不为君用”之法，所谓取之尽锱铢；置“朋奸倚法”之条，所谓用之如泥沙。监生进士经明行修，而多屈于下僚；孝廉人材冥蹈瞽趋，而或布于朝省。椎埋嚣悍之夫，阘茸下愚之辈，朝捐刀镊，暮拥冠裳；左弃筐箧，右绾组符。是故贤者羞为之等列，庸人悉习其风流，以贪婪苟免为得计，以廉洁受刑为饰辞。出于吏部者无贤否之分，入于刑部者无枉直之判。天下皆谓陛下任喜怒为生杀，而不知皆臣下之乏忠良也。夫罪人不孥，罚弗及嗣，连坐起于秦法，孥戮本于伪书。今之为善者，妻子未必蒙荣，有过者，里胥必陷其罪，况律以人伦为重，而有给配之条，听之于不义，则又何取夫节义哉！此风化之所由也。

所说全是事实。迫文人做官则取之尽锱铢，做了官再屠杀，简直像泥沙一样，毫不动心；稍不如意便下刑部，一进刑部是没有冤枉可诉的。而且，不但罚延及嗣，连儿子一起杀，甚至妻女也不免受辱，听凭官家给配。真是“任喜怒为生杀”，和“臣下乏忠良”何干？解缙这么说，只是行文技巧，不给上位太难堪而已。元璋读了，连说：“才子！才子！”可见他自己也是心服的。①

网罗布置好了，包围圈逐渐缩小了，苍鹰在天上盘旋，猎犬在追逐，一片号角声、呐喊声、呼鹰唤狗声。已入网的文人一个个断脰破胸，呻吟在血泊中。在网外、围外的在战栗，在恐惧，在逃避，在伪

---

①《明史》卷一四七《解缙传》。

装。前朝老文学家杨铁崖(维桢)被征,婉辞谢绝,说快死的老太婆不能再嫁人了,赋《老客妇谣》明志,抵死不肯做官,被迫勉强到南京打一转,请求还山。宋濂赠诗说:"不受君王五色诏,白衣宣至白衣还。"①胡翰、赵壎、陈基修《元史》成后,即刻回家。张昱被征,元璋看他老态龙钟,说是回家去吧,可以闲一闲了,因自号为可闲老人。王逢是张士诚的馆客,吴亡,隐居不起。洪武十五年被征,地方官押送上路,亏得儿子做通事司令的,向皇帝磕头苦求,才放回去。高则诚(明)以老疾辞官,张宪隐姓埋名,寄食僧寺,丁鹤年学佛庐墓,都得逍遥网外,终其天年。② 开国谋臣秦从龙避乱镇江,元璋先嘱徐达访求,又特派朱文正、李文忠到门延聘,亲自到龙湾迎接,事无大小,都和他商量,称为先生而不名,有时用竹板写字问答,连左右侍从都不知道他们说的是什么。儒臣中礼遇优厚,没人能比得上。陈遇在幕中被比作伊、吕、诸葛,最为亲信。元璋做吴王,辞做供奉司丞,称帝后,三次辞翰林学士,又辞中书左丞,辞礼部侍郎兼弘文馆大学士,辞太常少卿,最后又辞做礼部尚书。元璋无法,要派他儿子做官,还是不肯。他在左右劝少杀人,替得罪臣僚说好话,密谋秘计,外人无法与闻。他越是不肯做官,元璋对他越敬重,见面称先生或君子,宠礼在勋戚大臣之上。这两人都不做官,都为元璋所信任尊重,都能平安老死,和刘基那样被猜毒死、宋濂那样暮年谪死,真是不可同日而语了。③

元璋渡江以前幕府里的主要人物,还有一人名田兴,金陵下后

---

① 《明史》卷二八五《杨维桢传》。

② 《明史》卷二八五《胡翰传》,《赵壎传》,《赵㧑谦传》附《张昱传》,《戴良传》附《王逢传》,《丁鹤年传》,《陶宗仪传》附《高明传》。

③ 陆深:《豫章漫钞》《玉堂漫笔》,《明史》卷一三五《陈遇传》。

便隐遁江湖，元璋多方设法寻访都不肯回来。洪武三年又派专使以手书敦劝说：

> 元璋见弃于兄长，不下十年，地角天涯，未知云游之处，何尝暂时忘也。近闻打虎留江北，为之喜不可仰。两次诏请，更不得以勉强相屈。文臣好弄笔墨，所拟词意，不能尽人心中所欲言，特自作书，略表一二，愿兄长听之：昔者龙凤之僭，兄长劝我自为计，又复辛苦跋涉，参谋行军。一旦金陵下，告遇春曰：大业已定，天下有主，从此浪迹江湖，安享太平之福，不复再来多事矣。我故以为戏言，不意真绝迹也。皇天厌乱，使我灭南盗，驱北贼，无才无德，岂敢妄自尊大，天下遽推戴之，陈友谅有知，徒为所笑耳。三年在此位，访求山林贤人，日不暇给。兄长移家南来，离京甚近，非但避我，且又拒我。昨由去使传信，令人闻之汗下。虽然，人之相知，莫如兄弟，我二人者不同父母，甚于手足。昔之忧患，与今之安乐，所处各当其事，而平生交谊，不为时势变也。世未有兄因弟贵，惟是闭门逾垣以为得计者也。皇帝自是皇帝，元璋自是元璋，元璋不过偶然做皇帝，并非做皇帝便改头换面，不是朱元璋也。本来我有兄长，并非做皇帝便视兄长如臣民也。愿念兄弟之情，莫问君臣之礼，至于明朝事业，兄长能助则助之，否则，听其自便。只叙兄弟之情，断不谈国家之事。美不美，江中水，清者自清，浊者自浊，再不过江，不是脚色。①

情辞恳切到家，还是不理。此人神龙见首不见尾，如实有其人，可说是第一流人物，也是最了解他小兄弟性格的一个人物。

---

① 方觉慧：《明太祖革命武功记引》。

三、 特务网

专制独裁的政权，根本是反人民的，靠吮吸人民的血汗，奴役人民的劳力而存在。为了利益的独占和持续，甚至对他自己的工具或者仆役——官僚和武将，也非加以监视和侦查不可。虽然在对人民的剥削掠夺这一共同基础上，皇权和士大夫军官是一致的，但是，官僚武将过分的膨胀，又必然会和皇权产生内部冲突。

皇帝站在金字塔的尖端，在尊严的、神圣的宝座下面，是一座火山。有广大的、愤怒的人民，有两头拿巧的官僚，有强悍跋扈的武将，在酝酿力量，在组织力量。

推翻元朝统治的不就是蚩蚩粥粥，老实得说不出话，扛竹竿锄头的农民？使张九四终于不能成事的，不就是那些专为自己打算，贪污舞弊的文士和带歌儿舞女上阵的将军？历史上，曹操、司马懿、刘裕一个吃一个，篡位的是士大夫，帮凶的又何尝不是士大夫？至于赵匡胤陈桥兵变，黄袍加身，那更用不着说了。这位子谁不想坐？"彼可取而代之也!"谁不想做皇帝？

没有做皇帝之先，用阴谋，用武力，使尽一切可能的力量去破坏，从而取得政权。做了皇帝之后，用阴谋，用武力，使尽一切可能的力量来不许破坏，镇压异己，维持既得利益。一句话，绝对禁止别人企图做皇帝，或对他不忠。

要严密做到镇压"异图""不忠"，巩固已得地位，光是公开的军队和法庭，光是公布的律例和刑章是不够用的。可能军队里、法庭里，就有对现状不满的分子；可能军队里、法庭里，就有痛恨这种统治方式的人们。得有另外一套，得有一批经过挑选训练的特种侦探，得有经过严格组织的特种“机构”和特种监狱，用秘密的方法，侦伺，搜查，逮捕，审讯，处刑。在军队里，学校里，政府衙门中，在民间集会场所，私人住宅，交通孔道，大街小巷，处处都有一些特殊人物在活动。执行这些任务的特种组织和人物，在汉有“诏狱”和“大谁何”，三国时有“校事”，唐有“丽竞门”和“不良人”，五代有“侍卫司狱”，宋有“诏狱”和“内军巡院”，明初有“检校”和“锦衣卫”。

检校的职务是“专主察听在京大小衙门官吏不公不法及风闻之事，无不奉闻”。最著名的头子之一叫高见贤，和佥事夏煜、杨宪、凌说，成天做告发人阴私的勾当，“伺察搏击”。兵马指挥丁光眼巡街生事，凡是没有路引的，都捉拿充军。元璋尝时说：“有这几个人，譬如人家养了恶犬，则人怕。”[①]杨宪曾经以左右司郎中参赞浙江行省左丞李文忠军事，元璋嘱咐：“李文忠是我外甥，年轻未历练，地方事由你做主张，如有差失，罪只归你。”后来杨宪就告讦李文忠用儒士屠性、孙履、许元、王天锡、王祎干预公事，屠性、孙履被诛，其余三人被罚发充书写。杨宪因之得宠，历升到中书左丞。元璋有意要他做宰相，杨宪就和凌说、高见贤、夏煜在元璋面前诉说李善长不是做宰相的材料。胡惟庸急了，告诉李善长：“杨宪若做相，我们两淮人就不得做大官了。”杨宪使人劾奏右丞汪广洋流放海南，淮人也合力反攻杨宪：“排陷大臣，放肆为奸。”到底淮帮力量大，杨宪以告讦发迹，也以被告讦诛死。[②] 高见贤建议：“在京犯赃经断官吏，不无怨望，岂容辇毂之下住坐？该和在外犯赃官吏发去江北和州、无为开垦荒

---

① 《国初事迹》，《洞庭集·大明初略四》，《明史》卷一三五《宋思颜传》。

② 《国初事迹》，《明史》卷一二七《汪广洋传》。

田。"后来他自己也被杨宪举劾受赃，发和州种田。先前在江北种田的都指着骂："此路是你开，你也来了，真是报应！"不久被杀。夏煜、丁光眼也犯法，先后被杀。[①]

亲卫军官做检校的，有金吾后卫知事靳谦，元璋数说他的罪状："朕以为必然至诚，托以心腹，虽有机密事务，亦曾使令究焉。"[②]有何必聚，龙凤五年派帐下卫士何必聚往探江西袁州守将欧平章动静，以断欧平章家门前二石狮尾为证，占袁州后，查看果然不错。[③] 有小先锋张焕，远在初克婺州时，就做元璋的亲随伴当从行先锋。一晚，元璋出去私访，遇到巡军拦阻，喝问是谁，张焕说："是大夫。"巡军发怒："我不知道大夫是什么人，但是犯夜的就逮住。"解说了半晌才弄清楚。乐人张良才说平话，擅自写省委教坊司招子，贴市门柱上，被人告发。元璋发怒说："贱人小辈，不宜宠用！"叫小先锋张焕捆住乐人，丢在水里。龙凤十二年以后，经常做特使到前方军中传达命令。[④] 有毛骧和耿忠，毛骧是早期幕僚毛骐的儿子，以舍人做亲随，用作心腹亲信，和耿忠奉命到江浙等处访察官吏，问民疾苦。毛骧从管军千户积功做到都督佥事，掌锦衣卫事，典诏狱，被牵入胡惟庸党案伏诛。耿忠做到大同卫指挥，也以贪污案处死。[⑤]

除文官武将做检校以外，和尚也有被选拔做这个工作的。吴印、华克勤等人，都还俗做了大官，替皇帝做耳目，报告外间私人动止。大理寺卿李仕鲁[⑥]上疏力争，以为"自古帝王以来，未闻缙绅缁

---

①《国初事迹》，《洞庭集·大明初略四》。

②《大诰·沈匿卷宗第六〇》。

③《国初群雄事略》卷四引俞本《皇明纪事录》。

④《国初事迹》，《洞庭集·大明初略四》，王世贞《弇山堂别集·诏令杂考二》。

⑤《国初事迹》，《明史》卷一三五《郭景祥传》附《毛骐传》。

⑥ 编者注：1965 年版《朱元璋传》此处作陈汶辉。

流杂居同事而可以共济者也。今勋旧耆德，咸思辞禄去位，而缁流俭夫乃益以谗间”，并具体指出刘基、徐达、李善长、周德兴的被猜疑、被谗谤，都是这批出家检校造的孽。①

检校的足迹是无处不到的，元璋曾派人去察听将官家，有女僧诱引华高、胡大海妻敬奉西僧，行“金天教”法。元璋大怒，把两家妇人连同女僧一起丢在水里。② 吴元年得到报告，要前方总兵官把“一个摩泥（摩尼教徒）取来”。洪武四年手令：“如今北平都卫里及承宣布政司里快行，多是彼土人民为之。又北平城内有个黑和尚出入各官门下，时常与各官说些笑话，好生不防他。又一名和尚系是江西人，秀才出身，前元应举不中，就做了和尚，见在城中与各官说话。又火者一名姓崔，系总兵官庄人，本人随别下泼皮高丽黑哄陇问，又有隐下的高丽不知数。遣文书到时，可将遣人都教来，及那北平、永平、密云、蓟州、遵化、真定等处乡市，旧有僧尼，尽数起来。都卫快行承宣布政司快行，尽数发来。一名太医江西人，前元提举，即自在各官处用事。又指挥孙苍处有两个回回，金有让孚家奴也教发来。”③调查得十分清楚。

傅友德出征赐宴，派叶国珍作陪，拨与朝妓十余人。正饮宴间，有内官觇视，说是国珍令妓妇脱去皂帽褙子，穿华丽衣服混坐。元璋大怒，令壮士拘执叶国珍，与妓妇连锁于马坊，妓妇劓去鼻尖。国珍说：“死则死，何得与贱人同锁？”元璋说：“正为你不分贵贱，才这样对你。”鞭讫数十，发瓜州做坝夫。④

①《明史》卷一三九《李仕鲁传》。

②《国初事迹》。

③《弇山堂别集·诏令杂考二》。

④《国初事迹》。

钱宰被征编《孟子节文》，罢朝吟诗："四鼓冬冬起着衣，午门朝见尚嫌迟。何时得遂田园乐？睡到人间饭熟时。"有人给打报告了。第二天元璋对他说："昨天作的好诗，不过我并没嫌呵，改作忧字如何？"钱宰吓得磕头谢罪。①

宋濂性格最为诚谨，有一天请客喝酒，也被皇帝注意了，使人侦视。第二天当面发问，昨天喝酒了没有，请了哪些客，备了什么菜？宋濂老老实实地回答，元璋才笑说："全对，没有骗我。"②

吴琳以吏部尚书告老回黄冈，元璋不放心，派人去察看，远远见一农人坐小杌上，起来插秧，样子很端谨。使者前问："此地有吴尚书这人不？"农人叉手回答："琳便是。"使者复命，元璋很高兴。③

又如南京各部皂隶都戴漆巾，只有礼部例外，各衙门都有门额，只有兵部没有，据说这也是锦衣卫逻卒干的事。原来各衙门都有人在暗地里侦查，一天礼部皂隶睡午觉，被取去漆巾；兵部有一晚没人守夜，门额给人抬走了，发觉后不敢作声，也就成为典故了。④

朱元璋不但有一个特务网，派专人侦查一切场所、一切官民，他自己也是喜欢搞这一套的。例如罗复仁官为弘文馆学士，说一口江西话，质直朴素，元璋叫他作老实罗。一天，忽然动了念头，要调查老实罗是真老实还是假老实，出其不意一人跑到罗家。罗家在城外边一个小胡同里，破破烂烂、东倒西歪的几间房子，老实罗正扒在梯子上粉刷墙壁，一见皇帝来，着了慌，赶紧叫他女人抱一个小杌子请皇帝坐下。元璋见他实在穷得可以，老大不过意，说："好秀才怎能

---

①《水东日记摘钞》卷二。

②《明史》卷一二八《宋濂传》。

③《明史》卷一三八《陈修传》附《吴琳传》。

④ 陆容：《菽园杂记》；祝允明：《野记一》。

住这样烂房子！”即刻赏城里一所大邸宅。[①]

检校是文官，元璋譬喻为恶狗。到洪武十五年还嫌恶狗不济事，另找一批虎狼来执行大规模的屠杀，把侦伺处刑之权交给武官，特设一个机构叫锦衣卫。

锦衣卫的前身是吴元年设立的拱卫司；洪武二年改亲军都尉府，府统中、左、右、前、后五卫和仪鸾司，掌侍卫、法驾、卤簿；十五年改为锦衣卫。

锦衣卫有指挥使一人，正三品。同知二人，从三品。佥事三人，四品。镇抚二人，五品。十四所千户十四人，五品；副千户从五品；百户六品。所统有将军、力士、校尉，掌直驾、侍卫、巡察、缉捕。镇抚司分南北，北镇抚司专理诏狱。

直驾、侍卫是锦衣卫形式上的职务，巡察、缉捕才是工作的重心，对象是“不轨妖言”，不轨指政治上的反对者或党派，妖言指要求改革现状的宗教集团，如弥勒教、白莲教和明教，等等。

朱元璋从红军出身，当年也喊过“弥勒降生”“明王出世”的口号，他明白这些传说的号召作用，也清楚聚众结社对现政权的威胁。他也在担心，这一批并肩百战、骁悍不驯的将军，这一群出身豪室的文臣，有地方势力，有社会声望，主意多，要是自己一朝咽气，忠厚柔仁的皇太子怎么对付得了？到太子死后，太孙不但年轻，还比他父亲更不中用，成天和腐儒们读古书，讲三王的道理，断不是制驭枭雄的角色。他要替儿孙斩除荆棘，要保证自己死后安心，便有目的地大动杀手，犯法的杀，不犯法的也杀，无理的杀，有理的也杀。锦衣卫的建立，为的便是有计划地栽赃告密，有系统地诬告攀连，有目标

---

①《明史》卷一三七《罗复仁传》。

地灵活运用,更方便地在法外用刑。各地犯重罪的都解到京师下北镇抚司狱,备有诸般刑具,罪状早已安排好,口供也已预备好,不容分析,不许申诉,犯人唯一的权利是受苦刑后画字招认。不管是谁,进了这头门,是不会有活着出来的奇迹的。

洪武二十年,他以为该杀的人已经杀得差不多了,下令焚毁锦衣卫刑具,把犯人移交刑部,表示要实行法治了。又把锦衣卫指挥使也杀了,卸脱了多年屠杀的责任。六年后,胡党、蓝党都已杀完,松了一口气,又下令以后一切案件都由朝廷法司处理,内外刑狱公事不再经由锦衣卫。签发这道手令之后,摸摸花白胡子,以为天下从此太平,皇基永固了。①

和锦衣卫有密切关联的一件恶政是廷杖。锦衣卫学前朝的诏狱,廷杖则是学元朝的办法。

在元朝以前,君臣的距离还不太悬绝,三公坐而论道,和皇帝是师友。宋代虽然臣僚在殿廷无坐处,礼貌上到底还有几分客气。蒙古人可不同了,起自马上,生活在马上,政府臣僚也就是军中将校,一有过失,随时杖责,打完照旧办事,甚至中书大臣都有殿廷被杖的故事。朱元璋事事复古,要"复汉官之威仪",只有打人,尤其是在殿廷杖责大臣这一桩,却不嫌弃是胡俗,习惯地继承下来。著名的例子,亲族被杖死的有朱文正,勋臣被鞭死的有永嘉侯朱亮祖父子,大臣被杖死的有工部尚书薛祥,部曹被廷杖的有茹太素。从此成为故事,士大夫不但可杀,而且可辱,君臣间的距离有如天上地下,"天皇圣明,臣罪当诛"。礼貌固然谈不到,连主奴间一点起码的恩意,也被板子、鞭子打得干干净净了。②

---

① 王世贞:《锦衣志》,《明史》卷八九《兵志》、卷九五《刑法志》。

②《明史·刑法志三》。

四、皇权的极峰

就整个历史的演进说，皇帝的权力到朱元璋可以说是达到了极峰。

研究皇权的极权化发展，应该从两方面来看，一是士大夫地位的下降，二是巩固皇权的诸多约束被摧毁。至于人民，向来只有被统治、被剥削、被屠杀的义务，和治权是丝毫沾搭不上的。

在明以前，士大夫是和皇家共存共治的。

具体的先从君臣的礼貌来说吧。在宋以前有三公坐而论道的说法，贾谊和汉文帝谈话，不觉膝之前席，可见不但三公，连小官见皇帝都是坐着的。唐初的裴寂甚至和唐高祖共坐御榻，十八学士在唐太宗面前也都有坐处。到宋朝便不然了。从太祖以后，大臣上朝在皇帝面前无坐处，一坐群站，三公群卿立而奏事了。到明代，不但不许坐，站着都不行，得跪着说话了。从坐而站而跪，说明了三个时期的君臣之间的关系，也说明了士大夫地位的下降。

从形式再说到本质：

坐的时期的典型例子是魏晋六朝的门阀制度。

汉代的若干世家宦族，如关西杨氏、汝南袁氏之类，四世三公，有数不尽的庄园，算不清的奴仆，门生故吏遍天下，本身有雄厚的独立的经济、社会和政治力量。在黄巾动乱时代，地方豪族如孙策、马腾、许褚、张辽、曹操之类，为了保持土地和特殊权益，组织地主军保卫乡里，有部曲，有防区，拥有军事力量。小军阀顶不住大股黄巾，投靠大军阀,大军阀又互相吞并,结果是三分天下,建立三个皇朝,原来两类家族——世族和豪族也都占据高位,变成公卿将帅,成为高级官僚了。这些家族原是共建皇业的股东,和皇家利害共同,休戚一致,在九品中正的选举制度下,"上品无寒门,下品无势族",大官位全为这些家族分子所独占。东晋南渡,司马家和王、谢等家到了建康,东吴旧族顾、陆、朱、张等家族虽然是本地高门,因为是亡国之余,就吃了亏,在政治地位上屈居第二等。这些高门,世执国政,王、谢子弟更平步以至公卿(北方的崔、卢、李、郑、王等家族也是一样)。到刘裕以田舍翁做皇帝,陈霸先更是寒人,在世族眼光里,皇家只是暴发户,无根基,没派头,朝代尽管改换,好官我自为之,士大夫集团有其传统的政治、社会、经济和文化地位,非皇权所能动摇,士大夫虽然在为皇权服务——因为皇帝有军队,目的却在以皇权来发展并保障士大夫的已有权益。在这种情况下,士大夫是和皇家共存,共享治权的。皇家的利益虽然大体上和士大夫一致,但是在许多场合,发生了尖锐的冲突,例如世族的荫蔽人口,霸占农田水利以至山林湖沼等,经隋代两帝有意识地打击摧毁,如取消九品中正制度,取消长官辟举僚属办法,并设立进士科,用公开的考试制度,用文字的优劣来代替血统门望高下,来选任官僚。但是,文字教育还是要钱买的,大家族有优越的经济地位、人事关系,因之,唐朝三百年间的宰相,还是被二十个左右家族所包办。

门阀制度下的士大夫,有历史的传统,有庄园的经济基础,有包办选举的制度,甚至有依门第高下任官的成文法,有依族姓高下缔婚的风气,高门华阀由此种种便成为一个利害共同的集团,并且,公卿子弟熟习典章制度,治国(办例行公事)也非他们不可。在这诸多特殊情势之下,士大夫是和皇家共存的,只有双方合作才能两利。

而且，皇帝人人可做，只要有强大的军力能夺取政权便行，士大夫却不然，寒人役门要成为士大夫，等于骆驼穿针孔，即使有皇帝手令强制，也还是办不到。何事非君？士大夫只要不损害他们的权益，可以侍候任何一姓的皇权。一个拥有大军的统帅，如得不到士大夫的支持，是绝对做不了皇帝的。

考试制度代替了门阀制度，真正发挥作用是十世纪以后的事。

经过唐代前期则天大帝有意援用新人，任命进士做高官，打击世族。经过唐后期甘露之祸（太和九年，公元835年）、白马之祸（天祐二年，公元905年）和藩镇的摧残，多数的著名家族被屠杀。经过长期的军阀混战，五代乱离，幸存的世族失去了庄园，流徙各地，到唐庄宗做皇帝，要选懂朝廷典故的世族子弟做宰相都很不容易。宋太祖、太宗只好扩大进士科名额（唐代每科平均不过三十人，宋代多至千人以至几千人），用进士来办事，名额宽，考取容易，平民出身的进士在数量上压倒了残存的世族，一发榜立刻做官。进士出身的官僚绅士和皇家的关系，正如伙计和老板，是雇用的而不是合股的。老板要买卖做得好，得靠伙计忠心卖力气，宋朝家法优礼士大夫就是这个道理。用宋朝人的话说是共治，著名的例子是文彦博和宋神宗的对话。

文彦博：王安石胡乱主张，要改变法度。其实祖宗朝的法制就很好，不要胡改，以致失掉人心。

宋神宗：更改法制，对士大夫也许有些吃亏，可是，老百姓是喜欢的。

文彦博：这话不对，皇家是和士大夫治天下的，和老百姓何干？

宋神宗：就是士大夫也不全反对，也有人赞成改革的。

这是熙宁四年(公元1071年)三月间的事。

和前一时期不同的是,前期的世族子弟有了庄园,才能中进士做官,再去扩大庄园。这时期呢?中进士做了官才能购置庄园。名臣范仲淹年轻时吃冷粥,过穷苦日子,到做了大官就置苏州义庄,派儿子讨租子,得几船粮食,便是好例子。前一时期的世族,庄园是中进士的本钱,后一时期的官僚,庄园是做官的利息,意义上不相同,政治地位自然也因之不同。

更应该注意的是印刷术发明了,得书比较容易,书籍的流通比较普遍。国立学校学生入学资格必须父祖曾做几品以上官的规定取消了,而且,还有许多私人创立的书院,知识和受教育的机会不为少数家族所囤积独占,平民参加考试的机会大大地增加了。读书成为做官的手段,"遗金满籝,不如教子一经"。念书,考进士,做官,发财:"万般皆下品,惟有读书高。"为帝王做仆役服务:"天子重英豪,文章教尔曹。"政府的提倡,社会的鼓励,做官做绅士得从科举出身,竭一生的聪明才智去适应科举,"天下英雄入我彀中",皇权由之巩固。官爵恩泽,都是皇帝所赐,士大夫以忠顺服从[①]换取皇家的恩宠。皇家是士大夫的衣食父母,非用全力支持不可。士大夫是皇家的管家干事,俸禄优厚,有福同享。前期的共存之局到此就变成共治之局了。君臣间的距离恰像店东和伙计,主佣间的恩惠是密切照顾到的。

士大夫从共存到共治,由股东降作伙计,已经江河日下了。到明代,又猛然一跌,跌作卖身的奴隶,士大夫成为皇家的奴役了。

明初的士大夫,既不是像汉、魏世族那样有威势,又没有魏晋隋

---

① 李焘:《续资治通鉴长编》卷二二一。

唐以来世族的庄园基础，中举做官得懂君主的窍，揣摩迎合，以君主的意志为意志、是非为是非、喜怒为喜怒，从办公事上分一点残羹冷炙，建立自己的基业。一有不是，便丧身破家，挨鞭子、棍子是日常享受，充军做苦工是从宽发落，不但礼貌谈不上，连生命都时刻在死亡的威胁中。偶尔也有被宠用的特务头子，虽然威风，可是在朱元璋的心目中，甚至口头上，只把这些人当恶狗，养着咬人。皇帝越威风，士大夫越下贱，反过来也可以说是士大夫越被制抑，皇帝就越尊贵，君臣的关系一变而为主奴。奴化教育所造成的新士大夫，体贴入微地逢迎阿谀，把皇权抬上了有史以来的极峰。[①]

巩固皇权的诸多约束被摧毁，是皇权极权化的另一面。

隋唐以来的三省制度，中书省决策，门下省封驳，尚书省执行，把政权分作三部分。在形式上、在理论上防止臣下擅权，分而治之，各机构互相钳制，同时也防止做皇帝的滥用权力，危害根本，是消极地巩固皇权的一种政治制度。实际执行政务的六部，在尚书都省之下，地位很低。凡百政务推行，名义上由政府首长负其责任，事情做错或做坏了，一起推到宰相身上，免官降黜甚至赐死。皇帝对国事不但不是直接领导，并且是不负法律责任的。例如有天灾人祸等重大事变，开明一点的皇帝最多也不过是素服减膳避殿，下诏求直言，或进一步自我检讨一下，下诏罪己，闹一通也就算了。因为皇帝不能做错事，要认错，要受罚，也只能对上天负责。三省制度的建立，正是为了使皇帝不负行政责任，用臣下做赎罪羔羊的办法。到元朝合三省为一省，洪武十三年杀胡惟庸以后，又废去中书省，提高六部的地位，使其直接向皇帝负责，根本取消了千多年来的相权。皇帝

① 吴晗：《论绅权》，《时与文》三卷四期。

除了是国家元首之外，又是事实上的政府首长，直接领导并推进庶务，皇权和相权合一，加上军队的指挥权、立法权、司法权和任意加税或减税权，以及超法律的任意处分权，人类所能运用、所能想到的一切权力，都集中在一人之手，不对任何个人或团体负责。这种局面可以说是前所未有的。

单独就门下省的封驳权而说，是约束皇权滥用的一种成文法制。其实，封驳权不限于门下省，中书省的中书舍人也有这个权。中书舍人掌起草诏令，中书省长官在得皇帝所同意的事项或命令以后，交词头（原则或具体措施）给中书舍人起草诏敕。舍人如不同意，可以交还词头，拒绝起草。皇帝如坚持原来主意，也可以再度命令执行，但是舍人仍可以再次三次拒绝，除非职务被罢免，或是把这任务交给另外一个舍人。门下省有给事中专掌封驳，封是原封退回，驳是驳正诏敕的违失，凡制敕宣行，重大事件要复奏然后施行，小事签署颁下。有违碍的可以涂窜奏还，叫作涂归，又叫作批敕。这制度规定皇帝所颁诏令，得经过两次同意，第一次是起草的中书舍人，第二次是签名副署的给事中，最后才行下到尚书省施行，所谓“不经凤阁（中书）鸾台（门下），何谓之敕？”[①]如两省官都能尽职，便可以防止皇帝的过举以及政治上的失态行为，对于巩固皇权是有极大作用的。当然，历代帝王很多不遵守这约束，往往不经中书门下，以手令直接交尚书施行，这种情形，史书上叫作墨敕斜封，虽然被执行了，但在理论上是非法的。元朝废门下省，给事中并入中书省，到明初废中书省后，中书舍人成为抄录文件的书记，给事中无所隶属，兼领谏职和稽查六部百司之事。两道约束被清除，皇帝的意志和命

① 《新唐书》卷一一七《刘祎之传》。

令就是法律，直接颁下，任何人都得遵守，不能批评，更不允许反对，造成了朕即国家的局面。皇权跳出官僚机构的牵制，超乎一切之上，这也是前所未有的。

其次，在明以前，守法在理论上是皇帝的美德，无论是成文法典或是习俗相沿的传统。为了维持一个集团的共同利益，以至皇家的优越地位，守法是做皇帝的最好、最有利的统治方法。皇帝地位虽高，权力虽大，也不应以喜怒爱憎的个人感情来毁法、坏法，即使有特殊情形，也必须先经法的制裁，然后用皇帝的特赦权或特权来补救。著名的例子如汉文帝的幸臣邓通，在殿廷不守礼节，丞相申屠嘉大发脾气，说是朝廷礼节给破坏了，下朝回府，发檄传邓通审问，拒传就处死。邓通急了，向皇帝求赦，皇帝只好叫他去。到府后去冠光脚跪伏谢罪，丞相厉声说："小臣戏殿上，大不敬！"叫长史把他拖出去杀了。邓通在下面磕头讨饶，额角都碰出血来了，文帝才派特使向丞相说情，说这人是我的弄臣，请特别赦免。邓通回去见皇帝，哭着撒娇说丞相几乎杀了我，见不到面了。申屠嘉是列侯，是元老重臣，代表重臣集团执行法纪，重臣集团和皇家利害一致，汉文帝便不敢也不能不守这个法。① 又如宋太祖时有臣僚该升官，太祖向来讨厌这个人，不批准，宰相赵普非照规矩办不可，太祖生气了，说："我偏不升他官，看怎么办？"赵普说："刑以惩恶，赏以酬功，是古今来的通道。而且刑赏是天下的刑赏，不是陛下的刑赏，怎么可以用个人的喜怒来破坏？"太祖气极，竟自走开。赵普一直跟到宫门口，不肯走，太祖拗不过道理，只好答应了。这例子说明赵普和宋太祖都能守法。② 不过重要的是赵普不只是宰相，还是皇家旧人，他的利

①《汉书》卷四二《申屠嘉传》。

②《宋史》卷二五六《赵普传》。

害也是和皇家一致的。到朱元璋便不理会这个传统了，朝廷里没有像汉初那样的元老重臣集团，有地位、有力量可以说话做事，也没有像宋初那样的家庭旧人，有胆子、有分量敢于说话做事。相反，他的利害是和朝廷的勋贵大臣对立的，成日成夜怕人对他不忠，不怀好意，一面制定法典，叫人民遵守，犯法的必死，他自己却法外用刑，在《大诰》里所处分的十种死罪和酷刑，都出于法典之外，而且全凭喜怒杀人，根本不依法律程序。在政治上的措施，擢用布衣儒士做尚书九卿以至方面大官，也是不依成法的。他的性格、权力，加上古所未有的地位，使得没有人敢拿法来约束，甚至劝告。他自己决不守法，在法律之上，在法律之外，却强迫全国人守他的法，一点不许有差池，这正是暴君、独夫、民贼的典型人物。

他用残酷的、恐怖的屠杀手段，推翻八百年来的传统政治制度，组织新的分部负责政府，自己综揽大权，造成专制的、残暴的独裁政治。接连不断制造大狱，杀了十几万社会上层的领袖人物，利用检校和锦衣卫侦伺官民，应用里甲制度布成全国性的特务网，用廷杖挫损士大夫的气节，立“寰中士大夫不为君用”之法，强迫知识分子服役。在三十年为一世的长期统治下，开国功臣被杀光了，谋臣策士一个个被消除了，豪绅地主成群成批被淘汰掉了，全国上下各阶层的人吓得胆战心惊，诚惶诚恐，束手服从。他不但是国家的元首，也是政府的当局，也是国军的最高统帅，是最高的立法人和审判官，又是法律的破坏者，具有无限制的货币发行权和财政支配权。用学校和考试制度造就忠顺的干部，用里甲轮役的方法动员全部人力。他收复了沦陷于外族四百三十年的疆域，他建立了中华民族自主的大帝国，是大明帝国的主人，也是几十个属国和藩国的共主，他被后代人称为“民族英雄”，也是有史以来权力最大、地位最高、最专制、最独裁、最强暴、最缺少人性的大皇帝。

对官僚地主士大夫，朱元璋用一副恶狠狠的面孔，青面獠牙，无人不怕。对平民百姓，有另外一副面孔，白胡子的老公公，满脸慈悲相，满口和气话。如果不看他的真面目，也许是人民多年来所梦想的有道明君昵！

他经常挂在嘴上的话是："四民之中，农民最劳最苦。春天鸡一叫就起床，赶牛下田耕种，插下秧子，得除草，得施肥，大太阳里晒得汗直流，劳碌得不成人样。好容易巴到收割了，完租纳税之外，剩不了一丁点儿。万一碰上水旱虫蝗灾荒，全家着急，毫无办法。可是国家的赋税全是农民出的，当差作工也是农民的事，要使国家富强，必得农民安居乐业才办得到。"①这套话的主要意思，是要吃鸡蛋得喂饱鸡，要不然，也不能让鸡饿死。

使农民安居乐业的办法，不外乎上代人常做的，积极地为农民兴利，消极地为农民除害。

兴利的事业主要是增加生产。建国以后，下令凡民田五亩到十亩的栽桑麻木棉各半亩，十亩以上的加倍。到晚年又令户部劝谕民间，凡是有空地的都种植桑枣，由官家教授种植方法。加种棉花的免除租税。② 棉花的种植从此遍布全国，过去平民常穿的麻衣，逐渐为棉布所替代，衣的问题算是解决了。其次是水利，鼓励人民一切对于水利的建议，特别吩咐工部官员，凡是陂塘湖堰可以蓄水防备水旱灾的，根据地势一一修治，并派遣国子生和人才到各地督修水利，统计开塘堰四万零九百八十七处。再就是劝导农民合作，用里

①《明太祖实录》卷二二、卷二五〇。

②《明史》卷七八《食货志二·赋役》、卷一三八《杨思义传》；谷应泰：《明史纪事本末》卷一四《开国规模》。

甲做基础，户部劝谕，一里之内，有婚姻死丧、疾病患难，有钱的助钱，有力气的出力气。春耕秋收的时候，一家无力，百家帮忙。每乡里备有木铎，选出老人每月六次持铎游行宣讲。每里有一鼓，农桑时日，清早击鼓催人起床做工，有懒惰的由里老督责，里老不管事的处罚。①

除害指的是赈灾和肃清贪官污吏。

照规定，凡各地闹水旱灾歉收的，蠲免赋税。丰年无灾伤，也择地瘠民贫的地方特别优免。灾重的免交二税之外，还由官府贷米，或者是赈米、施布、给钞。各地设预备仓，由地方耆老经管，准备大批粮食救灾。灾场州县，如地方官不报告的，特许耆民申诉，处地方官以死刑。洪武二十六年又手令户部，地方官有权在饥荒年头，先发库存米粮赈济，事后呈报，立为永制。三十多年来，赏赐民间的布钞数百万、米百多万石，蠲免租税无数。②

凡地方官贪赃害民的，许人民到京师陈诉，《大诰》说：

> 今后所在布政司府州县，若有廉能官吏，切切为民造福者，所在人民必知其详。若被不才官吏同僚人等捏词排陷，一时不能明其公心，远在数千里，情不能上达，许本处城市乡村耆宿赴京面奏，以凭保全。自今以后，若欲尽除民间祸患，无若乡里年高有德等，或百人，或五六十人，或三五百人，或千余人，岁终议赴京师面奏，本境为民患者几人，造民福者几人，朕必凭其奏，善者旌之，恶者移之，甚者罪之。呜呼！所在城市乡村耆民智人等皆依朕言，必举此行，即岁天下太平矣。民间若不亲发露

①《明太祖实录》卷三五五，《明史·太祖本纪》洪武二十八年，《明朝小史》卷一，《明史纪事本末》卷一四《开国规模》。

②《明史》卷七八《食货志二·赋役》。

> 其奸顽，明彰有德，朕一时难知，所以嘱民助我为此也。若城市乡村有等起灭词讼，把持官府，或拨置官吏害民者，若有此等，许四邻及阖郡人民指实赴京面奏，以凭祛除，以安吾民。①

甚至鼓励人民把贪污吏役和土豪绑赴京师：

> 今后布政司府州县在役之吏、在闲之吏，城市乡村老奸巨猾顽民，专一起灭词讼，教唆陷人，通同官吏，害及州里之间者，许城市乡村贤民方正豪杰之士，有能为民除患者，合议城市乡村，将老奸巨猾及在役之吏、在闲之吏，绑缚赴京，罪除民患，以安良民，敢有邀截阻挡者枭令。赴京之时，关津渡口毋得阻挡。②

官吏贪赃到钞六十两以上的枭首示众，仍处以剥皮之刑。府州县衙门左首的土地庙，就是剥皮的刑场，也叫皮场庙。各衙门公座旁照例摆一张人皮，里面是稻草，叫做官的触目惊心，不敢做坏事。③地方官上任赏给路费，家属赐衣料。考绩以农桑和学校的成绩做标准。来朝时又特别告诫，说是“天下新定，百姓财力都困乏，像鸟儿刚学飞，和新栽的树木，拔不得毛，也动不得根”。④求他们暂时不要狠心剥削，危害皇家的安全。

话说得很多，手令面谕，告诫申斥，翻来覆去地要官吏替农民着想，替政府的租税和人力动员着想。成效如何呢？洪武九年叶伯巨上书说：

---

①《大诰·耆民奏有司善恶第四五》。

②《大诰·乡民除患第四九》。

③《廿二史札记》卷三三《重惩贪吏》条引叶子奇《草木子》。

④《明史》卷二八一《循吏传序》。

今之守令，以户口、钱粮、狱讼为急务，至于农桑、学校，王政之本，乃视为虚文而置之，将何以教养斯民哉！

以农桑言之，方春，州县下一白帖，里甲回申文状而已，守令未尝亲视种艺次第、旱涝戒备之道也。

以学校言之，廪膳诸生，国家资之以取人才之地也。今四方师生缺员甚多，纵使具员，守令亦鲜有以礼让之实，作其成器者。

朝廷切切于社学，屡行取勘师生姓名，所习课业。乃今社镇城郭，或但置立门牌，远村僻处则又徒存其名，守令不过具文案、备照刷而已。上官分部按临，亦但循习故常，依纸上照刷，未尝巡行点视也。

兴废之实，上下视为虚文，小民不知孝弟忠信为何物，而礼义廉耻扫地矣。

官僚政治的任何作为，都是纸面上的、文字上的，和实际情形全不符合。弄得“民俗浇漓，人不知惧，法出而奸生，令下而诈起。故或朝信而暮猜者有之，昨日所进，今日被戮者有之。乃至令下而寻改，既赦而复收，天下臣民，莫之适从！”①十二年后，解缙奉诏上万言书，也说：

臣观地有盛衰，物有盈虚，而商税之征，率皆定额，是使其或盈也，奸黠得以侵欺；其歉也，良善困于补纳。夏税一也，而茶椒有粮，果丝有税。既税于所产之地，又税于所过之津，何其夺民之利至于如此之密也？且多贫下之家，不免抛荒之咎。今日之土地无前日之生殖，而今日之征聚有前日之税粮。或卖产

① 《明史》卷一三九《叶伯巨传》。

以供税，产去而税存；或赔办以当役，役重而民困。土田之高下不均，起科之轻重无别，膏腴而税反轻，瘠卤而税反重。①

也可见他的治绩只是纸面上的。苛捐杂敛，弄得贫民卖产赔纳；徭役繁重，弄得贫民困苦逃避。尽管杀的人多，处的刑重，贪污的空气还是照旧，用他自己的话来证明吧：

浙西所在有司，凡征收害民之奸，甚如虎狼。且如折收秋粮，府州县官发放，每米一石，官折钞二贯，巧立名色，取要水脚钱一百文，车脚钱三百文，口食钱一百文。库子又要辨验钱一百文，蒲篓钱一百文，竹篓钱一百文，沿江神佛钱一百文。害民如此，罪可宥乎？②

急得跺脚，说："我欲除贪赃官吏，奈何朝杀而暮犯？今后犯赃的，不分轻重都杀了！"③结果还是"国初至今将二十载，无几时不变之法，无一日无过之人"。④

陆容（成化时人）曾经用具体的事实，分析洪武朝官僚政治的效果说：

国初惩元之弊，用重典以新天下，故令行禁止，若风草然。然有面从于一时而心违于身后者数事：如洪武钱、大明宝钞、《大诰》、洪武韵是已。洪武钱民间全不行，予幼时尝见有之，今不复见一文，盖销毁为器矣。宝钞今虽官府行之，然一贯（一千文）仅值银三厘，钱二文，民间得之，置之无用。《大诰》惟法司

①《明史》卷一四七《解缙传》。

②《大诰·折粮科敛第四一》。

③《国初事迹》。

④《明史》卷一四七《解缙传》。

拟罪云"有《大诰》减一等"云尔，民间实未之见，况复有讲读者乎？洪武韵分并唐韵，最近人情，然今惟奏本内依其笔画而已。至于作诗，无间朝野，仍用唐韵。[1]

①《菽园杂记摘钞》卷五。

第六章

家庭生活

一、马皇后

元璋的大老婆马氏，原是红军元帅郭子兴的养女（第二章第一节）。后来元璋做了镇抚、总管、元帅、丞相、吴国公、吴王，一直做到皇帝，马氏妇以夫贵，从夫人做到皇后。但是，在开头，情形相反，元璋是夫以妻贵的，做了元帅养婿以后，军中才称为朱公子。①

马皇后的生父马公，宿州人，犯了杀人罪，逃亡到定远，把小女儿托好朋友郭子兴抚养。马公的名字无人知道②，女儿的名字也从来不见有人说起过。在郭家的时候，也许叫春香、秋香，嫁了人成为朱八嫂，做了皇后成为马皇后，死后被谥为孝慈高皇后。

这一对夫妇真说得上门当户对。男方的祖父是逃亡的淘金户，父亲是佃农，外祖是巫师，家世微贱。女方除父亲是个亡命之徒以外，无可查考。一个是亲兵，一个是养女，元至正十二年（公元1352

① 谈迁：《国榷》。

②《明史》卷三〇〇《外戚传·马公传》。

年)，郭元帅和次妻小张夫人商量停当，替两口子择日成婚，两个都是元帅家里体己人，对女的说是终身有了着落，男的平白做了元帅的干女婿，平地登天，好不得意。这一年男的二十五岁，女的二十一岁，照那时的习俗都已过了结婚的年龄了。

女人读书识字，在从前只有世代书香的官宦人家才有偶然的例子，马皇后从小是孤女，自然没有这福气。那时代的女人，尤其是上层社会的，饭来张口，衣来伸手，用不着自己做活，照例都裹了小脚，显得尊贵，也以为美丽。马皇后却是一双大脚，因为淮西地方苦，百姓穷，乡下妇女得下田干活，做了养女以后，洗衣做饭，倒茶扫地，没爹娘照顾，长大了也就只好算了。为了这双脚，又闹了一次血案：南京市居民有一桩拿手本领，好用隐语挖苦人，对皇帝怕惹事就拿皇后开玩笑。有一年元宵节，出来一张漫画，一个大脚女人，赤脚，怀里抱一个西瓜，到处传看起哄。恰好朱元璋化装出来察访，一见大怒，认得是讥讽皇后的，“淮西妇人好大脚!”一时查不出是谁干的，下手令把这条街的人全杀了。①

马皇后虽然没有受过教育，长得不十分好看，却是一个好妻子、贤内助。

郭子兴是粗人，直性子，容不下人，耳朵软，好听闲话，做事迟疑没决断。朱元璋精细，有野心，说一不二，会千方百计买人的好。两人性格不相合，又有人在中间播弄是非，郭子兴对这干女婿越发不放心，成天挑错处，没有好脸色。军情紧急的时候，无法摆布，把元璋呼来唤去，一刻也离不开，比对亲儿子还亲热。到事情过去，可以过安逸日子了，脸孔又拉长了，干女婿变成了童养媳，成天得看脸

---

① 徐祯卿:《翦胜野闻》。

色、受气。元璋身边几个能干的亲信将校和参谋，一个接着一个被调走，带的军队也换了指挥官。元璋知道中了暗算，越发小心谨慎，加意侍候，逆来顺受。马皇后着急，出主意巴结小张夫人，把私房钱帛和将士分的彩头扫数送礼，求在子兴面前替丈夫说好话。[①] 一天，子兴发怒把元璋禁闭在空屋里，不许送茶饭进去。马皇后背着人偷刚出炉的炊饼给他，把胸口都烫焦了。平时总准备些干粮腌肉，宁愿自己挨饿，也得想法让丈夫吃饱。[②] 渡江时领着将士家眷留守和州，看着老家，有人质在身边，不怕前方将士变心。打下了集庆以后，连年苦战，她带着妇女们替战士缝战衣、做鞋子。陈友谅兵临城下，应天（集庆）的官员居民乱作一团，有的打算逃难，有的窖藏金宝，有的在囤积粮食。她一点不着急，反而拿出宫中金宝布帛，犒劳有功将士。[③] 到洪武元年朱元璋即皇帝位后，她被册封为皇后。

在军中见有文书就求人教认字，暗地里照样子描写；做了皇后，让女官按天教读书，记得许多历史上有名妇女的故事。元璋每天随时随地，即使在用饭的时候，想起什么该办的，什么事该怎样办，用纸片记录下来，到了晚上往往塞得一口袋全是。马皇后细心整理，等查问时，立刻拣出应用，省了元璋不少精力。[④] 元璋常常对臣下称述皇后的贤德，提起当年的炊饼，比之为芜蒌豆粥、滹沱麦饭，又比之为唐太宗的长孙皇后。回宫后当家常提起，她说："我怎敢比长孙皇后，常听说夫妇相保容易，君臣相保就难了。陛下不忘和我贫贱时过的日子，也愿不忘记和群臣过的艰苦日子，有始有终，才是好

---

①《明太祖实录》卷一，《皇朝本纪》。

②《明史》卷一一三《孝慈高皇后传》。

③《明太祖实录》卷一四七。

④《明太祖实录》卷一四七，《翦胜野闻》。

事呢！"[1]

她心地仁慈，总是替人求情说好话。元璋在前殿办事，闹脾气要杀人，回宫后随时解说，婉转疏劝。元璋虽然残酷到极点，被左说右说，拗不过道理，有时候也敷衍一下，救活了不少的人命。朱文正被猜忌得罪，幕僚多人被处死，部下随从行事头目五十多人被割断脚筋。元璋当面讯问明白，要杀文正，她苦劝说："这孩子纵然娇惯坏了，看在渡江以来，取太平，破陈也先，下建康，有多少战功。尤其是坚守江西，挡着陈友谅强兵，功劳最大。况且只有这一个亲侄儿，纵然做错事，也该看在骨肉面上，饶他一次。"文正虽然免死，禁不住发牢骚，又被告发，她又劝说："文正只是性刚、嘴直，造反是绝不会的。她母亲苦一辈子，指望着他！"元璋口头答应，派文正到濠州祭祀，随从人员里有皇帝派的检校，一举一动都有报告，回京后瞒着皇后，还是把他鞭死。[2] 李文忠守严州，杨宪诬告他不法，元璋要立时召回。皇后以为严州和敌人接境，轻易调换守将，怕不大好，况且文忠向来小心谨慎，杨宪的话不可轻信。学士宋濂的孙子宋慎被举发是胡党，宋濂连带被逮捕处死刑，她又求情说："百姓家替子弟请先生，对待极恭敬，好来好去，何况是皇帝家馆的师傅？而且宋濂一向住在原籍，也一定不知情。"元璋不许，到用餐时，发觉皇后不喝酒，也不吃，惊问："你不舒服吗？还是不对口味？"回说是心里难过，替宋先生修福。元璋也伤感了，放下筷子，第二天特赦宋濂，免死安置茂州(今四川茂县)。吴兴财主沈万三(秀)是全国第一名富户，有数不清的钱财产业，为着保身家，自动捐献家财修建南京城三分之一，

---

①《明太祖实录》卷一四七。

②《国初事迹》。

城修好了，还是不得安稳，检校们三天两头来寻是非；忍着痛，又请求捐献财物替皇帝犒劳全国军队。不料这样反而触了忌讳，平民百姓出钱犒劳全军，图的是什么来？这般乱民不杀，还杀谁？其实这也不过是面子话，骨子里还是要吃沈万三的全份家当。皇后以为平民富可敌国，不是好事，法律只能治犯罪的，上天自然会降祸给沈家，不必人主操心。沈万三充军云南虽然留了一条命，果然上天降祸，家产全变成皇家的财富了。[①] 诸王师傅李希颜脾气古怪，教乡下蒙童惯了，诸王有顽皮不听话的，常用体罚惩治。一次，打了一个小王爷的额角，手重了，起一个大包，小王爷哭着向父亲告状。元璋一面用手摸孩子，变了脸色要发作，她又劝解："师傅拿圣人的道理管教我们的孩子，怎么可以生气？"元璋才释然，不把这事放在心上。[②]

她平时劝丈夫不要以一时喜怒来赏功罚罪，消极的赈灾不如多贮存粮食，得宝货不如得贤才，又说："骄纵生于奢侈，危亡起于细微。""法屡更必弊，法弊则奸生。民数扰必困，民困则乱生。"朝官上朝后在殿廷中会餐，菜饭都不可口，告诉皇帝申饬光禄寺改善。马皇后替国子生立红板仓，积粮赡养学生家眷。她对人事事周到体贴，自己却非常节省，穿洗过的衣服，到破都不肯换新的。亲自料理丈夫的膳食，对妃嫔不妒忌，对诸子不偏爱。元璋要访求她的同族人做官，力辞，以为朝廷爵禄不可以私外家，可是每次提到父母早死，都忍不住伤心流泪。[③]

洪武十五年八月，马皇后病死，年五十一岁。病时怕连累医生得罪，不肯服药，临死还劝元璋求贤才，听直言，慎终如始。元璋恸

①《明史》卷一一三《孝慈高皇后传》。

②《明史》卷一三二《桂彦良传》附《李希颜传》。

③《明史》卷一一三《孝慈高皇后传》。

哭，不再立皇后。义子沐英镇守云南，得到消息，哭得吐血。[①] 宫人追念她的慈爱，作歌追颂道：

我后圣慈，化行家邦。抚我育我，怀德难忘！

怀德难忘，于斯万年。毖彼下泉，悠悠苍天。[②]

二、 皇子皇孙

旧时代的旧习俗，多妻是贵族官僚地主们应有的特权，皇帝的配偶除正妻为皇后外，有无数的妾，依地位高下，封为贵妃、妃、嫔等职位。

朱元璋有数不清的妃嫔，生有二十六个儿子、十六个女儿，孙、曾孙一辈连他本人也说不明白。

后宫的妃嫔，就种族论，有高丽人[③]、蒙古人[④]，汉人更不用说。就来源而论，有抢来的，有从元宫接收来的，有陈友谅的妃嫔，有即位后用法令征选的。内中胡妃是濠州人，守寡在家，元璋要娶，胡妃的母亲不肯，隔了一些时候，打听明白胡家避兵在淮安，下令平章赵君用，叫把母女二人一起送来。[⑤] 娶青军马元帅的过房女儿孙妃，远

---

①《明史》卷一二六《沐英传》。

②《明史》卷一一一《孝慈高皇后传》。

③《明史》卷一二一《公主传》："含山公主，母高丽妃韩氏。"严从简《殊域周咨录·朝鲜》："初元主尝索女子于高丽，得周谊女，纳之宫中，后为我朝中使携归。时宫中美人有号高丽妃者。"

④ 吴晗：《明成祖生母考》，《清华学报》十卷三期。

⑤《国初事迹》。

在龙凤元年(元至正十五年,公元1355年)打下太平的时候。这一年元璋才二十八岁,太平被元军围攻,孙妃还出主意拿府中金银赏给将士,大败敌兵,生擒陈也先。① 同时又抢占郭元帅的女儿,小张夫人生的,做妾(后封为郭惠妃),原来子兴死后,军队被元璋并过来,孤女也连同占有,伺候几年前她家的亲兵和养女了。② 关于陈友谅的妃子,他在《大诰》中曾经自白:

> 朕当未定之时,攻城略地,与群雄并驱十有四年余,军中未尝妄将一妇人女子。惟亲下武昌,怒陈友谅擅以兵入境,既破武昌,故有伊妾而归。朕忽然自疑,于斯之为,果色乎?豪乎?智者监之。③

其实全是谎话。渡江以后,至少在军中有孙妃、胡妃、郭惠妃三个妇人女子。这一件史实不久便衍变成另一种传说,说是陈友谅妻阇氏入宫后不久,生遗腹子潭王,到成人封国时,阇氏哭着吩咐:"儿父是陈友谅,儿父被杀,国被灭,我被俘辱,忍死待儿成年,儿他日当为父报仇,为母雪耻。"后来潭王果然起兵造反,元璋派太傅徐达之子统军讨伐,潭王紧闭城门,在铜牌上写着:"宁见阎王,不见贼王!"掷于城外,举火阖宫自焚,抱着小儿子投隍堑而死。其实这故事是捏造的,因为第一,潭王是达定妃所生,和齐王同胞,生母并非阇氏;第二,陈友谅死于至正二十三年(公元1363年),潭王生于洪武二年(公元1369年),前后相隔六年;第三,潭王因妃父於显被攀入胡党处死,奉诏入朝,疑惧自杀,和陈友谅全不相干。④

---

①《国初事迹》;钱谦益:《国初群雄事略》卷二引俞本《皇明纪事录》。

②《天潢玉牒》;《滁阳王庙碑》;俞本:《皇明纪事录》。

③《大诰·论官无作非为第四三》。

④ 皇甫录:《近峰闻略》;王世贞:《史乘考误》卷一。

另一关于代王生母的故事，说代王的母亲是邳人，元璋战败，逃到民家躲避，这家的女人问："你是朱某人吗？人家说你要做皇帝。"留住了一晚。第二天临别时说："将来有孩子怎样办？"元璋留下一旧梳子做凭证，她也拿首饰赠行。到元璋即位后，这女人带着长成的男孩和木梳来认夫认父，元璋叫工部替她另盖木头房子，不让进宫；代王出封后，带生母一同就国。这故事也绝对无稽，因为代王的生母是郭惠妃，生于洪武七年，这一年元璋已做了七年皇帝了，从何战败落荒逃走？①

诸妃中蒙古妃和高丽妃都生有子女，传说明成祖即蒙古妃所生。② 元璋子孙中有蒙古的、高丽的血统，是毫无问题的。

元璋自己从小没有受到好教育，到发迹以后，对诸子的教育特别看重，在宫中特建大本堂，贮藏古今图籍。征聘四方名儒教育太子和诸王，轮班讲授。挑选才俊青年伴读，时时赐宴赋诗，谈古说今，讨论文字。师傅中最重要、最著名的人物是宋濂，前后十几年，专负教育皇太子的责任，一言一动都以礼法讽劝，讲到有关政教和前代兴亡事迹，拱手剀切说明，指出某事该这样做，不该那样。皇太子也尽心受教，言必称师傅。③ 博士孔克仁奉命为诸王子讲授经书，诸功臣子弟奉诏入学。④ 元璋特地对儒臣指出皇子们的教育方针说："有一块精金，得找高手匠人打造；有一块美玉，一定要有好玉匠才会使它成器。人家有好子弟，不求明师，岂不是爱子弟不如爱金玉？好师傅要做学生模范，因材施教，培养出人才来。我的孩子们

---

①《翦胜野闻》,《史乘考误》卷一。

② 吴晗:《明成祖生母考》,《清华学报》十卷三期。

③《明史》卷一二八《宋濂传》。

④《明史》卷一三五《孔克仁传》。

将来是要治国管事的，诸功臣子弟也要当差做事。教的方法，要紧是正心，心一正万事都办得了，心不正，诸欲交攻，大大的要不得。你每(们)要用实学教导，用不着学一般文士，光是记诵辞章，一无好处。"①

学问要紧，德行尤其要紧，皇太子左右除了儒生经师以外，又选了一批有德行的端人正士，做太子宾客和太子谕德，职务是把"帝王之道，礼乐之教，和往古成败之迹，民间稼穑之事，朝夕讲说"。②

到皇太子成年后，温文儒雅，俨然是个儒生。接着第三步的教育是政事实习。洪武十年令自今政事，并启太子处分，然后奏闻。面谕太子："从古开基创业的君主，吃尽苦头，通达人情，明白世故，办事自然妥当。守成的君主，生长于富贵，锦衣玉食，如非平时学习练达，办事怎能不错？我所以派你每日和群臣见面，听断批阅各衙门报告。练习办事，要记得几个原则：一是仁，能仁才不会失于疏暴；一是明，能明才不会惑于邪佞；一是勤，勤勤恳恳，才不会溺于安逸；一是断，有决断，便不致牵于文法。这四个字的运用，决于一心。我从有天下以来，没有偷过懒，一切事务，唯恐有毫发不妥当，有负上天付托。天不亮就起床，到半夜才得安息，这是你天天看见的。你能够学我，照着办，才能太平无事。"③

因为元代不立太子，以致引起无穷尽的政变、残杀，元璋在做吴王的时候便立长子为世子，即皇帝位后又立为太子。因为前代的太子官僚自成系统，和廷臣容易闹意见，甚至宫府对立，便以朝廷重臣

①《明太祖实录》卷四〇；黄佐：《南雍志》卷一。

②《明太祖实录》卷三一。

③《明史》卷一一五《兴宗孝康皇帝传》。

兼任东宫臣僚。[1] 一心一意，用尽心机，要训练出理想的继承人、能干的皇帝，保有这份好不容易挣来的大家当。

洪武二十五年四月，太子病死，九月立太子第二子允炆为皇太孙。对太孙的教育还是老办法，学问德行并重，批阅公事，平决政事，学习如何做皇帝。

诸子中除第九子和第二十六子早死，第四子燕王棣后来起兵靖难篡位，做了明代第三代皇帝，谥为明成祖以外，其他二十三子都封王建国。

由于对平时的家庭教育的注意，诸王成年以后都很能干，会办事。洪武二十六年以后，元勋宿将杀完了，北边对蒙古的军事任务，就不能不交给第二子秦王、第三子晋王、第四子燕王指挥。其他封在边境的几个小王也领兵跟着几位长兄巡逻斥堠，校猎沙漠。[2] 在文学方面有成就的更多，如第五子周王好学能词赋，著《元宫词》百章；又研究草类，选其可以救饥的四百多种，画为图谱，加以疏解，著成《救荒本草》一书，对植物学很有贡献。[3] 十七子宁王撰《通鉴博论》《汉唐秘史》《史断》《文谱》《诗谱》等著作数十种。八子潭王、十子鲁王、十一子蜀王、十六子庆王都好学礼士，对文学有兴趣。十二子湘王，尤为杰出，文武全才，读书时常到半夜，膂力过人，善弓马刀槊，驰马若飞；在藩开景元阁，招纳文士，校雠图籍，行军时还带着大批图书阅读，到山水胜处，往往徘徊终日；喜欢道家那一套，自号紫虚子，风度襟怀，俨然是个名士。

不争气的也有两个。一个是十三子代王，早年做了许多蠢事不

---

① 宋濂：《洪武圣政记·正大本第二》。

②《明史》卷一一六《晋王棡传》。

③《明史》卷一一六《周王橚传》。

必说了，到晚年头发花白了，还带着几个肖子，窄衣秃帽，游行市中，袖锤斧杀伤人，干些犯法害理的勾当。末子伊王封在洛阳，年少失教，喜欢使棒弄刀，不肯待在宫里，成天挟弹露剑，怒马驰逐郊外，人民逃避不及的被其亲手砍击，毫无顾忌。又喜欢把平民男女剥得精光，看着人家的窘样子，高兴发笑。

元璋对诸子期望大，管教严，不姑息。做皇帝久了，君臣的身份竟超过父子的感情。二子秦王多过失，屡次受训责，皇太子多方救解，才免废黜；死后亲自定谥为“愍”，谥册文说：“哀痛者父子之情，追谥者天下之公。朕封建诸子，以尔年长，首封于秦，期永绥禄位，以藩屏帝室。夫何不良于德，竟殒厥身，其谥曰愍。”十子鲁王服金石药求长生，毒发伤目，元璋很不喜欢，死后追谥为“荒”。①

皇族的禄饷一律由政府支给。洪武九年定诸王、公主年俸：亲王米五万石，钞二万五千贯，锦四十匹，纻丝三百匹，纱罗各百匹，绢五百匹，冬夏布各千匹，绵二千两，盐二百引，茶千斤，马料草月支五十匹；公主已受封，赐庄田一所，每年收粮一千五百石，并给钞二千贯；郡王米六千石；郡主米千石；以下比例递减。② 亲王嫡长子年及十岁，立为王世子，长孙立为世孙，世代承袭。诸子封郡王。郡王嫡长子承袭，诸子封镇国将军，孙封辅国将军，曾孙奉国将军，四世孙镇国中尉，五世孙辅国中尉，六世以下为奉国中尉。帝女封公主，亲王女封郡主，郡王女封县主。公主婿号驸马，郡主、县主婿号仪宾。凡皇族出身，由礼部命名，成人后由皇家主婚，一生的生活到死后的丧葬全由政府负担。③ 到洪武二十八年，皇族人数日益增加，政府财

① 以上并据《明史·诸王传》。
② 《明史》卷八二《食货志·俸饷》。
③ 《明史》卷一一六《诸王传序》。

力困难，负担不了，改定为亲王年俸万石，郡王二千石，镇国将军千石，到镇国中尉四百石，奉国中尉二百石。公主和驸马二千石，郡主和仪宾八百石，县主、郡君、县君、乡君和仪宾递减。不到两百年工夫，皇族滋生繁殖到五万多口[①]，政府的租赋，竟到了不够供给皇族的地步。嘉靖四十一年(公元1562年)统计，全国每年供应京师粮四百万石，诸王府禄米则为八百五十三万石，比供应京师的多出一倍。以山西而论，存留地方的粮食一百五十二万石，可是当地的宗室俸禄就要二百十二万石。以河南而论，地方经费只有八十四万三千石，宗室俸禄却要一百九十二万石。即使把地方经费全数都拿来养活皇族，也还缺少一半，只好打折扣和欠支，郡王以上的底数大，还可过好日子，以下就不免啼饥号寒了。政府无法应付，再就原数裁减，皇族疏远的越发不能过活。[②] 这一群皇家子弟，既不能应科举，做官吏，又不许务农、做工、行商，坏皇家体面。高级的亲王、郡王在地方为非作恶，不但凌虐平民，甚至侮辱官吏；疏远卑下的宗室穷极无聊，欺骗敲诈，无恶不作，扰乱和破坏了社会秩序。[③] 而且，人数过多，政府照顾不过来。礼部命名怕重复，用金木水火土做偏旁，随便配上一些怪字，作为赐名，叫人哭笑不得。[④] 没钱贿赂礼部官吏的，不但一辈子没有名字，甚至到头发白了还不能婚嫁。[⑤] 一直到末年，政府才明白不是办法，把科举和政治的封锁开放了，皇族可以参加

① 郑晓：《今言》："今宗室凡五万余。"

②《明史》卷八二《食货志·俸饷》。

③ 赵翼：《廿二史札记》卷三二《明分封宗藩之制》；沈德符：《野获编》卷四《废齐之横》《辽王贵烚罪恶》；《明史》卷一一八《韩王松传》。

④《野获编》卷四《宗室名》。

⑤《明史》卷二五一《何如宠传》。

考试，可以做官，自谋出路。① 可是，太晚了，不久就亡国了。

到明亡时，据不完全统计，朱元璋的直系子孙有十几万人。②

三、教养和性格

朱元璋出身穷佃户，做过游方和尚，到处叫化。从军以后和儒生文人接近，沾上书卷气，会谈古论今。又以出身微贱，要故作神奇，神道设教，吓唬老百姓，和道士和尚串通，假造许多神迹。三十多年来，儒生，道士，和尚，三教九流，都被尽量利用，巩固他的皇座。

先从儒家的作用说起。

从渡江到建国，和幕府中的儒生，如范常、陶安、夏煜、孙炎、杨宪、秦从龙、陈遇、孔克仁、范祖干、叶仪、吴沈、许干、叶瓒玉、胡翰、汪仲山、李公常、戴良、刘基、宋濂诸人，朝夕讨论，讲述经史。经过十几年的熏陶，加上不断的努力学习，中年以后，他不但懂得经义，能写通俗的白话文，并且也能作诗，作有韵的文字，能够欣赏、批评文学的优劣了。

在称帝以前，他闲时常和儒生列坐赋诗，范常总是交头卷，元璋笑说："老范诗质朴，极像他的为人。"③初下徽州，朱升请题字，亲写

① 沈德符：《野获编》卷四《郡王建白》《宗室通四民业》；《明史》卷一一九《郑王传》；《廿二史札记》卷三二《明分封宗藩之制》。

② 陆楫：《蒹葭堂杂著》："我太祖高皇帝生二十四子，传至今百八十年矣，除以事削籍外，尚有十五府及列圣所封，亲支星布海内，共三十三府，今玉牒几十万口。"

③《明史》卷一三五《范常传》。

"梅花初月楼"横匾。[1] 和陶安论学术，亲制门帖子赐他："国朝谋略无双士，翰苑文章第一家。"[2]征陈友谅，过长沙王吴芮祠，见胡闰所题诗，大为爱好，即时召见帐前；到洪武四年胡闰以郡举秀才来见，元璋还记得清楚，说："这书生，是那年题诗鄱阳庙墙上的。"授官都督府都事。[3] 鄱阳湖大胜，设宴庆功，和夏煜等草檄赋诗；[4]宋濂喝不得酒，勉强灌醉了，制楚辞以赐，又赐以良马，亲制《白马歌》。[5]

他即位后更加喜欢弄笔墨，毛骐、陶安、安然死，亲写祭文。[6] 桂彦良做晋王傅，他作文送行。[7] 宋讷读书，烤火不小心，烧了衣服伤了胁，他作文劝诫。张九韶告老回家，他又作文赠行。[8]

他会写散文，主张文章应明白显易，通道术，达时务。[9] 读曾鲁文后，非常高兴，说："读陶凯文后，已起人意，鲁又如此，文运其昌乎！"[10]刘三吾主考会试，榜发后以为有弊，亲撰策问复试。[11] 他喜欢研究音韵，元末《阴氏韵府》手头常用，以旧韵出江左，命乐韶凤参考中原音韵订定，名《洪武正韵》。[12] 时常作诗，[13]甚至会作赋，和儒臣欢宴大本堂，自作《时雪赋》。[14] 亲撰凤阳《皇陵碑》，粗枝大叶，通篇

---

① 黄瑜：《双槐岁钞》。
②《明史》卷一三六《陶安传》。
③《明史》卷一四一《胡闰传》。
④《明史》卷一三五《宋思颜传》附《夏煜传》。
⑤《明史》卷一二八《宋濂传》。
⑥《明史》卷二三五《郭景祥传》附《毛骐传》、卷一三六《陶安传》、卷一三七《安然传》。
⑦《明史》卷一三七《桂彦良传》。
⑧《明史》卷一三七《宋讷传》附《张美和传》。
⑨《明史》卷一三六《詹同传》。
⑩《明史》卷一三六《曾鲁传》。
⑪《明史》卷一三七《刘三吾传》。
⑫《明史》卷一四七《解缙传》、卷一三六《乐韶凤传》。
⑬《明史》卷一三七《刘三吾传》《桂彦良传》，卷一三八《周祯传》附《李质传》。
⑭《明史》卷一一五《兴宗孝康皇帝传》。

用韵。也会作骈体文，徐达初封信国公，亲制诰文："从予起兵于濠上，先存捧日之心，来兹定鼎于江南，遂作擎天之柱。"又说："太公韬略，当宏一统之规；邓禹功名，特立诸侯之上。"居然是个四六作家了。①

对历史尤其熟悉，《汉书》《宋史》都是常读的书。吴元年十一月和侍臣讨论："汉高祖以追逐狡兔比武臣，发踪指示比文臣，譬喻虽切，语意毕竟太偏。我以为建立基业，犹之盖大房子，剪伐斫削，要用武官，藻绘粉饰，就非文臣不可。用文而不用武，譬如连墙壁都未砌好，如何粉饰？用武而不用文，正如只有空间架，粗粗糙糙，不加粉刷彩画，不成体统，两样都不对。治天下的要文武相资，才不会坏事。"②不多久，又和太子讨论七国造反的问题，太子以为错在七国，元璋说："不然。这是讲官偏说。景帝做太子时，以博局杀吴王世子，做皇帝后，又听信晁错，黜削诸侯，七国因之造反。"③论内官则以为古代宦竖，管的是早晚当差打扫一些宫廷仆役事务，从汉邓太后以女主临朝，用阉人做常侍等官，宦官才偷窃政权，作威作福。④ 读《宋史》，到宋太宗改封桩库为内藏库，挖苦说："做皇帝的以四海为家，用全国的财富，供全国之用，何必分公私？太宗算是宋朝的贤君，还这样小家子气，看不开。至如汉灵帝的西园，唐德宗的琼林、大盈库，刮政府的钱做私人的蓄积，更不值得责备了。"⑤告诉张信翰林的职务，引唐陆贽、崔群、李绛做例子。⑥ 教官吴从权说不知民间

①《廿二史札记》卷三二《明祖文义》引《稗史汇编》。

②《明太祖实录》卷二二。

③《明太祖实录》卷二五。晗按：这一段话是被歪曲修改过的。明成祖重修《太祖实录》以削藩之罪归给建文帝，把这段史论也给改倒过来了，原来的话一定是错处在七国。

④《明太祖实录》卷二七、卷六三。

⑤《明太祖实录》卷一七九。

⑥《明太祖实录》卷二四九。

事务，驳以宋胡瑗教学生，特别看重时事。[1] 随时随事，征引历史事实，作为讨论和训话的根据。

对经学，跟宋濂读《春秋左传》，跟陈南宾读《洪范》九畴，读蔡氏书传时，发现所说象纬运行和朱子书传相反，特地征召诸儒订正。讨厌《孟子》里一些和皇权有违碍的话，派刘三吾删节，编为《孟子节文》。著有《御注洪范》，多用陈南宾说。[2]

对佛教，他即位以后，非常崇敬，诏征东南戒德名僧，在蒋山大开法会，和群臣顶礼膜拜。僧徒中有应对称意的，颁赐金襕袈裟衣，召入禁中，赐坐讲论。吴印、华克勤等人都还俗做到大官。元璋以为和尚与尘世绝缘，无所牵涉，寄以心腹，用作耳目，使其检校官民动静，由之僧徒得意横行，文武大臣，都被中伤得罪。又倚仗告发的功劳，请为佛教创立职官，改善世院为僧录司，设左右善世、左右阐教、左右讲经、觉义等官，高其品秩。道教也照样来一套。度僧尼道士数万人。[3] 和尚皇帝加上一套和尚职官，在尘世政府里面，又建立了一个空门朝廷。还著有《集注金刚经》一卷。[4]

道士替元璋做工作的有周颠和铁冠子。周颠的事迹，据朱元璋所写的传记说：周颠十四岁上得了癫病，在南昌市讨饭，说话颠三倒四，人家叫他周颠。三十多岁时，正当元朝末年，新官上任，一定去求见，说是“告太平”。元璋带兵去取南昌，疯头疯脑来告太平，又说“婆娘歹”，唱“世上甚么动得人心，只有胭脂胚粉动得婆娘嫂里人”。

---

①《明史》卷一三九《萧岐传》。

②《明史》卷一二八《宋濂传》；卷一三七《桂彦良传》附《陈南宾传》，《赵俶传》附《钱宰传》，《刘三吾传》。

③《明史》卷一三九《李仕鲁传》。

④《明史》卷九八《艺文志三·释家》。

问是什么缘故，回说："你只这般，只这般。"元璋烦了，叫人拿铜缸盖住，用猛火蒸。等柴炭烧完，打开缸看时，周颠正在出汗呢。到蒋山寺寄食，和尚来说，颠和小沙弥抢饭吃，闹脾气有半个月不吃东西了。元璋亲自去看，颠来迎接，一点也看不出饿，摆一桌大筵席，请颠大吃一顿。又给关在一间空房子里，一个月不给饭吃，还是不在乎。这故事传开了，诸军将士抢着做主人，请吃酒饭，随吃随吐，只有跟元璋吃饭时，才规规矩矩，像个样子。大家都信服了，以为是仙人。

颠用手画地成圈，指着对元璋说："你打破桶（统），做一个桶。"

元璋西征九江，行前问颠，这次如何？说："行。"又问："友谅已称帝，消灭他怕不容易？"颠仰头看天，好一会儿，稽首正容说："上面无他的。"到安庆舟师出发无风，说："只管行，只管有风，无胆不行便无风。"果然一会儿大风起来，一口气直驶小孤山。

十多年后，元璋害热症，几乎要死，赤脚僧觉显送药来，说天眼尊者和周颠仙人送的，当晚病好。

有周颠仙人诗一首："初见圣主合天基，一时风来一时痴。逐片俱来箍一桶，浩大乾坤正此时。人君自此安邦定，齐天洪福谢恩驰。我王感得龙颜喜，大兴佛法当此时。"①

铁冠子姓张名中，好戴铁冠，人称为铁冠子。谈祸福多奇中，平章邵荣、参政赵继祖谋叛被杀，是他告密的。征陈友谅时也在军中，算定南昌解围和大捷的时日，用洞元法祭风，舟师直达鄱阳湖。佯狂玩世，和周颠同是元璋有用的工具。②

---

① 沈节甫：《纪录汇编》卷六明太祖《御制周颠仙人传》；《明史》卷二九九《方伎传·周颠传》。

②《明史》卷二九九《方伎传·张中传》。

元璋常读的道教经典是《道德经》，著有《御注道德经》二卷。①

元璋利用神道设教的狡狯，当时即已被人指出。洪武十一年(公元1378年)解缙上万言书说：

> 陛下天资至高，合于道微，神怪诞妄，臣知陛下洞瞩之矣。然犹不免所谓神道设教者，臣谓必不然也。一统之舆图已定矣，一时之人心已服矣，一切之奸雄已慑矣，天无变灾，民无患害，圣躬康宁，圣子圣孙，继继绳绳，所谓得真符者矣。何必兴师以取宝为名，谕众以神仙为征应者哉！②

果然，一切都已不成问题。从此以后，对佛道两教的兴趣突然减低，不再侈谈神异征应了。

元璋以“神仙为征应”这一手法是相当成功的，民间流行着许多神异故事，以为他是真命天子。传说中主要的一个是：天上有二十八宿，轮流下凡做人主，元天历元年(公元1328年)天上娄宿不见，到洪武三十一年(公元1398年)娄宿复明，洪武帝是娄宿下凡。当时不流通的洪武钱，乡下人很看重，孩子们佩在身上，以为可以辟邪。豆棚瓜下，老祖父祖母们对孩子们讲的故事，也多半说的洪武爷放牛时的种种奇迹。

穷措大出身的开国皇帝，对于起居饮食，生活享受，不肯穷奢极侈。③ 洪武二十六年营建宫室，管工程的人打好图样，他把雕琢考究的部分都去掉了。④ 完工以后，朴素无装饰，画了许多触目惊心的历史故事和宋儒的《大学衍义》。有个官儿要巴结，说是某处出产一种

---

①《明史》卷一四七《解缙传》、卷九八《艺文志三·道家》。

②《明史》卷一四七《解缙传》。

③ 王文禄：《龙兴慈记》。

④《明太祖实录》卷一二。

很美的石头，可以铺地，被痛切教训了一顿，为的是不懂得节俭的大道理。[①] 车舆、服用诸物该用金饰的，用铜代替。不但自己讲节俭，对人也是如此。有一天，看见内侍穿着新靴在雨中走路，另一舍人穿一套值五百贯钞的新衣，都着着实实骂了一顿。[②] 司天监把元顺帝费尽心机做成的自动宫漏进献，以为是“不管政务，专干这个，叫作作无益害有益”，把宫漏打毁。[③] 陈友谅有一张镂金床，极为考究，江西行省送给皇帝，元璋说：“这和孟昶的七宝溺器有什么两样！”下令打碎。[④] 有的官儿说山东有银矿可以开发，有的官儿说西戎有水银坑，磁州有铁矿，挖了都可富国。他一概不理，把说话的骂了一顿，打了一顿，甚至发到边地充军。[⑤]

屏风上写着唐李山甫《上元怀古》诗，日常吟诵：“南朝天子爱风流，尽守江山不到头。总为战争收拾得，却因歌舞破除休。尧将道德终无敌，秦把金汤可自由！试问繁华何处在？雨花烟草石城秋。”[⑥]南朝的灭亡坏在歌舞上头，坏在风流上头，也坏在大兴土木上头。他立下规矩，朝会时不用女乐，宫廷里不随便添建宫室。[⑦] 也禁止臣下笺文颂美，表章不许用四六骈偶文体。[⑧]

说宗教信仰是谈不上的，周颠、铁冠子之流只用作政治的炫耀，他骨子里根本不信有神仙，曾经告诉宋濂：“秦始皇、汉武帝好神仙，宠方士，想求长生，末了一场空。假使用这份心思来治国，国怎会不

---

①《明太祖实录》卷二〇。
②《明太祖实录》卷二二五。
③《明太祖实录》卷三一。
④《明太祖实录》卷一四。
⑤《明太祖实录》卷二〇、卷一四四。
⑥ 姚福：《青溪暇笔》。
⑦《明太祖实录》卷三四。
⑧《明太祖实录》卷一七、卷八五，祝允明《野记》。

治？依我看来，人君能清心寡欲，做到百姓安于田里，有饭吃，有衣穿，快快活活过日子，也就是神仙了。”①有道士来献长生的法子，他说：“我所要的是全国人民的长寿和快乐。”②不肯接受。又有人学宋朝大中祥符年间的办法献天书，证明上位确是真命天子，反而被杀。同样，也不信祥瑞。洪武二年，有献瑞麦一茎三穗和五穗的，群臣称贺。他说：“我做皇帝，只要修德行，致太平，寒暑适时，就算国家之瑞，倒不在乎以物为瑞。记得汉武帝获一角兽，产九茎芝，好功生事，使海内空虚。后来宣帝时又有神爵甘露之瑞，却闹得山崩地裂，汉德于是乎衰。由此看来，祥瑞靠不住，灾异却是不可不当心的。”命令今后或有灾异，无论大小，地方官即时报告。③

对失败的敌人不肯加以侮辱：洪武三年李文忠克应昌，俘获元主孙买的里八剌，并知元主已死，捷报到南京，百官称贺，元璋命礼部榜示，凡曾经做过元朝官的不必称贺。又以元主不战北走，谥为顺帝，亲自作文致祭。④ 俘虏到京，礼官请举行献俘典礼，并举唐太宗作例。元璋说：“唐太宗是待王世充，如对隋室子孙，不会这样。元人入主中国，百年之内，人口繁殖，家给户足，我的祖先，也曾享过太平的福来。”只令服本俗衣入朝。⑤

对死节的敌人表示尊重：元将石抹宜孙、福寿、余阙、李黼战死，都为其立祠于所守城邑，留下永久纪念。⑥ 对始终不屈的敌人，尤其衷心钦佩：扩廓帖木儿拥兵反攻，百战不挠，被推许为“天下第一奇

---

①《明太祖实录》卷二九。

②《明太祖实录》卷二三〇。

③《明太祖实录》卷四〇。

④⑤《明太祖实录》卷五三。

⑥《明太祖实录》卷二〇、卷二一，《明史》卷一三六《任昂传》。

男子”，以不得臣之为恨。[①] 相反的一个例子：危素是元朝老臣，文坛宗主，投降后做翰林侍读学士。一天，元璋在东阁办事，忽听得履声橐橐，问是谁，答是“老臣危素”，元璋说：“原来是你！我道是文天祥！既是元朝老臣，何不到和州看守余阙庙去？”不到一年，这位老臣便羞愧死了。[②]

执法极严，令出必行。初起兵时，粮食不足，下令禁酒，胡大海统军攻越，其子犯令，王恺请勿杀以安大海心。元璋以为宁可使大海叛我，不可使法不行，亲手执行死刑。[③] 赵仲中是起兵时勋旧，奉令守安庆，陈友谅来攻，弃城逃走，常遇春求情，元璋说：“法不行，无以惩后。”用弓弦缢死。[④] 平章邵荣、参政赵继祖因为多年征战，不能和家人团聚，说了气愤话，被告发诛死。[⑤] 冯胜攻高邮，城中诈降，先头部队全军覆没，立时召还，决大杖十下，令步行回高邮，一鼓攻下。[⑥] 末年驸马都尉欧阳伦出使，贩带私茶，违反国法，虽然是自己亲女婿，还是赐死。[⑦]

他认为理想的模范人物是汉高祖，最早劝他学汉高祖的人是李善长。常时读的书是《汉书》，常时提到的古帝王是汉高祖，随时随地随事都以汉高祖自比。

当灭陈友谅后，兵势日盛，有点像楚汉垓下之战后的情形，和幕僚孔克仁说闲话：“秦政暴虐，汉高祖以布衣起家，以宽大制驭群雄，

---

①《青溪暇笔》，《明史》卷一二四《扩廓帖木儿传》。

②《明史》卷二八五《危素传》；何孟春：《余冬序录》。

③《明史》卷一三三《胡大海传》。

④《明史》卷一二九《廖永忠传》附《赵庸传》。

⑤《国初事迹》。

⑥《明史》卷一二九《冯胜传》。

⑦《明太祖实录》卷二五三。

做了皇帝。而今也是群雄蜂起,可是都不懂修法度、明军政,此其所以成不了事。"意中俨然以汉高祖自居,说完还叹了几口气。有一次读《汉书》,宋濂和孔克仁在座,元璋问汉治道不纯,何故?克仁以为王道霸道相杂。又问谁应该负责?克仁说责在高祖。元璋说:"不然,高祖初创基业,遭秦灭学之后,百姓困苦已极,气还喘不过来,哪里还有工夫讲礼乐?孝文帝算是好皇帝了,正应该制礼作乐,和三代相比,可惜又不注意,终于只有那丁点成就。做帝王的要抓住时机,三代君主,有时机有人才做得好。汉文帝错过了时机,至于周世宗那才苦呢,有决心有魄力,满腔子要做好,只是不得其时,真是可惜!"又问汉高祖以布衣做皇帝,靠的是什么?克仁以为是善于用人,元璋说:"项羽南面称孤,不施仁义,光夸自己能干。高祖知道这毛病,反过来谦逊忍性,不认输,加以宽大容人,所以能够胜利。现在我守住江左,任用贤人,安抚百姓,等候大局变化。假使不如此,单凭军力,硬碰硬,怕也不容易成功吧?"①

他研究汉高祖的个性和作风到了家,下意识地养成模仿的癖性。举例说,汉高祖在天下未定时,就派萧何营建未央宫,元璋也在南征北伐军出发前,先造金陵宫阙。汉初徙齐楚诸国大族田氏、昭氏、屈氏、景氏、怀氏实关中,元璋也徙江南富人十四万户实中都。汉初分王子弟,明初也分建藩国。汉初赐民爵士大夫以上,明初也下诏天下富民年八十以上赐爵里士,九十以上赐爵社士。汉初俎醢韩、彭、英布,明初也大杀功臣,一杀再杀,杀得靖难兵起时无人可用。②

相隔一千六百年两位同乡的开国皇帝,竟是一脉渊源的师生!

---

①《明太祖实录》卷一四,《明史》卷一三五《孔克仁传》。

② 赵翼:《廿二史札记》卷三二《明祖行事多仿汉高》条。

四、晚年的悲哀

朱元璋的智力极高，长于计谋，看得远，见得大处，当机立断，更善于接受好建议，不自以为是。统一以后，和群臣有一番检讨的话："我生在天下大乱的年头，被迫投军，原不过是为了活命。到渡江以后，看这一群拥兵割据、称王称帝的，打家劫舍，全不成材料。内中张士诚、陈友谅最强大，士诚地方富庶，友谅军力强大，我没有别的可夸，只靠不乱杀百姓，说话算话，刻苦做事，和大家同心一力，挣出这个基业。开头夹在吴、汉两大国之间，士诚尤其逼近，有人主张先向东吴进攻，我的看法是友谅志骄，士诚器小，志骄的好生事，要争取主动，器小的没长远打算，总是被动，所以决定先攻友谅。鄱阳湖这一场决战，士诚果然不能出姑苏一步，和友谅呼应！假使当时先攻士诚，浙西坚守待援，友谅一定空国而来，我便被迫两线作战，腹背受敌了。两个都吃掉以后，举兵北伐，之所以先取山东，次下河洛，止住潼关西进之师，不急攻秦陇，是什么道理呢？因为扩廓帖木儿、李思齐、张思道都是百战之余，决不肯轻易服输，而且，大兵西攻，正好促成他们联合，团结抵抗，一时也占不了便宜；不如出其不意，直取大都，根本既除，然后西进，张、李望绝势穷，不战而克。可是，扩廓还是力战到底，费了多少事。假定不取北平，就和关中军决战，又是两线作战形势，胜负就很难说了。"尽量避免两线作战，机动地争取主动，敏捷地利用对方弱点，转变形势，集中兵力，使敌人处在被动地位,知己知彼,在战略上是完全成功的。①

在另一场合,他又申说:"元朝末年,人君安逸不管事,臣下跋扈不听命,胡乱花钱,想尽主意剥削,水旱灾荒,年年都有,闹得天怒人怨,到处反叛,群雄角逐,割据地方。我没有办法,为了自救,才参加红军;到了兵强地广,才东征西讨,削除群雄,开拓土地,这时候,中国已非元朝所有了。元朝皇帝如能小心不偷懒,不专讲享受,臣下尽心做事,不贪污,不争权夺利,怎么会引起这次大革命?又怎会造成割据分裂的局面?由此看来,我取天下于群雄之手,非于元朝之手,是很明白的。"②

以后,洪武四年灭夏,十四年定云南,二十年取辽东,事前都由他自己决定战略,制敌决胜,事后的绥靖建置,也完全用手令指示。诸将不过奉行命令、完成任务而已。

大大小小的事务,一定亲自办理,天不亮就起床办公,一直到深夜,没有休息,也没有假期,更谈不到调剂精神的娱乐。因为照习惯,一切事务处理,臣僚建议,都用书面的奏章,成天成年看奏章,有时也难免感觉厌倦,尤其是卖弄学问经济、冗长不中肯的报告。洪武八年,刑部主事茹太素上万言书申说事务,元璋懒得看,叫中书郎王敏朗诵,读到"才能之士,数年来幸存者百无一二,今所任率迂儒俗吏",发了脾气,把太素找来大骂,打了一顿。第二天晚上,又叫宫人读了一遍,仔细想想,也还有点道理,建议的有四款着实可以照办,不由得叹一口气说:"做皇帝难,做臣子也不容易啊!我要听老实话,要听切实情事的,文辞太多,摸不清要点所在。太素所说的要点,有五百字也够说清楚,搞了这一大堆,何苦来?"上朝时,面谕中

① 《明史·太祖本纪》。

② 《明太祖实录》卷五三。

书，特定奏对式，不许繁文乱听，从此读奏章省了不少精力。[①] 到废中书省以后，六部府院直接对皇帝负责，政务越发繁忙。据洪武十七年九月间的统计，从十四日到二十一日，八天内，内外诸司奏札凡一千六百六十件，计三千三百九十一事[②]，平均每天要看或听两百多件报告，要处理四百多件事。虽然精力过人，拼着命干，到底是上了年纪的人，有点儿觉得吃力了。

他是赤手空拳起家的，除自身而外，三个哥哥和几个堂房兄弟，都在壬辰那年死去，父系亲属只有亲侄文正一人，真是"门单户薄"。母族绝后，妻族也死绝了。到文正被杀后，诸子幼弱，基业还未稳定，孤零零一个人，高高在上，找遍周围，没有一个人可以寄托心腹的，得撑持着，时刻警戒着，提心吊胆，不让别人暗算。正如驶着独木船，水把独木船冲得团团转，几十年到不了岸，看着水是敌人，礁石是敌人，连天空飞的乌鸦也是敌人，谁都要害他，都在讥笑他、讽刺他。从得了大权做了皇帝之后，害了高度的紧张病、猜疑病、恐惧病。

早年过的是衣食不足的穷苦生活，中年在军队里，在兵火喧天、白刃相接的紧张生活中，抓住了权力，四十岁以后，把全副精力放在处理事务，防备假想的敌人上。体力消耗之外，加上无数妃妾的宫廷生活，加上对人对事的极度不安，精神永远集中在怎样保持那份大家当的问题上。他有心跳的病症，宋濂以为应该清心寡欲。[③] 时发高热病，做怪梦，幻想在梦中看到天上神仙宫阙。[④] 平时喜怒无

---

①《明史》卷一三九《茹太素传》。

②《明太祖实录》卷一六五。

③《明史》卷一二八《宋濂传》。

④《御制周颠仙人传》,《御制纪梦》。

常，暴怒到失常态。[①] 性格变得更加残酷、横暴，寻求刺激，要发泄，为一句话、一个字就打人、杀人，用许多种离奇的刑罚来折磨人、屠杀人。他害的是一种虐待狂的病症，用别人的痛苦来减轻自己的恐惧。

可惊的是虽然精神失常，智力却并不减退。大儿子朱标忠厚仁慈，有点像汉惠帝，接受了当时最好的教育。老皇帝过了五十岁生日之后，精力有点不济事了，让大儿子来帮忙，裁决普通政务，一来是分劳，二来也是训练这下一代皇帝办事的能力，指望太子是汉文帝，不是汉惠帝。可惜父子俩性格正好相反，也和他的同乡皇帝父子一样，一个严酷，一个宽大，父子间有时也不免闹冲突。[②] 老皇帝眼见得一代不如一代，只好叹一口气，闷在心里，索性自己动手，大兴党狱，杀尽了所有不顺眼的文武官员，斩除荆棘，铺平道路，好让儿子做现成皇帝。

好不容易皇太子的学业和政治训练都够满意了，元璋以为托付得人，这份产业牢靠稳当，放得下心了，却又变生意外，太子于洪武二十五年(公元 1392 年)病死。六十五岁的老皇帝受了这致命的打击，糊涂了大半天说不出话，身体一天天虚弱下去，头发胡子全变白了。

太子死后，立太子嫡子允炆为皇太孙，此时，允炆才十六岁。

皇太孙的性格极像他的父亲，年纪又小，没经过训练。祖父虽然也让跟着办事，终是替他发愁，怕他挑不下这副担子，诸将大臣将来会不服调度。只好又动辣手，借题目大批杀人，杀得将帅一空，连

①《青溪暇笔》。

②《翦胜野闻》。

傅友德、冯胜那样仅存的开国元勋，说不出一丝道理，也顺手杀了。想着小孙子再不会有人来作难，做祖父的算是用尽心血了。

他的政治能力，部分从实际经验得来，部分从历史教训得来。他以为皇位继承是维持帝国和平最重要的制度，必须有一个规定的严密的法则，才不会引起宗族间的纠纷、政变。最好的办法是宗法制度下的嫡长承袭。在皇太子正位后，为了要使诸王安分，保护扶持中朝，洪武五年命群臣采汉唐以来藩王善恶可为劝诫的，编作一书，名为《昭鉴录》，颁赐诸王。皇太孙正位以后，用同样的意思编了一书，叫作《永鉴录》。二十八年又颁布《皇明祖训》条章，把一切做皇帝、做藩王和臣下所应遵守的、不该做的事，都详细记载，并定制后代有人要更改祖训的，以奸臣论，杀无赦。希望用教育，用制度，使各藩王忠心服从这未来的小皇帝、朱家的族长。①

可惜这一番心思都白用了，第二子秦王、第三子晋王雄武有野心，见太子仁懦，都不肯安分，先后被发觉，要治重罪，太子尽力解救，才得无事。太子死后，二十八年秦王死，三十一年晋王死，都死在老皇帝之前，算是没有闹出大花样。费尽了心机，父子兄弟间还不免钩心斗角，时刻提防着，这对于老皇帝自然也是精神上的打击。

猜疑病、迫害狂，愈来愈重，身体愈衰弱，精神愈不安定，脾气愈坏。体力、精神交互影响，到洪武三十一年(公元1398年)，他已经七十一岁了，五月间病倒，不能动弹，躺了三十天，告别所手创的帝国，离开继承人和笑容满面的臣民，结束了一生恩怨，安静地死去。

“刽子手”死后还杀了一批人：侍寝过的宫人一律殉葬，家属由政府养活，叫作朝天女户。②

---

①《明史·太祖本纪》洪武六年、二十六年、二十八年。

②《今言》三三九条；吕毖：《明朝小史》卷三。

葬在南京城外的孝陵，谥曰高皇帝，庙号太祖。永乐元年（公元1403年），谥神圣文武钦明启运俊德成功统天大孝高皇帝。嘉靖十七年（公元1538年）增谥开天行道肇纪立极大圣至神仁文义武俊德成功高皇帝。

遗嘱里有一段话："朕膺天命三十一年，忧危积心，日勤不怠。""忧危积心"四字，说出了这位皇帝一生在恐慌猜疑中过日子，"日勤不怠"说出如何用全副心力来保持这份大家当。①

太孙即位后不久，燕王棣果然起兵造反，援引祖训，以靖难为名。建文四年（公元1402年）篡位自立，是为明成祖。离老皇帝之死还不到五年。

元璋的相貌不很体面，晚年尤其难看，一脸凶相。曾找了许多画工，画像十分逼真，总不合意。后来有一个聪明人画的像，轮廓有点像，却一脸和气，充满了慈祥的样子，这才对了窍，传写了多本，分赐给诸王。② 这两种不同的画像，到现在都有传本。

---

①《明史·太祖本纪》洪武三十一年。

② 陆容：《菽园杂记》。

附录　朱元璋年表

纪年	公元	元璋年龄	纪事	
元天顺帝天顺元年	1328	1岁	九月丁丑，元璋生	
元顺帝至元三年	1337	10岁		正月，广州增城县民朱光卿起义，称大金国，旋被消灭。 二月，棒胡以烧香聚众，起义于汝宁、信阳，元命河南行省左丞庆童镇压之。己丑，汝宁献所获棒胡弥勒佛小旗及宣敕等。 四月，元禁汉人、南人执持军器，凡有马者拘入官。合州大足县民韩法师起义，称南朝赵王。惠州归善县民聂秀卿、谭景山等造军器，拜戴甲为定光佛，与朱光卿相结起义，元命江西行省左丞沙的捕之。
至元四年	1338	11岁		六月，袁州民周子旺起义，称周王，不久被捕遇害。漳州路南胜县民李志甫起义，围漳城。

续表 1

纪年	公元	元璋年龄	纪事	
至元五年	1339	12 岁		四月，元重申汉人、南人不得执军器弓矢之禁。十一月，开封杞县人范孟反，伪传帝旨，杀河南平章政事月禄等，已而被捕遇害。
至元六年	1340	13 岁		五月，元禁民间藏军器。
元顺帝至正元年	1341	14 岁		湖广、山东、燕南贫民为"盗"，多至三百余处。
至正四年	1344	17 岁	春，淮北大旱，继以瘟疫，元璋父、母、长兄、次兄皆病死。秋九月，元璋入皇觉寺为沙弥。一月后，云游淮西颍州一带。	七月，益都县盐徒郭火你赤起义，上太行，入壶关，至广平，杀兵马指挥，复还益都。
至正五年	1345	18 岁	在淮西游方未归。	
至正六年	1346	19 岁	在淮西。	"盗"扼李开务之闸河，劫商旅船，元官兵不能捕。
至正七年	1347	20 岁	在淮西。	四月，临清、广平、滦河、通州等处贫民群起为"盗"。十一月，沿江"盗"起，剽掠无忌，元官莫能禁。
至正八年	1348	21 岁		海宁州、沭阳县等处"盗"起。台州方国珍起义，聚众海上，元命江浙行省参政镇压之。
至正九年	1349	22 岁		冀宁、平遥等县曹七七起义。

续表 2

纪年	公元	元璋年龄	纪事	
至正十年	1350	23 岁		方国珍攻温州。
至正十一年	1351	24 岁		四月，元顺帝诏开黄河故道，命贾鲁以工部尚书为总治河防使，发汴梁、大名等十三路民十五万，庐州等戍十八翼军二万，自黄陵冈南达白茅，放于黄固、哈只等口，又自黄陵西至阳青村，合于故道，凡二百八十里有奇。仍命中书右丞玉枢虎儿吐华、同知枢密院事黑厮以兵镇之。 五月，颍州刘福通起义，以红巾为号，陷颍州。韩山童被捕遇害，其妻杨氏与子韩林儿逃脱。 六月，刘福通占领朱皋，攻破罗山、正阳、确山，遂攻武阳、叶县等处。江浙左丞孛罗帖木儿为方国珍所败，元顺帝遣使招谕方国珍。 八月，萧县李二及彭大、赵均用等攻陷徐州。李二号芝麻李，亦以烧香聚众起义。蕲州罗田人徐寿辉与黄州麻城人邹普胜等起义，以红巾为号。 十月，占领蕲水为国都，称帝，国号天完，建元治平。

续表 3

纪年	公元	元璋年龄	纪事	
至正十二年	1352	25 岁	闰三月，元璋投郭子兴部下为兵。	徐寿辉部将陆续攻破汉阳、兴国府、武昌、安陆府、沔阳府、江州、岳州、袁州、瑞州、徽州、信州、饶州、杭州。二月，郭子兴等起义于濠州。 元丞相脱脱攻徐州，克之。芝麻李败死，彭大、赵均用奔濠州。答失八都鲁率军占襄阳，察罕帖木儿、李思齐率军攻起义人民，元政府各授以官。
至正十三年	1353	26 岁	元璋略定远，下滁州。	张士诚起义，攻占泰州、高邮，称诚王，国号大周，建元天祐。
至正十四年	1354	27 岁	元璋在滁州。	元丞相脱脱大败张士诚于高邮，分兵围六合，元璋率兵赴援。元顺帝削脱脱官爵，安置淮安路，又诏使西行，鸩死于吐蕃境。
至正十五年，宋小明王龙凤元年	1355	28 岁	正月，元璋克和州，奉郭子兴命总诸将。四月，常遇春归元璋。五月，廖永安、俞通海以水军降，元璋遂下采石，取太平。小明王命郭天叙为都元帅，张天祐、元璋为左右副元帅。九月，郭、张二帅攻集庆，皆死之，于是子兴部将尽归元璋。	二月，刘福通等迎立韩林儿为皇帝，号小明王，国号宋，建都亳州，建元龙凤。三月，郭子兴卒。十二月，答失八都鲁大败刘福通于太康，遂围亳州，小明王奔安丰。

续表 4

纪年	公元	元璋年龄	纪事	
至正十六年，宋龙凤二年	1356	29 岁	二月，元璋攻集庆，下之，改名应天府。遣徐达攻镇江，拔之。六月，元璋部将邓愈克广德。小明王升元璋为枢密院同佥，不久又升为江南等处行中书省平章。	徐寿辉迁都汉阳。张士诚攻占平江，以为国都，改名隆平府。李武、崔德等破潼关。
至正十七年，宋龙凤三年	1357	30 岁	元璋占领长兴、常州、宁国、江阴、常熟、徽州、池州、扬州等地。	二月，刘福通遣毛贵攻破胶州、莱州、益都、滨州。六月，刘福通攻汴梁。关先生、破头潘、冯长舅、沙刘二、王士诚攻晋冀。白不信、大刀敖、李喜喜攻向关中。九月，徐寿辉部将倪文俊谋杀其主不果，自汉阳奔黄州，其属下陈友谅袭杀之。友谅自称平章。元以张士诚为太尉，方国珍为江浙行省参政，使由海道运粮入都。明玉珍占重庆路。答失八都鲁死，其子孛罗帖木儿代领其众。
至正十八年，宋龙凤四年	1358	31 岁	二月，元璋以康茂才为营田使。十二月，自将攻婺州，下之，改为宁越府。	五月，刘福通攻破汴梁，自安丰迎小明王入居之，定为国都。关先生、破头潘等攻破辽州虎林，又攻破上都，烧元宫阙，转攻辽阳。陈友谅攻破龙兴路、吉安路。

续表 5

纪年	公元	元璋年龄	纪事	
至正十九年，宋龙凤五年	1359	32 岁	元璋兵克诸暨、衢州、处州等地，命宁越府立郡学。小明王升元璋为仪同三司江南等处行中书省左丞相。	汴都为察罕帖木儿所破，刘福通奉小明王退守安丰。陈友谅以江州为都，迎徐寿辉居之，自称汉王。
至正二十年，宋龙凤六年	1360	33 岁	陈友谅攻应天，元璋大败之，遂复太平。徐寿辉旧将以袁州降于元璋。	陈友谅占太平，杀其主徐寿辉自立，国号大汉，改元大义。回驻江州，遣将占辰州。明玉珍闻徐寿辉被杀，自立为陇蜀王，塞瞿塘，不与友谅通。孛罗帖木儿与察罕帖木儿互相攻杀，元顺帝下诏调解，皆不听。
至正二十一年，宋龙凤七年	1361	34 岁	元璋击陈友谅于江州，友谅奔回武昌；遂分兵攻南康、建昌、饶州、蕲州、黄州、广济等处，皆下之，又下抚州。小明王封元璋为吴国公。	
至正二十二年，宋龙凤八年	1362	35 岁	元璋受友谅部将胡廷瑞之降，遂得龙兴，改为洪都府。瑞州、吉安、临江相继下。	明玉珍称帝，国号夏，建元天统。察罕帖木儿死，子扩廓帖木儿代领其军。
至正二十三年，宋龙凤九年	1363	36 岁	元璋因张士诚将吕珍攻安丰，亲率军往救。陈友谅大举攻洪都，围八十五日不下。元璋急撤援安丰军，与友谅大战于鄱阳湖。友谅中流矢死，其子陈理突围奔回武昌，元璋亲往围之。	刘福通奉小明王自安丰突围，居滁州。张士诚自立为吴王，停止运粮至元都。

续表 6

纪年	公元	元璋年龄	纪事	
至正二十四年，宋龙凤十年	1364	37 岁	元璋自立为吴王，建百官。受陈理降，汉遂亡。	孛罗帖木儿率军入大都，元顺帝惧，命为中书右丞相，节制天下兵马。
至正二十五年，宋龙凤十一年	1365	38 岁	元璋以徐达为大将军，进攻江北、淮东张士诚之地，先取泰州及高邮。	孛罗帖木儿被杀，扩廓帖木儿代为相，不久复令总制关、陕、晋、冀、山东兵马，便宜从事。
至正二十六年，宋龙凤十二年	1366	39 岁	徐达等下淮安、濠州、宿州、徐州等地，淮东悉入元璋领域。五月，元璋命徐达、常遇春攻张士诚根据地，连下湖州、杭州，大军进围平江。十二月，元璋遣廖永忠迎小明王于滁州，中途沉之于江，宋遂亡。	李思齐、张良弼等屯兵关中，不服扩廓帖木儿调度，互相攻杀。明玉珍死，子明昇嗣立，改元开熙。
至正二十七年	1367	40 岁	徐达等执张士诚，吴亡。元璋命汤和等攻方国珍，降之。又以徐达为征虏大将军，北伐中原。命胡廷瑞等取福建，杨璟等取广西。徐达等下山东诸郡。	元顺帝削扩廓帖木儿兵权，置抚军院，以皇太子总制天下兵马。

续表 7

纪年	公元	元璋年龄	纪事	
明太祖洪武元年,元顺帝至正二十八年	1368	41 岁	正月,元璋称帝,国号大明,建元洪武,是为明太祖,立世子标为皇太子,妃马氏为皇后。汤和克延平,执陈友定,福建平。命汤和等以舟师攻取广东,广州守官何真降。杨璟等下宝庆、全州、靖江等地。徐达等下汴梁。元璋以应天为南京,开封为北京。八月,徐达等入大都,改名北平府。保定、真定、怀庆、泽州、潞州相继下。	闰七月,元顺帝弃大都,出奔上都。
洪武二年	1369	42 岁	奉元、凤翔、临洮相继下,李思齐降。常遇春攻克开平,元顺帝奔和林。常遇春卒于军。元军攻大同,李文忠败之。徐达下庆阳。元璋定内侍官制,编《祖训录》,定诸王封建之制。	
洪武三年	1370	43 岁	命徐达、李文忠等分道北征。李文忠获买的里八剌(顺帝孙)以归,元嗣君北遁。元璋封诸子为王;大封功臣。	元顺帝死,太子爱猷识里达腊嗣立。

续表 8

纪年	公元	元璋年龄	纪事	
洪武四年	1371	44 岁	命汤和、廖永忠率舟师由东路入川，傅友德率步骑由秦陇取蜀。傅友德军连下阶州、文州、隆州、绵州。廖永忠军克夔州，明昇出降，夏亡。元平章刘益以辽东降。	
洪武五年	1372	45 岁	命徐达为征虏大将军，出雁门，趋和林，李文忠趋应昌，冯胜取甘肃，征扩廓帖木儿。徐达败绩。命邓愈征吐蕃。诏以农桑、学校课有司。	
洪武六年	1373	46 岁	颁《昭鉴录》，训诫诸王。扩廓帖木儿攻大同，徐达遣将击败之。颁定《大明律》。	
洪武七年	1374	47 岁	李文忠、蓝玉大败元军。遣元皇子买的里八剌北归。	
洪武八年	1375	48 岁	昭天下立社学。	元将扩廓帖木儿卒。
洪武十年	1377	50 岁	以羽林等卫军益秦、晋、燕三府护卫。邓愈、沐英讨吐蕃，大破之。命政事启皇太子裁决奏闻。	

续表 9

纪年	公元	元璋年龄	纪事	
洪武十三年	1380	53 岁	左丞相胡惟庸以擅权诛,坐其党,死者甚众。废中书省及丞相等官,提高六部官秩,改大都督府为中、左、右、前、后五军都督府。燕王棣之国北平。安置宋濂于茂州,死于道。	
洪武十四年	1381	54 岁	命傅友德、蓝玉、沐英征云南。傅友德等大败元兵于白石江,遂下曲靖,元梁王 自杀,云南平。	
洪武十五年	1382	55 岁	蓝玉、沐英克大理,分兵攻鹤庆、丽江、金齿,俱下。皇后马氏卒。置殿阁大学士。空印案发,死者数万人。	
洪武十六年	1383	56 岁	召征南师还,沐英留镇云南。	
洪武十七年	1384	57 岁	曹国公李文忠被毒死。禁内官预外事,敕诸司勿通内官监文移。	
洪武十八年	1385	58 岁	魏国公徐达中毒死。户部侍郎郭桓坐盗官粮诛,死者数万人。	
洪武二十年	1387	60 岁	冯胜、傅友德、蓝玉同征纳哈出。冯胜率师出松亭关,下大宁、宽河、会州、富峪四城,纳哈出降,东北平。	

续表 10

纪年	公元	元璋年龄	纪事	
洪武二十三年	1390	63 岁	晋王㭎、燕王棣率师征元，颍国公傅友德等皆听节制。齐王榑率师从燕王棣北征，燕王师次迤都，元丞相咬住等降。韩国公李善长党胡惟庸案发，坐诛，牵连死者甚众。作《昭示奸党录》，布告天下。	
洪武二十四年	1391	64 岁	天下郡县赋役黄册成。八月，皇太子巡抚陕西；十一月，还京师。	
洪武二十五年	1392	65 岁	皇太子标死，立长孙允炆为皇太孙。沐英卒于云南，子沐春袭封西平侯，镇云南。	
洪武二十六年	1393	66 岁	凉国公蓝玉被杀，功臣死者甚众。冯胜、傅友德备边北平，其属卫将校悉听晋王、燕王节制。诏二王军务大者始以闻。	
洪武二十七年	1394	67 岁	颍国公傅友德坐诛。	

续表 11

纪年	公元	元璋年龄	纪事	
洪武二十八年	1395	68 岁	宋国公冯胜坐诛。谕群臣禁以后法外用刑；嗣君不许置丞相；皇亲唯谋逆不赦，余罪宗亲会议取上裁，法司只许举奏，勿得擅逮，勒诸典章，永为遵守。八月，秦王樉死。颁《皇明祖训》条章，后世有言更祖制者以奸臣论。	
洪武三十一年	1398	71 岁	二月，晋王㭎死。闰五月，元璋卒，年七十一。太孙允炆继位，即惠帝。